O anticonformista

Do Autor:

O QUE É UMA VIDA BEM-SUCEDIDA?

* * *

O HOMEM-DEUS
ou o sentido da vida

* * *

DEPOIS DA RELIGIÃO
O que será do homem depois que a religião deixar de ditar a lei?
(com Marcel Gauchet)

* * *

A NOVA ORDEM ECOLÓGICA
A árvore, o animal e o homem

* * *

DIANTE DA CRISE
Materiais para uma política de civilização

* * *

O ANTICONFORMISTA
Uma autobiografia intelectual
(entrevistas com Alexandra Laignel-Lavastine)

Luc Ferry

O anticonformista

uma autobiografia intelectual

Entrevistas com
Alexandra Laignel-Lavastine

Tradução
Jorge Bastos

Rio de Janeiro | 2012

Copyright © Éditions Denöel, 2011

Título original: *L'Anticonformiste: une autobiographie intellectuelle – entretiens avec Alexandra Laignel-Lavastine*

Capa: Simone Villas-Boas

Foto de capa: Miguel Medina/Stringer/Getty Images

Editoração: FA Studio

Texto revisado segundo o novo
Acordo Ortográfico da Língua Portuguesa

2012
Impresso no Brasil
Printed in Brazil

CIP-Brasil. Catalogação na fonte
Sindicato Nacional dos Editores de Livros – RJ

F456a Ferry, Luc, 1951-
     O anticonformista: uma autobiografia intelectual/Luc Ferry; entrevistas com Alexandra Laignel-Lavastine; tradução Jorge Bastos. – Rio de Janeiro: DIFEL, 2012.
     392p.: 23 cm

     Tradução de: L'anticonformiste: une autobiographie intellectuelle – entretiens avec Alexandra Laignel-Lavastine
     ISBN 978-85-7432-124-0

     1. Ferry, Luc, 1951- Entrevistas. 2. Filósofos – França – Entrevistas. 3. Filosofia francesa – Séc. XX. 4. Filosofia francesa – Séc. XXI. I. Laignel-Lavastine, Alexandra. II. Título.

12-0916
     CDD: 920.4
     CDU: 929:1(44)

Todos os direitos reservados pela:
DIFEL – selo editorial da
EDITORA BERTRAND BRASIL LTDA.
Rua Argentina, 171 – 2º andar – São Cristóvão
20921-380 – Rio de Janeiro – RJ
Tel.: (0xx21) 2585-2070 – Fax: (0xx21) 2585-2087

Não é permitida a reprodução total ou parcial desta obra, por quaisquer meios, sem a prévia autorização por escrito da Editora.

Atendimento e venda direta ao leitor:
mdireto@record.com.br ou (0xx21) 2585-2002

Índice

1. Nem herdeiro nem proletário ... 9
   - *Infância no campo* ... 11
   - *Quando meu pai vendia armas aos republicanos espanhóis* ... 14
   - *Os campos nazistas: "Ele nunca vai se recuperar!"* ... 17
   - *Pierre Ferry, piloto de corrida* ... 22
   - *Minha mãe e os padres-operários* ... 26
   - *A escola em casa* ... 31

2. A descoberta da filosofia e os anos de formação ... 35
   - *A influência dos três irmãos* ... 36
   - *Filosofia: o sentido na vida mais do que da vida* ... 38
   - *A universidade em 1968: "Eu era um extraterrestre!"* ... 42
   - *Os professores* ... 48
   - *Bolsista e violonista em Heidelberg (1972-1974)* ... 54
   - *A volta a Paris e os concursos* ... 57

3. O ensino e a aventura do Collège de Philosophie (anos 1970-1980) ... 61
   - *Aulas para o ensino médio em Mureaux e o trem das 6h48...* ... 62
   - *O meio dos antitotalitários de esquerda: Castoriadis e Lefort* ... 64
   - *A criação do Collège de Philosophie (1974) ou a "desconstrução" em andamento* ... 74
   - *Sair de Marx por Heidegger: debates tempestuosos* ... 86

4. Um jovem filósofo levado à boca de cena: o terremoto
   de *Pensamento 68* (1985) 93

   Da desconstrução ao anti-humanismo 95
   *"Como se atrevem, esses dois idiotas?": ataques de incrível
       violência* 100
   Derrida, Foucault, Bourdieu e o programa Apostrophes 102
   *Novidades a leste: o pensamento 68 atolado em suas
       contradições* 105
   "Talvez os tenhamos levado a sério demais" 112
   Do pensamento 68 ao pensamento 80: entre
       A era do vazio *e* A derrota do pensamento *(1987)* 116

5. O *homem-Deus ou o sentido da vida*: a década de 1990 123

   Da paternidade à história da família moderna 123
   "Descubro, na filosofia, a importância da vida do espírito" 130
   Público mais amplo e preocupação com a escrita 134
   Ser um intelectual na França 137
   Ética da convicção ou ética da responsabilidade? 141

6. Um *agrégé* de ciência política no Ministério da Educação
   Nacional (2002-2004) 145

   "Era impossível me esquivar" 146
   Vivendo em superexposição midiática no cotidiano 149
   A tragédia do iletrismo, um fenômeno social global 157
   Da arte de incomodar tanto a esquerda quanto a direita 162
   O que significa aprender e ensinar 166
   Será que sou um idealista? 172
   O que pode fazer um ministro? 179
   Do ministério a Aprender a viver *(2006):
       a travessia do deserto* 185

7. A humanidade do homem depois de Auschwitz: o desafio
humanista e seus inimigos   189

   As promessas não cumpridas da Modernidade:
      Hannah Arendt   193
   Da filosofia do sujeito à barbárie? A Escola de Frankfurt   197
   Apologia do homem sem qualidade   201
   Humanismo abstrato versus biologização da política: em face do
      sexismo e do racismo   206
   A pausa do Iluminismo: a liberdade segundo Rousseau e Kant   209
   A objeção comunitarista   217
   O futuro da humanidade europeia   230

8. A nova desordem ecológica   237

   Duas ecologias   238
   A ecologia do medo e da urgência: uma mistura explosiva   240
   Por uma ecologia da inteligência compatível com a democracia   246
   Natureza admirável, ciência maléfica: uma mudança histórica
      de paradigma   248
   O homem como ser capaz de amor e de ódio: os limites da
      sociobiologia   253

9. Globalização, liquidação do sentido e nascimento de um segundo
   humanismo   259

   As duas idades da globalização   260
   A queda do Iluminismo no benchmarking   265
   O eclipse do sentido   269
   O século XX ou a liquidação dos valores tradicionais   276
   Na direção de um novo humanismo: a revolução
      da intimidade   284
   Segundo humanismo contra segunda globalização:
      recuperar o controle   297

10. Pensar uma "espiritualidade leiga": o desafio do século XXI 309
    Uma noção crucial criticada por ateus e crentes 310
    A filosofia não é uma variante da psicologia: esclarecimento 313
    A história de Ulisses: do caos à harmonia 320
    A transcendência na experiência vivida 323
    O sagrado com face humana ou o reconhecimento de valores mais altos do que a vida 328
    Sabedoria da finitude 332
    Humanizar-se ou o ideal do "pensamento alargado" 334

11. Tendências da época ou o conformismo do anticonformismo 341
    Da arte de transgredir no vazio 342
    O revolucionário imaginário e o carro que fecha o desfile do altermundialismo 346
    Badiou, Zizek and Co.: para quando o anticapitalismo-ecológico-hitlerista? 349
    Antirracismo, humanitarismo e reviravoltas reacionárias: "fico do lado dos ingênuos" 354

12. Direita ou esquerda? A alternativa impossível 359
    Gaullista desde sempre 360
    Nem liberal nem socialista, republicano 362
    "Somos todos judeus alemães" 368
    Ser um republicano "de direita" hoje 373
    A má-fé do homem de esquerda 379
    As contradições morais do homem de direita 382
    Mau rumo 387
    "Sempre me senti em defasagem" 389

1

Nem herdeiro nem proletário

ALEXANDRA LAIGNEL-LAVASTINE – *Muitas vezes a mídia se refere a você como um "brilhante* normalien*",[1] um "herdeiro", chegando até – na época em que foi ministro da Educação, entre 2002 e 2004 – a descrevê-lo como um "homem de salão", um "mundano rico". De que mundo você realmente vem e de que meio familiar?*

LUC FERRY – Uau, que começo! (*Risos.*) Isso chega a ser engraçado. Lamentável ou felizmente – eu não saberia dizer –, mas sou exatamente o oposto do "herdeiro". Em todo caso, sou um puro produto da meritocracia republicana. Meus pais eram de origem bem modesta, e, apesar da generosidade que sempre os caracterizou, passei uma infância relativamente pobre. Os dois tinham boa cultura, mas eram autodidatas. Meu pai nem sequer chegou ao ensino médio, apesar do esforço de um professor que tentou convencer meus avós da vantagem de deixá-lo continuar a estudar, pois demonstrava aptidão. Minha mãe teve de abandonar a escola já quase no fim do ensino

---

[1] Aluno ou ex-aluno de uma École Normale Supérieure, mais especificamente a de Paris, na rua d'Ulm, muito prestigiosa e que formou toda uma elite intelectual e política francesa. (N.T.)

médio, por causa da guerra. Era apaixonada por literatura e música, mas nunca conseguiu voltar ao estudo regular, por falta de recursos. Adorava o pai, mas que morreu de tuberculose quando ela tinha 10 anos, e minha avó, professora do ensino fundamental, não teve como arcar com os estudos superiores para os três filhos. Não estou querendo, veja bem, me justificar, como tantas "pessoas ilustres" que procuram a todo custo dizer que vieram da "França de baixo". Tive a sorte de ter pais excepcionais. Só que não eram ricos, nem diplomados, nem tinham grandes relações. Como Julien Sorel,[2] só descobri o "mundo" na idade adulta...

É verdade que dei aulas na rua d'Ulm, por muitos anos, sobretudo na preparação para a *agrégation*[3] de filosofia, mas nunca fui *normalien* e nunca tentei ser. Para dizer a verdade, quando entrei na universidade, simplesmente desconhecia a existência dos *khâgnes*[4] e da École Normal. Vinha socialmente de muito longe para ter conhecimento disso tudo. Nasci num subúrbio parisiense, em La Garenne-Colombes, em 1951, de pais bem atípicos. Formávamos uma espécie de tribo, provavelmente meio estranha, mas, em todo caso, muito unida, com quatro meninos, sendo eu o mais moço. Depois do maternal – única boa lembrança escolar que tive na vida – meu primeiro confronto com o mundo externo foi a escola primária de Puteaux,[5] escola popular muito rígida, em que as brigas no pátio do recreio

---

[2] Personagem de *O vermelho e o negro*, de Stendhal. (N.T.)

[3] Concurso que garante inclusão no corpo docente dos liceus e das universidades de Estado na França. (N.T.)

[4] Estudos preparatórios para o concurso de entrada numa École Normale. Há também o *hypokhâgne*, que é o *khâgne* especificamente literário. (N.T.)

[5] Municipalidade na parte oeste de Paris. (N.T.)

eram uma sina cotidiana. Adiantado um ano, eu provavelmente era mais ingênuo e um pouco menos bem-preparado fisicamente do que os demais ou seja, era uma vida difícil.

INFÂNCIA NO CAMPO

Em Puteaux, meu pai, que tinha sido um grande piloto antes da guerra, tinha uma pequena oficina mecânica, onde montava carros de corrida, como se fazia na época, de maneira artesanal, aos trancos e barrancos. Morávamos em cima da garagem, mas fomos brutalmente expropriados no fim dos anos 1950, no momento em que se construiu o atual Palácio do CNIT [Centro Nacional da Indústria e das Técnicas], no bairro de La Défense. Eu tinha 7 ou 8 anos quando tivemos que nos mudar para o campo, um vilarejo do departamento de Seine-et-Oise, Fontenay-Saint-Père. Fomos para lá, meio às pressas, morar numa casinha vetusta que pertencia a meu avô. Foi onde passei o restante da infância e a adolescência, em plena zona rural, sem nenhuma ligação com a vida parisiense. No início, é claro, não havia banheiro em casa nem aquecimento central e, muito menos, telefone. Nem por isso me sentia menos feliz, pois tinha meus irmãos por perto e também primos e primas, que aumentavam a nossa tribo. Tudo isso significa que estávamos, simplesmente, a mil léguas de tudo o que, certo ou errado, conta na vida social. Ainda hoje, meu único "patrimônio" vem dos direitos autorais dos livros publicados, ou seja, um trabalho acumulado ao longo dos anos.

Fui depois matriculado no liceu de Mantes-la-Jolie, no centro do chamado Val-Fourré, e foi uma experiência desastrosa: não me adaptei ao ambiente autoritário, de quartel, que ali reinava. Na verdade, fiquei tão mal que consegui convencer meus pais a me deixarem seguir o curso por correspondência, a partir da quarta série do primeiro ciclo, graças ao CNED.⁶ Não saberia dizer o quanto sou grato a eles, por terem confiado em mim. Mais tarde me tornei professor de filosofia graças aos concursos, ao *capes*⁷ e à *agrégation*, pela qual consegui passar por milagre. Contando isso, mais uma vez me dou conta do quanto estava distante de quem frequentou as classes de *khâgne* dos grandes liceus parisienses.

Em Fontenay, levávamos uma vida bem espartana. Meu pai, que tinha sido piloto ao volante de um Bugatti — aqueles magníficos pequenos monopostos azul-França, "tipo 35" —, antes de dirigir seus próprios carros, os "Ferry" (ele projetou e fabricou uns 15 exemplares), nunca fez fortuna. Diga-se que não era exatamente a sua meta na vida. Além disso, na época os pilotos não eram profissionais, como também a mídia nada tinha a ver com a de hoje. Corriam por pura paixão, por conta própria, sem financiamento de equipes nem de fabricantes. Mas meu pai sofreu um acidente grave no fim dos anos 1950 e ficou de cama por um ano, o que foi uma catástrofe, inclusive financeira, para toda a família.

Hoje, Seine-et-Oise se tornou Les Yvelynes, um município praticamente incorporado aos subúrbios da Grande Paris, mas nos anos 1950 vivia-se ali como no campo, uma vida arcaica e bonita. No vilarejo, era do meu pai o único automóvel, além do Citroën de tração dianteira do prefeito, de antes da guerra. Usavam-se ainda charretes como transporte. Meus irmãos e eu íamos buscar leite e ovos na fazenda.

---

⁶ Centro Nacional de Ensino a Distância, estabelecimento público criado em 1939, por causa da guerra. (N.T.)

⁷ Certificado de aptidão profissional para o ensino secundário. (N.T.)

O ANTICONFORMISTA

Minha avó, que nos tinha ensinado a ler e a escrever, diariamente nos fazia ir à floresta buscar pinhas para acender a lareira, os camponeses ceifavam com gadanha ou foice, e as mulheres lavavam a roupa no tanque público. Ou seja, era um universo realmente interiorano. Eu adorava a vida no campo, a ponto de ser, hoje em dia, aquilo de que mais sinto falta. A existência tinha, para nós, um charme incrível: o feno no verão, o café moído de manhã, o zumbido dos insetos nos campos. Só a caça é que acabei abandonando, ao me dar conta de que os bichos sofrem tanto quanto nós e são muito mais bonitos vivos do que mortos. Não faço disso minha *madeleine* proustiana, mas aquele mundo era tudo, menos burguês, e tinha uma extraordinária poesia.

Que tipo de educação você teve?

Tive a sorte de ter dois seres fora do comum como pais. Mesmo sem diplomas, ambos valorizavam ao máximo as coisas do espírito, e isso dava um toque particular ao nosso ambiente familiar. Meu pai era bom violoncelista, apaixonado por música clássica. A irmã dele, minha tia, foi excelente pianista, assistente de Cortot na Escola Normal de Música, e minha mãe provavelmente leu mais livros no decorrer vida do que eu vou conseguir. Sem fortuna alguma, sem ter tido a oportunidade de continuar os estudos e vindos de um meio bem modesto, os dois tinham a convicção — o que continua sendo um mistério para mim — de que a formação dos filhos só poderia se completar pela instrução, e não pelo dinheiro.

Donde este paradoxo: de um lado, um mundo em que se vivia de maneira mais do que simples — posso ainda ver minha mãe nos dando banho numa bacia de estanho, com água esquentada numa panela grande, no fogão a gás — e, de outro, um universo em que a realização pessoal passava obrigatoriamente pela cultura mais desinteressada e menos mercantil, ou seja, pelas artes, pela literatura e pela música clássica. Nunca vou conseguir agradecer o bastante a eles por nos terem transmitido isso. Foi como aprendi latim e grego em vez de espanhol e inglês, consideradas línguas mais "úteis". Esforçaram-se nesse sentido por considerar que isso fazia falta a eles próprios. Achavam que os verdadeiros tesouros se encontram no campo do pensamento.

QUANDO MEU PAI VENDIA ARMAS AOS REPUBLICANOS ESPANHÓIS

Seu pai, Pierre Ferry, parece ter tido uma trajetória bem singular: mecânico de carros e instrutor de pilotagem, apaixonado por corridas; soube que ele até participou das 24 Horas de Le Mans, de 1938, se mantendo à frente, na sua categoria por 16 horas, até ser obrigado a abandonar, por erro de um mecânico no abastecimento de água...

Meu pai nasceu antes da Grande Guerra, em 1911, numa família em que se começava a trabalhar bem cedo – aos 12 anos –, sendo tendência geral a impressão de os estudos não servirem para grandes coisas. Como meu avô era um modesto comerciante de "ferramentas e couros para sapateiros", papai começou a trabalhar como entregador aos 13 anos. Dirigia o Ford T da família, sem carteira, é claro, mas era outra época... Para desespero do seu professor que, um dia, procurou meu avô na saída da escola para dizer que o filho era ótimo aluno e que seria um crime não encorajá-lo a continuar. Apesar dessa cena digna de Camus, nada se pôde fazer. Em compensação, porém, meus avós permitiram que ele estudasse música. Meu pai não desperdiçou a oportunidade; se inscreveu no Conservatório e escolheu o violoncelo como instrumento. Tocava realmente bem, até mesmo obras difíceis, como *O cisne*, de Saint-Saëns, ou *Elegia*, de Fauré. Bem moço e em completo descompasso com o meio popular de onde vinha, adorava ouvir música com a irmã. Frequentavam, toda semana, os concertos Colonne, sem perder uma sinfonia dirigida por Charles Munch nem um recital de Cortot. Isso para dizer que cresci num ambiente de culto aos grandes músicos.

Depois dos carros de corrida, a música clássica foi, assim, a paixão da vida dele, paixão que transmitiu a mim desde cedo. Muito jovem, começou a gostar de "mecânica", como se dizia na época: fabricou sozinho seu primeiro carro aos 14 anos, com o que tinha à mão, a partir de restos de um Ford T, até se tornar instrutor de pilotagem, aos 20 anos, com um Bugatti de dois litros, com o qual bateu o recorde, mantido por quase dez anos, da volta do famoso circuito "Nove quilômetros", de Montlhéry. Fez parte também da equipe francesa de remo, em "8+". Consciente da necessidade de conhecimentos técnicos mais apurados para realizar seu sonho – fabricar carros –, inscreveu-se no curso noturno do Conservatório Arts et Métiers e foi aceito, em 1935, nos ateliês práticos da Sorbonne. Sua verdadeira carreira de construtor artesanal de automóveis de corrida começou em 1936, quando se estabeleceu por conta própria.

No início dos anos 1930, ele prestou o serviço militar, chamando a atenção de uma psicóloga, uma das primeiras a praticar testes de inteligência (QI) em grande escala. Na verdade, meu pai ficou em primeiro lugar, entre todos os candidatos da região Île-de-France. Surpresa com o fato de um rapaz pouco instruído e vindo de um meio tão simples ter se classificado tão bem, ela o apresentou a André Malraux. Para meu pai, esse encontro marcou o início de uma nova aventura: Malraux se interessou por aquele jovem saído de lugar nenhum e, quando estourou a Guerra da Espanha, em 1936, pediu que se encarregasse da venda de armas para os republicanos. Papai, que, mesmo sem cultura histórica alguma, tinha boa relação intuitiva com a política, aceitou e, com isso, espontaneamente esteve do lado certo. Durante toda a Guerra de Espanha, ele trabalhou então para o serviço secreto francês, o Segundo Bureau, ajudando a montar a Esquadrilha da Espanha. Malraux pôs dinheiro vivo à disposição e um avião particular, com o qual meu pai ia e vinha, entre a França e a Espanha, muitas vezes pondo a vida em risco.

Entre outras aventuras rocambolescas daquela época, ele me contou ter comprado armas de Al Capone – que, aliás, foi trapaceado, entregando as armas sem receber o dinheiro... em dois barcos que tiveram problemas para a entrega do material! Trabalhou também como assistente de Malraux na filmagem de algumas cenas de *A esperança*, tendo conhecido pessoas extraordinárias, como Hemingway e Colette. Entre uma viagem e outra à Espanha, e, quando não estava enfiado na garagem, no subúrbio, fabricando seus próprios carros, imergia então num ambiente de artistas e intelectuais em Paris, um mundo que ele até então ignorava por completo. Colette, de quem papai sempre falou com carinho, o recebia em casa. Mas ele não esquecia sua verdadeira paixão, os carros de corrida. Continuou então a correr nos circuitos, aos domingos, quando estava em Paris. Conseguiu todo tipo de vitória e me lembro de que, na garagem de casa, havia um depósito cheio de taças de prata que ele, um dia, simplesmente jogou fora. Não se sentia de forma alguma apegado às honrarias, era movido apenas pela paixão. Ainda hoje, quase todo mês, encontro ex-pilotos que foram clientes e falam dele com uma emoção que não deixa dúvida. Em 1938, nas Doze Horas de Paris, terminou em terceiro lugar na contagem absoluta e primeiro em sua categoria. Como piloto, mas também como agente do Segundo Bureau, começou a ter um pouco mais de dinheiro. Tinha uma mesa no Maxim's e continuava a se expor a riscos impensáveis durante a semana. Aliás, escapou de vários atentados. Um deles, a rajadas de metralhadora, o marcou muito, pois seu guarda-costas, ainda jovem, perdeu a vida, salvando a sua. Resumindo, era uma existência bastante romântica de agente secreto, tanto que a tal psicóloga que o tinha feito descobrir a vida parisiense acabou se apaixonando. Recentemente, me emocionou descobrir as credenciais dele no Segundo Bureau e a arma oficial de serviço.

Foi também durante aqueles anos que fabricou sua primeiríssima Ferry, lançando-se na criação de uma equipe própria e montando, até 1960, uns 15 modelos, totalmente desenhados e concebidos por ele. Pouco antes da guerra, com o Segundo Bureau lhe garantindo um bom salário, ele pôde enfim manter seus próprios carros de corrida e começar a fabricar protótipos seriamente. Dirigia na época um sublime Bugatti dois litros, três no compressor, que ainda existe – o dono me enviou recentemente uma foto, e tenho algumas outras daquela época. Meu pai comprou também um Riley 1500, do corredor inglês Dobson, e modificou completamente o motor, montando, em cima do chassi antigo, uma carroceria magnífica. Foi nesse carro, meio Riley, meio Ferry, que ele conseguiu as primeiras grandes vitórias em corridas.

OS CAMPOS NAZISTAS: "ELE NUNCA VAI SE RECUPERAR!"

E o que aconteceu quando estourou a Segunda Guerra Mundial? Seu pai foi mobilizado?

Foi mobilizado com o modesto posto de segundo-sargento e recusou as facilidades de que dispunha, graças aos meios que frequentava, para obter algum cargo "seguro". Como tantos mais, caiu prisioneiro no período da *drôle de guerre*[8] e se viu, em outubro de 1941, num campo na Alemanha, em Limburg, com a matrícula 6.397, mas logo conseguiu fugir. Foram, ao todo, quatro fugas e quatro novas capturas, todas em situações dignas dos melhores filmes de guerra. Meu pai falava pouco desse período ou, para ser mais exato, muito raramente, de tão atroz que foi aquilo tudo. Mas, quando começava, podia se estender por horas a fio e era maravilhoso. Mesmo assim, guardei sobretudo histórias avulsas, e não um conjunto propriamente coerente.

Em geral, as circunstâncias das diversas fugas foram principalmente engraçadas. Logo depois da primeira, ele voltou a ser pego pelos alemães, sendo enviado para outro campo, onde se recusou terminantemente a trabalhar, pois tinha o status de oficial. Criou o hábito de conversar com um guarda alemão que gostava de música clássica. Foi como aprendeu a falar a "língua do inimigo" – e posso confirmar que, até o fim da vida, nela se exprimia bastante bem. Um dia, alegando uma dor de dente insuportável, conseguiu que o jovem soldado o deixasse ir ao dentista. A assistente do consultório se encantou com ele e o ajudou a fugir, dando-lhe roupas civis. Depois de atravessar a pé boa parte da Alemanha e da França, foi denunciado e enviado a outro campo. Foi espancado e fizeram-no se apresentar nu a um tribunal militar, sendo condenado à solitária. Ao sair da sala, conseguiu, sem que os soldados se dessem conta, pegar de volta as roupas civis que usava, e isso o ajudou numa nova fuga, poucos meses depois. Amigos dele me contaram diversos episódios disso tudo, provavelmente um

---

[8] De setembro de 1939 a maio de 1940, anterior à invasão alemã. (N.T.)

pouco romanceados, mas verdadeiros. Multirrecidivista da fuga, acabou sendo severamente punido e mandado para um campo mais a leste, com muitos prisioneiros soviéticos e iugoslavos. Esse último campo não era mais do tipo *stalag*, que, em comparação, tinha ares de sanatório, mas um lugar dantesco, sob um regime de quase extermínio. Papai voltou à França em 4 de outubro de 1944.

Você tentou fazê-lo contar o que havia vivido naquele campo?

Como eu disse, às vezes ele falava, mas era raro e somente de algumas cenas. Podíamos perfeitamente nos dar conta da dificuldade, para ele, de rememorar certos acontecimentos. Mas um dia contou que, nesse último campo, o mais terrível de todos por que passou, a cada novo desembarque de presos – ciganos, sérvios e negros (a maioria do Senegal) –, alguns eram selecionados e imediatamente fuzilados diante dos demais prisioneiros, reunidos no pátio. Muitas vezes disse que essas cenas, de todas por que havia passado, eram de longe as piores. Por diversão, os guardas do campo deixavam, pela manhã, a panela de sopa a 50 metros dos barracões e, para dar exemplo, o último a chegar era sistematicamente devorado vivo pelos cães, diante de todos. Servia como demonstração para quem quisesse tentar escapar. A "distração" fora imaginada pelos guardas romenos que eram, dizia meu pai, "os piores, os mais sádicos, uns verdadeiros monstros".

Depois da guerra, o Estado francês ofereceu condecoração e pensão militar, mas papai recusou. De modo geral, ele nunca cultuou o passado: nunca guardou coisa alguma e sempre detestou tudo o que se assemelhasse à vaidade. Como disse antes, até os troféus dos Grand Prix conquistados ao longo dos anos acabaram na lata de lixo.

Luc Ferry

Em que medida a trajetória política do seu pai — a ligação com Malraux e as Brigadas Internacionais, a experiência na Segunda Guerra Mundial — influenciou a sua própria sensibilidade política?

Meu pai nunca se recuperou de verdade de tudo o que viu e por que passou sob o nazismo. Acho que ficou traumatizado para o resto da vida. Uma noite, assistimos juntos a *Noite e neblina*, quando eu era ainda adolescente — não me lembro da data exata, mas devia ter 12 ou 13 anos. Sei que hoje as pessoas falam mal desse filme, mas posso dizer que teve, para mim, um efeito decisivo. Foi quando entendi o que havia acontecido. Cursei dois anos do ensino fundamental no liceu Saint-Exupéry e havia um grupinho agressivo de meninos antissemitas que distribuía o famoso livrinho com a impostura de *Os protocolos dos sábios de Sião*. Na época, eu não entendia grandes coisas daquilo tudo, mas, de um dia para o outro, passei a não suportá-los mais. Tornaram-se meu principal inimigo, e compreendi a que ponto o general De Gaulle nos salvou a honra, recusando-se a colaborar com os nazistas.

Foi provavelmente um dos motivos — talvez até o principal — do meu pouco entusiasmo pelo movimento estudantil de 1968. Todo aquele passado tinha me marcado muito, e naquele ano, exatamente quando comecei a cursar filosofia na faculdade de Censier, achei os slogans de tipo "CRS-SS"[9] insuportáveis. Nem tanto por insultar a República e o gaullismo, mas por banalizar o nazismo. Seria a melhor notícia do século Hitler ser comparável às companhias republicanas de segurança! Eu sabia que a distância era imensa entre

---

[9] Sigla de Companhia Republicana de Segurança, força policial francesa de choque, com homens fortemente preparados e equipados, comparados pelos estudantes à SS nazista. (N.T.)

os nossos infelizes policiais e os *Einsatzgruppen*. Mas também não sentia a menor simpatia pela "direita camembert"[10] e não tenho vínculo algum, aliás, com esse meio. Além disso, todos os meus amigos da época – a única exceção era o meu colega Jean-Pierre Pesron que, como eu, era gaullista e democrata – militavam na esquerda. Se de uma coisa, porém, eu tinha certeza, era de que os gaullistas e os CRS nada tinham a ver com a SS, achando revoltante acusar aqueles homens – que tinham, como o meu pai, muitas vezes arriscado a vida, combatendo o nazismo – de qualquer cumplicidade. Quanto ao fascismo ser, segundo a velha tese marxista, o estágio mais avançado do capitalismo, isso é tão evidentemente absurdo que revolta qualquer espírito minimamente perspicaz! Aliás, sempre fui grato a Daniel Cohn-Bendit por ter sido o primeiro dos "ex-combatentes de Maio" a admitir o quanto um slogan do tipo "Eleições: armadilha para imbecis" é idiota, indigno e, mais ainda, o quanto a comparação entre a CRS e a SS era ignóbil. Nem tanto, insisto, pelo fato de a CRS não ser a SS, mas por a SS não ser absolutamente a CRS: o slogan insultava mais as vítimas da Shoah do que a polícia republicana, propriamente.

O fascínio de muitos intelectuais pela China me parecia especialmente delirante. Vendo imagens que vinham da Revolução Cultural e que os amigos de ultraesquerda aplaudiam – pessoas obrigadas a andar de quatro, com o rosto sujo de sangue e cartazes infames pendurados no pescoço, linchados pela multidão por usarem óculos, o que os rotulava como intelectuais –, eu achava que não era preciso ser tão letrado assim para ver que era onde passara a se encarnar a ignomínia revolucionária dos tempos modernos. Essa violência que se

---

[10] Direita tradicionalista, agarrada aos valores da chamada "França profunda", camponesa e retrógrada. (N.T.)

pretende "das massas" e claramente continua a entusiasmar um filósofo como Alain Badiou já naquela época me dava vontade de vomitar.

Não sem ironia, constato que as posições se inverteram depois daquilo. A maioria dos ex-maoistas, como Philippe Sollers e André Glucksmann, se tornou admiradora do general De Gaulle, de Édouard Balladur, de Nicolas Sarkozy, e isso quando não passou mais à direita ainda. Pessoalmente, sempre fui gaullista e continuo achando que é a melhor maneira de se manter favorável às intervenções do Estado sem, nem por isso, aderir ao arcaísmo e aos equívocos do Partido Socialista, que, na França, nunca teve coragem de ser claramente socialdemocrata e reformista. Seja como for, tenho certeza de que, graças ao engajamento do meu pai, eu não me enganei com relação aos totalitarismos. Foi primeiramente, então, a aversão ao terror inerente à retórica esquerdista que me levou a me definir como republicano de centro-direita, gaullista ou, se preferir, liberal-social-democrata, parodiando a fórmula do filósofo Leszek Kolakovski *(ver capítulo 12)*, mesmo sem eu nada, realmente, ter de um intelectual de direita.

PIERRE FERRY, PILOTO DE CORRIDA

E os carros de corrida? Alguém daquela época revela que, em 1971, com 60 anos, seu pai tinha notoriedade mundial. "Centenas de personalidades passavam pelo escritório dele, buscando conselhos do mestre." Parecia ser muito respeitado na profissão. "Caso a discussão enveredasse para a mecânica", continua o autor do testemunho, "Pierre Ferry não parava mais. Interessava-se por todos os problemas. A inteligência e a argúcia o levavam diretamente ao coração das pessoas e das coisas." Descobri também que a Ferry 750 ficou em exposição até 1971, num museu da Califórnia. Essa paixão do seu pai também se transmitiu a você?

O ANTICONFORMISTA

Não sei em qual jornal encontrou esse depoimento, mas é totalmente exato. Ainda esse ano fiz uma conferência numa cidade do interior, e o cartaz anunciando o evento me apresentava como filho do "célebre piloto e preparador de carros Pierre Ferry". Só muito tarde me dei conta da sua fama no meio automobilístico. Às vezes dirijo carros antigos em desfiles clássicos, e as pessoas vêm a mim para falar dele. Devo dizer que, depois da guerra, ele retomou a atividade de piloto e de construtor, mas também de preparador. Meus três irmãos e eu passamos a infância brincando na oficina, dentro de algum Bugatti. Havia alguns 57, um cupê Atalante de cortar o fôlego de tão bonito, velhas "três litros/três", com um fone de cobre para falar com o motorista, e dezenas de tipo 35. Nos anos 1950, eles não valiam mais grandes coisas, mas os adorávamos pela beleza, pela força, pelo barulho infernal e pelo cheiro de óleo de rícino que vinha daquelas máquinas. Havia também alguns Maserati 1500, magníficos Cisitalia e toda uma plêiade de carros de corrida. Qualquer um já nos garantiria a velhice, hoje, se os tivéssemos guardado... Era um verdadeiro paraíso! Sem falar dos fins de semana em que íamos a Pau, a Montlhéry, a Le Mans ou a Reims para ver nas pistas os carros que meu pai projetava e fabricava para os clientes que queriam ter algo excepcional. Ele às vezes ainda pilotava, mas a partir dos anos 1960 parou definitivamente de correr, sobretudo porque minha mãe ficava transtornada de medo. Além disso, como pode imaginar, papai nos ensinou bem cedo a pilotar, a dar cavalos de pau, derrapagens controladas e frear, dentro das regras da arte. Confesso que toda vez que me emprestam um carro de corrida, mesmo antigo, o que eventualmente acontece, é sempre como um sonho que volta...

Vê alguma relação entre esse capítulo da infância, passada no meio de bólidos, e o fato de ter se tornado filósofo?

Naquela paixão do meu pai, pelo menos em seus aspectos criativos, havia uma parte essencial voltada para o desenho, o design, uma relação particularmente forte com a estética, a beleza e também a verdade. Seu objetivo era projetar e fabricar obras de arte que fossem, se posso assim dizer, científica e tecnologicamente "verdadeiras". Para ele, um belo automóvel era incontestavelmente uma obra de arte. Meus irmãos e eu aprendemos também a montar e a desmontar motores – é preciso lembrar que, na época, não havia eletrônica, e a mecânica era acessível, nesse sentido de que tudo, ou quase tudo, era visível e desmontável. Entre a profissão do meu pai e a busca da verdade, há uma ligação. Preparar um motor, resolver um problema técnico, encontrar o dispositivo mais eficaz, gases que circulem bem numa tubulação, virabrequins que gerem força no ponto exato, relações ideais de marchas e transmissão, é mais ou menos como um sistema de pensamento, devendo progredir para ser mais inteligente.

O último modelo que ele projetou, um "tanque", como chamavam na época, era sublime. Ganhou, aliás, quase todas as corridas de que participou e acabou em segundo lugar, na categoria, no campeonato mundial de velocidade. Em 1957, eu tinha 6 anos, mas me lembro bem, papai me levou com ele ao aeroporto de Orly para expedir um desses modelos, num avião de carga, para os Estados Unidos. Tinha sido vendido a um piloto americano, John Green, e ia para o outro lado do Atlântico. Soubemos, um ano depois, que ele tinha saído da pista, durante as Mil Milhas. Sobrou apenas um monte de metal amassado. Há três anos, porém, no fim de uma palestra, um homem me procurou e perguntou se eu não era filho de Pierre Ferry. Contou que o irmão havia encontrado o tal carro – o último Ferry, um objeto de coleção –, comprado como sucata, completamente enferrujado, nos Estados Unidos. Mostrou-me fotos e imediatamente reconheci a máquina inimitável, apesar de abandonada num ferro-velho. Parecia toda sanfonada, meio como o personagem de Cornélius, no desenho de Babar. Jean-Marie Fresnault, um apaixonado por carros, irmão do tal sujeito que me procurou, e que depois se tornou um amigo dos mais queridos, havia restaurado completamente o carro. Tive o orgulho de dirigi-lo no Grande Prêmio de Malta, há três anos, e ganhamos o troféu de beleza e elegância.

Foi esse, em poucas palavras, o mundo um tanto estranho de onde vim: um ambiente bem distante do centro parisiense, nem universitário nem burguês, mas, ao mesmo tempo, totalmente atípico, pois valorizava ao extremo a música, a beleza, o desenho, a arte, a técnica e a literatura. Dos quatro irmãos, três se tornaram professores de filosofia – Olivier, Jean-Marc e eu –, e o quarto, Pierre-Yves, vende violinos, mas no início da vida profissional foi professor em Paris, na faculdade de psicologia de Censier.

Três irmãos filósofos não é coisa tão comum. Sua mãe teve alguma influência nisso?

Como teve que abandonar os estudos antes de concluir o ensino médio, minha mãe guardou uma paixão pelos livros. Hoje, ainda lê três ou quatro por semana, entre ficção e não ficção. Fomos então criados, desde muito cedo, num exercício diário bem particular. Na hora do jantar, de forma quase ritual, ela nos fazia refletir sobre o sentido das palavras. Lembro-me de discussões intermináveis sobre termos designando qualidades ou defeitos: o que é arrogância, orgulho, vaidade, presunção ou qual é a diferença entre desejo e inveja etc. O tempo todo ela nos fazia distinguir as mais tênues nuanças entre essas noções próximas. Era divertido e, pensando bem, bastante original, se considerarmos as noites em frente à televisão de hoje em dia. Na verdade, já era quase uma dissertação de filosofia. Esse exercício intelectual deixou em mim lembranças duradouras.

Minha mãe e os padres-operários

Você recebeu educação religiosa ou sua família era do tipo anticlerical?

Meu pai, sim! Voltairiano e livre-pensador, era muito crítico com relação à Igreja, com permanentes implicâncias anticlericais, mesmo tendo uma maneira pessoal de se entender com Deus e um autêntico fundo de espiritualidade, que descobri mais tarde. Como quase todo apaixonado por música, tinha um lado místico. Na época, era bastante comum nas famílias uma divisão de tarefas. Como muitos homens da sua geração, meu pai assumia as atividades "viris": a guerra e o serviço secreto e, por outro lado, os carros de corrida. No mínimo, era alguém bastante masculino, do ponto de vista simbólico.

A educação religiosa era então um encargo materno, e seguíamos o catecismo com uns padres-operários que gostavam muito de mamãe. A maioria deles era mais ou menos ligada ao Partido Comunista e trabalhava em fábricas. Eram, ao mesmo tempo, Pepone e Dom Camilo. Eu gostava da maneira como ficavam muito concretamente do lado dos pobres e dos humildes, numa luta de classes que, na época, era provavelmente bem mais real do que a de hoje (se bem que...). Eram também muito ligados à vida, muitos eram jovens, até bonitos, e meus irmãos e eu os flagrávamos às vezes olhando para as moças! Vários deles, aliás, acabaram se casando e deixando a Igreja. Ainda me lembro do nome de alguns e, ainda hoje, acho que eram mesmo pessoas admiráveis. Marcaram a minha infância, e guardei a forma com que praticavam o amor de *agapé* no cotidiano, não somente na igreja e não apenas verbalmente.

Mais tarde, encontrei essa mesma qualidade humana em irmã Emmanuelle, que se tornou uma amiga muito próxima. Conheci-a no programa de Bernard Pivot, na televisão, logo depois de publicar *O homem-Deus ou o sentido da vida* (1996). Tinha uma vozinha aguda e uma maneira particular de tratar todo mundo por tu. Paulo Coelho também estava presente, e dois jornalistas cristãos de revistas católicas o trataram de maneira nada amável. Irmã Emmanuelle e eu defendemos Coelho não por gostarmos do livro dele, mas por ser estrangeiro, falando mal o francês e sem entender direito o porquê de tanta agressividade. Depois do programa, continuei conversando por um bom tempo com ela. Convidou-me a Callian, no sul da França, perto de Grasse, e fui várias vezes, algumas com minha filha mais velha, Gabrielle. Um dia, escrevendo um livro sobre mulheres livres, ela pediu que a ajudasse a encontrar algumas que tivessem conciliado à existência livre uma vida de sucesso. Apresentei-lhe então Mireille Darc, que sonhava em conhecê-la, Carla Bruni e, um pouco depois, Marie-Caroline, minha mulher. Todas se deram incrivelmente bem com irmã Emmanuelle, sem que isso se passasse necessariamente pela religião católica... Apresentei também o meu amigo Marek Halter, pois irmã Emmanuelle, parente do capitão Dreyfus, era judia, bisneta de rabino e gostava também de evocar suas raízes judaico-polonesas — as mesmas de Marek.

Para seu aniversário de 90 anos, ela pediu, sempre com aquela vozinha aguda, um grande favor: organizar um jantar com outro dos meus amigos mais queridos, o filósofo André Comte-Sponville, um "verdadeiro pensador materialista". André e sua mulher, Sylvie, pintora de grande talento, nos receberam em casa, e foi um verdadeiro festival de inteligência. Irmã Emmanuelle fazia mais do que apenas contar histórias, sabia fazer os outros falarem, porque realmente se interessava pelas pessoas. O mais engraçado foi que, durante todo o jantar, tentou convencer Marie-Caroline a não se casar comigo! Achava "perigoso" demais... Como ministro, voltei a vê-la: ela aceitou ser madrinha da operação "Envie d'agir" [Vontade de agir], que criei, tentando levar os jovens a uma vida mais atuante na cidade. Voltamos então várias vezes a nos ver. Eu ia buscá-la no convento, em Callian, e a levava para almoçar à beira do Lago de Saint-Cassien, onde, em geral, ela pedia uma truta com amêndoas. Teria mil histórias a contar a partir daquelas conversas, como a de uma criança que morreu em seus braços, atingida por uma bala de fuzil sniper, numa varanda em Beirute, ou falaria da sua relação com a pobreza ou com o passado judeu...

E os padres-operários conseguiram fazer de você um bom cristão?

Não, sou irremediavelmente ateu! Antigamente eu me dizia "agnóstico", para evitar o lado militante do ateísmo, além da evidência de a inexistência de Deus ser indemonstrável. Na verdade, me mantive cristão até a idade de sete anos... e me lembro perfeitamente de que o trecho dos Evangelhos que mais me empolgava, na época, era o da morte de Lázaro, depois ressuscitado, tão maravilhosamente contada por João. Ao saber da morte do amigo, Cristo não se dirige a ele imediatamente. Pelo contrário, faz questão de só comparecer dois dias depois. Por quê? Para que o corpo de Lázaro tivesse tempo de se decompor e que o seu ressuscitar, efetivamente, fosse um ressuscitar da carne. Ao contrário do que dizem hoje os nossos tacanhos nietzschianos de esquerda, o cristianismo foi também, desde o início, uma filosofia da carne. A promessa de ressurreição concerne aos corpos tanto quanto às almas, pairando essa questão um tanto estranha: com que idade e com qual aparência vamos, depois da morte, encontrar aqueles que amamos em vida? Resposta cristã, de rara profundidade e na qual, no entanto, não acredito: com o rosto do amor, o sorriso e a entonação das vozes que amamos um dia...

Do alto dos meus sete anos de idade, algo já me parecia meio esquisito nessa promessa: era boa demais para ser verdade! Voltar a encontrar quem amamos, depois da morte, não é exatamente o que se tem vontade de ouvir? Cristo chorou ao saber da morte do amigo Lázaro, explicaram-me os padres-operários. Eu perguntava: "Por que, se ele sabia que podia ressuscitar o amigo?" Na minha cabeça infantil, achava que, se ele tinha ficado triste, era justamente por saber tudo terminado, não se podendo reparar o irreversível. Enfim, alguma coisa não me soava bem. Essa questão da morte, que nunca deixou de me preocupar, se impôs então muito cedo, para mim, como questão crucial, e a resposta da religião não me pareceu boa.

Depois disso, por muito tempo deixei de lado essas questões, convencido de que a ética republicana e a moral bastam. Como a dos primeiros republicanos, de Kant ou de Jules Ferry, qualquer uma. Mas com certa má consciência, pois no fundo sabia que não se escapa da questão espiritual se refugiando na moral laica. Donde, muito mais tarde, o questionamento sobre uma "espiritualidade leiga", articulada com a nossa história e em cuja elaboração trabalho há anos. Daí, também, a expressão que serviu de subtítulo para

A sabedoria dos modernos, um livro publicado em 1998, com André Comte-Sponville: "Depois da religião, para além da moral." "Para além da moral" por ela não responder mais ao problema da contradição entre a morte, que é separação, e o amor que nos conduz ao apego; "depois da religião" por sermos leigos e precisarmos, mesmo assim, de espiritualidade.

Deixei o catecismo, então, sem renegar o carinho pelos padres-operários, mas dizendo, *grosso modo*: "Não acredito nisso." Em todo caso, foi com eles que me dei conta da dimensão filosófica do cristianismo e, sobretudo, da sua filosofia do amor, que acho grandiosa.

Sua mãe aceitou a decisão de largar o catecismo?

De qualquer maneira, meus irmãos e eu éramos obrigados a ir à missa, mas isso acabou não durando muito, pois não parávamos de fazer bagunça. Tínhamos umas pistolas de chumbinho – a ar comprimido, que eram chamadas de "Pneumatirs", me lembro como se fosse ontem – e a principal diversão era acertar o traseiro das velhas carolas nos bancos da frente. O padre, é claro, acabou nos pegando em flagrante delito e nos pôs a correr, como era mais ou menos o que queríamos... Eu devia ter uns 8 ou 9 anos e minha mãe percebeu que a ruptura era definitiva. Diga-se também que, nesse meio-tempo, nos mudamos para o campo e perdemos aqueles seres excepcionais que eram os padres-operários, entrando, no lugar deles, o típico e notório cura de vilarejo: beberrão e desabusado, um desses campeões mundiais na arte de fazer qualquer um deixar de ter fé...

O ANTICONFORMISTA

A ESCOLA EM CASA

Como se passou a escolaridade no ensino médio, primeiro no colégio e depois no liceu?

Foi calamitosa, pelo menos no sentido clássico. É preciso lembrar que nos mudamos para Fontenay-Saint-Père, no fim dos anos 1950, o que significava estar longe de tudo. Além do mais, no início, o acidente do meu pai, junto ao fato de a minha mãe não dirigir, nos isolava ainda mais. Nunca saíamos e vivíamos meio fechados na tribo. Sem transporte público e com meu pai impossibilitado de nos levar de carro às aulas, a uns 12 quilômetros, fiquei por um tempo na escola do vilarejo, com um professor comunista, Sr. Quettier, que depois se elegeu deputado, acho. Não era mau sujeito, mas também não via minha família com bons olhos: considerava-nos parisienses, muito diferentes dos filhos da roça, quase estrangeiros... Acabei abandonando a escola e continuei as aulas em casa, com a minha avó materna, que tinha sido diretora de escola, como já disse. Ou seja, ela sabia perfeitamente o que fazer para ensinar crianças a ler e a escrever! Na sexta série, no início dos anos 1960, consegui então entrar para o liceu de Mantes-la-Jolie (na época não se dizia ainda colégio), no Val-Fourré, um lugar já bem problemático, a mil léguas dos colégios frequentados pelos filhos da burguesia do sexto *arrondissement* de Paris. Foi um choque, ainda mais por eu ser uma espécie de pequeno selvagem, arredio e nada socializado. Acabei conseguindo sair do liceu na terceira série e continuei a estudar por correspondência, como os meus irmãos já vinham fazendo.

Na época, eu não tinha a menor ideia do mundo, além do que sabia por meu pai dos horrores nazistas, da guerra e do gaullismo. Mamãe ajudava como podia com as redações. Era ótima nisso, pois conhecia literatura clássica de maneira realmente rica e profunda. Mas como também não tinha completado o ciclo escolar, ela nada sabia de física nem de química, e menos ainda de latim e grego. Quanto à matemática, foi a época em que tudo estava passando para a teoria dos conjuntos, de que ela nunca tinha ouvido falar. Com isso, precisei me virar sozinho, com a ajuda dos meus irmãos ou, de vez em quando, a de algum tio ou tia. Mas foi uma época ótima. Recebíamos as aulas e exercícios pelo correio, de 15 em 15 dias. Eu procurava me livrar das obrigações nas primeiras 48 horas, para gozar de vários dias de total liberdade, em que podia, com meus irmãos, me dedicar às nossas brincadeiras favoritas: fazer maluquices com umas velhas motonetas Solex remendadas ou com as espingardas de caça roubadas do nosso avô, e isso quando não pegávamos um dos carros de papai para passear pelas estradinhas, sem carteira de motorista, é claro, já que nenhum de nós tinha idade para isso... Visto de hoje, acho que aquele curso por correspondência foi uma ótima formação, pois como não tinha professores, pelo menos no sentido tradicional, eu era obrigado a ler muito — as aulas vinham em apostilas, em princípio, mas indicavam uma quantidade de livros a serem lidos, manuais ou obras importantes. Por isso, quase mecanicamente, me tornei um leitor dos mais compulsivos. Graças à minha mãe, havia em casa livros de todo tipo. Literatura clássica, é claro, mas também dicionários, enciclopédias... Vivíamos cercados de livros, mesmo que a principal atividade continuasse a ser correr as estradinhas de espingarda no ombro, a pé, de Solex ou de carro...

Você há alguns anos se interessa muito pela história da família moderna, um tópico essencial na reflexão daquilo que denomina "segundo humanismo".

O ANTICONFORMISTA

Penso no ensaio de 2007, justamente intitulado Famílias, amo vocês, *por referência ao famoso "Famílias, como as odeio!", de André Gide, e no seu último livro,* La Révolution de l'amour, *publicado no fim de 2010. Essa infância feliz, numa vida tribal interiorana, de certa forma o ajudou a se sensibilizar por esse tema?*

Nunca é muito fácil separar o que nos "fez" daquilo que fizemos com isso, mas é verdade que o amor que pode existir numa família, com essa espécie de mútua proteção, de lealdade e de dimensão quase fusional que caracterizavam a minha, foi uma influência para a vida toda. É uma evidência. E, quanto mais o tempo passa, mais tenho consciência disso. Tive muita sorte. Boris Cyrulnik está certo, enfatizando o quanto nossa capacidade posterior contra a resiliência, nossa aptidão para superar os traumas e assimilar, sem muito estrago psíquico, os golpes mais pesados da vida estão intimamente ligadas a essa experiência.

2

A descoberta da filosofia e os anos de formação

ALEXANDRA LAIGNEL-LAVASTINE — *A filosofia, para você, era o que normalmente chamamos de vocação? Quando e como se deu o encontro com essa disciplina? Nesse aspecto, qual foi a influência dos seus irmãos? Pessoalmente sei que Jean-Marc, embora excelente nessa matéria, teve "um" no vestibular de Letras. Ele próprio me contou ter passado na época por um período "vago", sentindo-se "em pé de guerra com o mundo"... e acabou indo para a filosofia.* Ele indicava algumas leituras?*

LUC FERRY — Na verdade, descobri a filosofia aos 15 anos, e foi um choque, uma paixão que nunca mais me deixou. E devo isso a meus irmãos, sobretudo a Jean-Marc, que foi o primeiro nesse caminho. No ano seguinte ao tal "um" em Letras que o fez perder o ano (era uma

---

* Jean-Marc Ferry publicou cerca de vinte livros, entre os quais *Habermas, l'éthique de la communicatios* (1987), *Les Puissances de l'expérience*, I e II (1991), *La Question de l'État européen* (2000), *Les Grammaires de l'intelligence* (2004), *Europe, la voie kantienne* (2005). Em 2010, publicou *La Religion réflexive* e *La République crépusculaire*. Sua obra foi premiada pela Academia Francesa (prêmio La Bruyère) e pela Academia de Ciências Morais e Políticas (prêmio Louis Marin) [*A.L.-L. para as notas de pé página da edição original*].

nota eliminatória naquela época), Jean-Marc passou com a menção "muito bom" e tirou "nove" em filosofia! O que só comprova que a eliminação, no ano anterior, deve ter sido obra de algum professor maluco. Jean-Marc hoje leciona filosofia na Universidade Livre de Bruxelas e também na Sorbonne/Paris IV. Desde aquela época, perdi confiança nas notas em provas. São tão aleatórias que às vezes não fazem o menor sentido. De qualquer maneira, foi ele que me aconselhou a ler *Fundamentações da metafísica dos costumes*, de Kant, e depois *Discurso sobre o método*, de Descartes, dois textos que estavam no programa do exame vestibular.

A INFLUÊNCIA DOS TRÊS IRMÃOS

Então, comecei com *Fundamentação*. Como era de esperar, nada entendi. E não só nos detalhes: o que podia significar exatamente *a priori*? E aquela história tremenda de "boa vontade", por quê? Sem falar das misteriosas "coisas em si". E não era isso o mais grave: eu simplesmente não sabia que tipo de discurso era aquele nem a que se referia. Visivelmente, não se tratava de literatura; havia conceitos, vontade demonstrativa, racionalista... Mesmo assim, também não era ciência. O quê, então? Levei trinta anos para realmente conseguir responder a essa pergunta, que é o principal objeto de *Aprender a viver* (2006). Na época, eu pensava: é claro que esse sujeito – Kant – não é um imbecil, por que então ele se interessa por essas coisas? E quis tirar isso a limpo. Conseguia entender as palavras, chegava a seguir as frases, mas, na verdade, continuava sem saber o que havia por trás daquilo. Era, ao mesmo tempo, frustrante e muito apaixonante.

No fim do ensino médio, eu era capaz de comentar bastante bem sobre o que lia; por exemplo, detalhar corretamente a famosa diferença estabelecida por Kant entre os "julgamentos sintéticos" e os "julgamentos analíticos" de *Crítica da razão pura*. Como um aluno que realmente se esforçou e, na verdade, como a maioria dos professores, eu podia explicar quase tudo... sem nada entender no fundo, mas sem, nem por isso, cometer erros: podia dissertar que "julgamento sintético" é quando o predicado não se inclui no conceito e "julgamento analítico" quando se inclui. Quando se diz que um círculo é redondo, o redondo faz parte do conceito de círculo. É um julgamento analítico. Se digo, porém, que meu sapato é preto, o preto não está forçosamente ligado à ideia de sapato – ele poderia ser marrom, por exemplo. É um julgamento sintético etc. Mesmo assim, devo admitir que o sentido profundo disso tudo me escapava totalmente! Só muito mais tarde percebi como toda a questão da objetividade, para Kant, está relacionada a uma problemática, aliás tirada de Hume: como ligar entre si representações de maneira que o laço seja objetivo, e não apenas subjetivo? Para falar como Hume, se eu associar a dor que sinto, ao me furar o dedo, não à agulha que tenho na mão, mas à chuva que cai lá fora, a associação não é boa, é apenas subjetiva. Para que adquira objetividade, é preciso que o laço das representações debaixo da ideia de causalidade seja bem-feito: daí a problemática dos julgamentos sintéticos e a questão do caráter *a priori* dos conectores que a possibilitam... Não estou, é claro, querendo entrar no detalhe disso tudo, mas mostrando como se pode apresentar determinada filosofia de forma bem correta sem nada entender nem perceber o que está em jogo. É o que faz a maioria dos manuais, escritos por pessoas que, em geral, conhecem apenas um ou dois autores e se contentam em falar superficialmente dos demais. Foi o que procurei muito evitar em *Aprender a viver*, em que tentei dar o sentido das grandes filosofias e extrair delas o que realmente está em questão. Mas naquela época de que falamos, eu estava a anos-luz de ser capaz disso. Simplesmente sentia haver ali uma espécie de tesouro enterrado...

Tinha então a sensação muito forte – volto um pouco a isso porque, para mim, foi realmente entusiasmante – de que aquele objeto, a filosofia, não era ciência nem literatura: uma disciplina estranha que se aproximava das ciências pela dimensão racional da matemática ou da física, mas, ao mesmo tempo, escapava do registro do experimental e do dedutivo. Era no âmbito do sentido e dos valores que aquele discurso agia, o que então o aproximava mais da literatura. No entanto, também não se limitava a ela: sem narrativa, sem intriga, sem personagens. Por muito tempo me perguntei onde, entre a ciência racional e a ficção romanesca, realmente situar a filosofia. Somente a partir do meu livro *O homem-Deus ou o sentido da vida* (1996) comecei a compreender que nada tem a ver com o que me contaram naquele último ano do secundário – *grosso modo*, explicaram se tratar de uma reflexão sobre as noções, uma forma de espírito crítico, de capacidade para refletir, para argumentar. Entendi que a filosofia de verdade nada tem a ver com esse curso de instrução cívica para uso de futuros cidadãos, mas representa, pura e simplesmente, a busca da "vida boa" que não passa por Deus nem pela fé, ou seja, é uma concorrente leiga da religião, como demonstrei em *Aprender a viver*, que só nas aparências é um livro para crianças...

FILOSOFIA: O SENTIDO *NA* VIDA MAIS DO QUE *DA* VIDA

Pode-se até dizer que você não deixou mais essa reflexão sobre a definição da filosofia, renovando-a a cada etapa do seu percurso. Com relação a isso, muitas vezes afirmou que uma filosofia autêntica deve se estruturar a partir de três eixos — teórico, prático e soteriológico (orientado para a problemática da salvação ou da "vida boa", como já dizia Aristóteles).

É verdade, mas apenas mais tarde essa tripartição apareceu claramente para mim. A segunda parte do meu livro de 2006, *Vencer os medos*, com o subtítulo "A filosofia como amor à sabedoria", aliás, insiste em responder às objeções que essa definição da filosofia, como busca não religiosa da sabedoria e da "vida boa", isto é, como "espiritualidade leiga", gerou. E isso exatamente por romper amplamente com a ideologia veiculada pelo ensino francês da sacrossanta classe de último ano do secundário, com o culto da dissertação, do republicanismo e da reflexão crítica. Não que eu não seja republicano: sou até mais do que democrata, se for preciso escolher! Mas sustento — e me disponho a comprovar quando e onde quiserem — que a filosofia não é e nunca foi um curso de reflexão crítica destinado a preparar o estudante para o exercício da cidadania. Que um curso assim possa ser útil, não nego. É até indispensável, creio, fazer os jovens refletirem sobre as grandes questões. Só que esse saudável exercício literalmente nada tem a ver com a filosofia. Se dissessem a Spinoza, a Epicteto ou a Hegel que a meta do trabalho intelectual deles era refletir de maneira crítica e argumentada, eles teriam caído da cadeira! Para eles, com toda evidência, a filosofia se destina, antes de tudo, como disse Hegel, a "compreender o que é" (a "teoria") para poder se situar no mundo (a "prática") e encontrar o sentido do seu destino (a "soteriologia", quer dizer, a doutrina da salvação sem Deus).

No ponto em que estou da minha trajetória — que não é o mesmo dos meus 15 anos... — diria, de fato, que toda grande filosofia comporta necessariamente três eixos. Primeiro a teoria, "a inteligência daquilo que é", e com real profundidade Hegel acrescenta que isso no fundo nada mais é do que "sua época apreendida em pensamentos" – *ihre Zeit in Gedanken erfasst*. Esse campo inclui a epistemologia, o conhecimento do mundo natural e físico, mas também da história, da sociedade, do mundo humano. Para nós, modernos, parece mesmo impossível separar a *autorreflexão* da *reflexão histórica*, impossível filosofar sem levar em consideração a história e uma análise crítica do tempo presente. Se compararmos nossa vida a um campo de jogo, pode-se dizer que esse primeiro eixo tem como função o conhecimento do terreno. Ao segundo eixo, o da *ética* ou da *moral* (propositadamente não faço distinção entre os dois termos, já que o latim apenas traduziu *a priori* o grego), se acrescentam as esferas do direito e da política, e ele tem como finalidade explicitar as regras da partida que vamos ter que jogar com outras pessoas. Por último – pois aqueles dois momentos só ganham seu verdadeiro sentido na relação com esse terceiro –, temos a questão da meta do jogo, isto é, do sentido da vida, a partir do qual se chega à dimensão propriamente *espiritual* da filosofia. Conclui-se, então, que ela é uma busca da sabedoria ou da vida boa que sempre culmina, mesmo em Nietzsche, certamente o mais ateu de todos os grandes pensadores modernos, numa doutrina da salvação sem Deus (que ele denomina *amor fati*, o amor pelo que está aqui, pelo real, que implica "a inocência do devir", temas nele inseparáveis da doutrina do eterno retorno).

Mil vezes me fizeram a objeção, sem ver que erram completamente o alvo, já que aceito sem a menor dificuldade que a vida humana, tomada como um todo, só pode ter algum sentido se for colocada numa perspectiva religiosa. E é verdade; somente nos colocando fora de uma realidade conseguimos determinar o seu sentido. No entanto, como escreveu Nietzsche, não há lado de fora da vida, a não ser que nos coloquemos no ponto de vista de Deus. Uma vez mais, o que responder senão que concordo plenamente... mas o argumento nada tem a ver com a questão que coloco e em nada afeta o que digo da filosofia como busca da vida boa, busca que evidentemente dá sentido, pode ser até que às nossas vidas vistas de fora, mas, em todo caso, às nossas vidas vividas por dentro. A vida humana provavelmente não tem o menor sentido, admito de bom grado. Isso não impede que, no interior da minha vida, em minha existência individual, e não fora dela, eu estabeleça objetivos o tempo todo. Se me permitir um pouco o uso do jargão, é um idealismo semântico, um idealismo do sentido que eu professo. Veja a história de Ulisses, essa epopeia de que falei em *A sabedoria dos mitos gregos* (2008) como matriz para toda a filosofia ocidental. A existência de Ulisses não tem sentido algum "em si", e mesmo assim, para Ulisses, o sentido da vida é claro: trata-se de buscar a vida boa, passando do caos da guerra à harmonia da paz, indo de Troia a Ítaca. E essa intenção, pura e simplesmente, é o que dá sentido a toda a viagem dele na vida...

Essa definição da filosofia como concorrente da religião, como tentativa de definição da vida boa sem passar por Deus nem pela fé, com os meios que se têm à mão, de certa maneira, aceitando, como Ulisses, a condição de mortal: talvez seja, você tem razão, uma consequência longínqua daquelas conversas, na minha infância, com os padres-operários... Todo esse dispositivo teórico e prático (a teoria do conhecimento e a doutrina da ética) precisa, afinal, servir para alguma coisa. É preciso haver uma "meta do jogo", uma finalidade. Donde a ideia – que, para dizer a verdade, me veio bem tarde – de que a esfera do sentido ou do espiritual, a esfera da sabedoria propriamente dita, essa a que se remete a etimologia de *philo-sophía*, constitui o terceiro eixo da filosofia. Esse terceiro momento, a que voltaremos mais tarde, é evidentemente o mais problemático, e as reações que meus livros provocam mostram a que ponto isso está longe de ser consensual. Para mim, em todo caso, esse terceiro eixo não tem como não trazer a questão do sentido *da* vida ou, se quisermos afastar o contrassenso religioso/metafísico que eu mesmo acabo de evocar, do sentido *na* vida. Isso significa dizer que ele nos lança no terreno do espiritual, entendido no sentido amplo e não religioso do termo, no sentido da "vida do espírito" a que se referiu Hegel, ou dessa busca da "sabedoria" e da vida boa que anima toda a filosofia grega, mas sem recorrer à fé, ou seja, sem que a filosofia sirva de amparo à mitologia ou à religião. No ponto em que estamos, o que estou dizendo pode parecer obscuro, mas voltaremos a isso. Quis apenas dar uma ideia da área que abrange a minha reflexão e também da trajetória, já bem antiga, que me levou a ela.

A universidade em 1968: "Eu era um extraterrestre!"

Você tinha 17 anos quando entrou para a faculdade de filosofia de Censier, em Paris. Além do mais, isso foi em 1968. A educação atípica e a vida feliz mas isolada no campo faziam de você um estudante um pouco diferente dos outros?

Quando aterrissei na universidade, havia vários anos que eu estava alheio ao que se pode denominar uma vida social normal. Tinha evoluído totalmente fora do que Augustin Cochin chamou, referindo-se à Revolução Francesa, "sociedades de pensamento", clubes formados por pequenos grupos de intelectuais ou de militantes, com seus rituais, seus locais de sociabilidade e códigos linguísticos, situação que se repetiu na efervescência parisiense de 1968. Eu parecia totalmente excêntrico, fora do mundo. Não era de direita nem de esquerda: era um marciano. Quem sabe talvez fosse também mais livre.

O ANTICONFORMISTA

Não me sentia absolutamente obrigado a ser maoista, anarquista nem trotskista, como todo mundo. Além disso, continuava morando fora de Paris e tendo que percorrer 140 quilômetros por dia, indo e vindo entre a universidade e o meu vilarejo.

Você pode então imaginar como foi estranho, para mim, ser descrito por jornalistas como "brilhante *normalien*": como disse, começando a faculdade eu nem sabia o que era *khâgne* ou *hypokhâgne*! E, da École Normale Supérieure, eu nunca havia nem ouvido falar... Apesar disso, tinha em volta colegas que efetivamente vinham dos melhores cursos preparatórios dos liceus Louis-le-Grand ou Henri-IV. Alguns já eram *normaliens*, e, quando se referiam à "Escola", como se fosse evidente só haver uma, eu não tinha a menor ideia de se tratar "da rua d'Ulm"... É claro, me impressionavam: ousavam interpelar os professores, pareciam falar o mesmo jargão e até contrapunham argumentos. Eu me escondia no fundo da sala com o meu melhor amigo, um rapaz formidável, que saía também um pouco da norma, mas por outros motivos. Jean-Pierre Pesron era um pouco mais bem-informado do que eu, pois era filho de um professor *agrégé* em Letras, mas, à sua maneira própria, vivia igualmente à parte. Não parávamos de debochar dos militantes da Aliança dos Jovens pelo Socialismo (AJS) que interrompiam as aulas, cheios de raiva e entusiasmo, para pregar a revolução e incitar as massas a se juntarem a eles. Morríamos de rir e nossa falta de "consciência de classe" não era nada bem-vista. Várias vezes a situação beirou a catástrofe...

Minha estreia na universidade foi esta: a de um elétron livre, quase nada socializado, que olhava meio impressionado, meio divertido a vida parisiense intelectual e política. Era uma época agitada, em que Louis Althusser e Jacques Derrida, os dois "caciques" da rua d'Ulm, resolveram seguir o Movimento de Maio e se dispuseram a apoiar todos os excessos. Fui então ouvi-los na "Escola", onde entrei pela primeira vez como quem entra numa igreja. Cheguei a me aventurar até a rua Saint-Jacques para ouvir Jacques Lacan. Não foram apenas a explosão de ideias delirantes e um incrível simplismo, por trás de um jargão ultrassofisticado, que me impressionaram, mas sobretudo o inimaginável conformismo, a completa falta de ironia, para não falar da incrível sujeição ao mestre, reinante naqueles meios... Lacan, deve-se dizer, entre uma ideia ou outra profunda sobre o imaginário e o simbólico, por exemplo, soltava idiotices colossais, com uma lentidão que fazia os filmes de Marguerite Duras parecem trepidantes como um thriller americano, e tudo isso diante de um amontoado de jovens aparentemente mais descerebrados do que uma rã de laboratório: sem a menor contestação, o menor senso de humor, uma total falta de espírito crítico, nem sequer infinitesimal. Diante do "discurso do mestre", aqueles infelizes, tomando notas freneticamente, transcreviam como Moisés ouvindo Jeová... Era aflitivo, horrível de se ver para quem não tinha sido formatado por uma sociedade de pensamento!

Entendi naquele momento, bem antes de conhecer François Furet, de me tornar seu amigo e assistir aos seminários que ministrava sobre o Terror, o quanto a loucura revolucionária, a loucura dos guardiães da revolução e de todos os grandes massacres do século pode germinar. Nas assembleias gerais estudantis, quem não se encaixasse perfeitamente no molde se expunha a imediatos riscos físicos... O terrorismo da sujeição e a violência do conformismo se mostravam mais terríveis por virem com aparências de crítica radical, de "imaginação no poder"[1] e até de efervescência lúdica. É só lembrar! Nunca

---

[1] Pichação famosa nas paredes de Paris em 1968. (N.T.)

vi um trotskista lambertista rir, a não ser quando um maoista metia os pés pelas mãos e, mesmo assim, nem sempre... Ao contrário do que diz a lenda, a falta de humor dos militantes de 1968 era o traço mais característico. Foi mais tarde, bem mais tarde, que os mais libertários, os únicos realmente mais simpáticos, começaram a "gozar sem entraves", como Dany Cohn-Bendit, um dos raros a ter se saído bem, a se manter fiel a si mesmo e à inspiração libertária, tendo a honestidade de reconhecer o lado delirante dos seus engajamentos juvenis. Mas os verdadeiros militantes, os puros e duros, os que tinham o retrato de Beria no quarto, adoravam Mao, a Revolução Cultural e, acima de tudo, o horror absoluto que é a violência de massa, como o pobre coitado do Alain Badiou, maravilhado com o amontoado de besteira que é o *Pequeno livro vermelho* e adepto do movimento geral, passando da SFIO [Seção Francesa da Internacional Operária] ao maoismo, como um coroinha passa da igreja ao bordel — era preciso vê-los naquela época: dispostos a matar, se necessário, convencidos de encarnar o bem, de estar do lado da verdade, da pureza, do absoluto. Se eu dissesse que Trotsky havia massacrado 20.000 infelizes marinheiros em Cronstadt, ou que Mao exterminava mais gente do que Hitler, não só isso caía no vazio, já que a verdade não tem a menor influência na ideologia, mas corria o risco de ser literalmente linchado... Na melhor das hipóteses, passaria por agente da CIA, como foi o caso dos corajosos Lucien Bodard e Simon Leys, que eram insultados e ameaçados de morte toda vez que falavam do que conheciam melhor do que qualquer um, que era a realidade da China.

Uma vez mais, entendi que o conformismo revolucionário é o pior de todos e que, levando tudo em consideração, os bons burgueses de direita eram, comparados a meus amigos esquerdistas — pois, apesar dos pesares, era na esquerda que eu tinha meus amigos —, modelos de distanciamento crítico e de abertura com relação aos outros. A invenção da imagem festiva e lúdica de Maio de 68 é uma impostura, uma construção retrospectiva que se apoia em algumas realidades, é claro, pois em todo movimento revolucionário há momentos de festejo, mas que passa totalmente fora do essencial: a incrível sisudez, o insondável dogmatismo e o conformismo intelectual absoluto que dominaram a época, sob a aparência, sabe-se o quanto falaciosa, da liberdade de espírito...

Essa sensação de solidão devia ser bem difícil na época. Acha que a digeriu depois disso?

Não era tão difícil assim. Primeiro porque me diverti muito e descobri mil coisas – entre as quais o amor e a amizade, o que não é pouco; é de fato, para mim, a única coisa que vale a pena neste nosso mundo. E depois porque essa solidão, que me levou a deixar Paris e ir mais além, à Alemanha, me dava igualmente uma forte sensação de liberdade de espírito. Eu via e sentia – por assim dizer de maneira experimental – que não estava obrigado a fazer o mesmo que todo mundo, que a preocupação com a verdade pode, eventualmente, nos levar a nos opormos à massa. Sentia-me mais ou menos, desculpe a comparação que vai do pequeno ao grande, como Descartes deixando o colégio de La Flèche, convencido de precisar se desfazer dos próprios preconceitos para pensar por si mesmo, através do "grande livro do mundo".

Pelos motivos que já contei, admirava o general De Gaulle – de quem todos os meus amigos tinham verdadeiro nojo. E estava convencido – desculpe, mas é preciso sempre ser meio megalomaníaco nesses casos – de ter razão. A história, aliás, confirmou isso. Continuo gaullista, e quase todos eles também se tornaram! Nem por isso eu era "gaullista" no sentido de filiação a um partido, como os CDR, os integrantes dos Comitês de Defesa da República, que saíam para "quebrar a cara dos esquerdistas". Tinha suficiente senso de ridículo para escapar dessa bobagem e consciência bastante, apesar de tudo, da importância dos acontecimentos de Maio para perceber que precisava me esforçar no sentido de não rejeitar tudo num bloco só, mas de compreender aquela efervescência, tentar captar o que se passava, mais do que criticar estupidamente, em nome de outra convicção dogmática. Ainda mais porque todos os meus amigos, ou quase todos, participavam do Movimento. Nos anos seguintes, com uma única exceção (Jean-Pierre Pesron, de quem já falei), todo mundo que eu via ou com quem conversava era de esquerda. Todos "tinham feito Maio de 68", como nossos avós "tinham feito" a guerra de 14, e eu via perfeitamente o que se passava na cabeça deles por trás do ideal totalitário, que, pelo menos para os melhores, era apenas de fachada: uma incrível vontade de "gozar sem entraves", de derrubar as proibições, de finalmente descobrir, sob os paralelepípedos, a praia,[2] vontade que acabou se traduzindo não pelo questionamento da sociedade de consumo, mas sim por uma total rendição a seus pseudovalores.

De fato, todos os colegas da época passaram depois para a imprensa, para a publicidade, para o cinema, para o mercado editorial ou para a universidade, mas sempre em alto nível, um nível que lhes permitiu escrever livros e ganhar dinheiro. Outros foram para a política partidária, que é mais confortável e paga melhor: o Senado, o Parlamento Europeu (ao qual não quis me apresentar nas últimas eleições, apesar

---

[2] Pichação de Maio de 68. (N.T.)

de o presidente da República ter insistido, muito amavelmente, para que eu disputasse uma cadeira, encargo que me parece o arquétipo da falsa responsabilidade). Evitemos mal-entendidos: nada disso é repreensível, pelo contrário. Apesar da ironia que perpassa no que digo, não vejo isso como injurioso, e as diversas profissões citadas nada têm de indignas. Só que representam o contrário absoluto da revolução radical que aqueles jovens, dos quais pouquíssimos eram verdadeiros patifes, e, a maior parte, simpáticos pequeno-burgueses, pareciam defender naquela época – "pareciam", pois pessoalmente eu tinha já a impressão de, no fundo, se tratar de uma encenação, mesmo que não compreendesse ainda o sentido nem a saída histórica real para tudo aquilo.

Os professores

Quais foram os seus primeiros mestres na universidade, os professores que mais o marcaram? Soube que você seguiu o curso de Jacques Rivelaygue, morto prematuramente de Aids e cujas aulas você organizou e publicou em dois volumes, pela Grasset, com o título Leçons de métaphysique allemande *(1990). Eu também estudei filosofia em Paris IV (só que mais tarde, nos anos 1980) e igualmente tive Rivelaygue como professor. Ele, que era do Partido Socialista, se diferenciava bastante no departamento, que era um tanto conservador, além de abertamente assumir a homossexualidade. Foi o melhor professor que tive. As aulas dele – ou melhor, os TD ("trabalhos dirigidos"), pois ele não tinha o lugar que sem dúvida merecia na faculdade – sobre Platão, Kant, Nietzsche e Heidegger tinham um rigor e uma profundidade exemplares. Era, no entanto, reservado e até tímido, sem nunca apelar para efeitos retóricos... Não guardou dele essa mesma impressão?*

O ANTICONFORMISTA

De fato, tive a extraordinária sorte de encontrar, logo no primeiro ano em Censier, dois professores realmente excepcionais. O primeiro foi justamente Jacques Rivelaygue, que morreu em 1990. Foi o mais admirável professor que ouvi dar aulas. Tinha uma clareza incomparável, com uma profundidade que nunca voltei a encontrar, além de fantástica honestidade intelectual. Sua seriedade e aparente falta de charme levavam muitos idiotas a vê-lo como personagem secundário na universidade, e ele era, à sua maneira, uma espécie de gênio pedagógico. Encontrei-o pela primeira vez em 1969. Se a expressão "mentor intelectual" não tivesse uma conotação pejorativa, ninguém mais do que ele a mereceria.

Ainda hoje, não consigo desvendar o segredo para tanta clareza, tamanha inteligência ao expor os mais difíceis temas filosóficos. Conseguia tornar os debates que opunham Fichte, Schelling, Hölderlin e Hegel mais límpidos e importantes que qualquer outro. Em determinado momento, nos anos 1970, em que os melhores espíritos febrilmente se dedicavam a idiotices do tipo "organizar a união do campesinato com os intelectuais" ou "como bloquear a baixa tendencial da taxa de lucro", Rivelaygue nos ensinava a decifrar o sentido da modernidade a partir da fenomenologia de Hegel, Husserl e Heidegger. E provava, como só andando se prova que se pode andar, que as grandes visões filosóficas do mundo são as únicas a oferecer da realidade contemporânea uma compreensão realmente profunda. Após anos de convívio, muitas vezes ficávamos mais de uma hora, na saída de uma aula, conversando no corredor sem nem nos lembrarmos de sentar, entusiasmados com a grandeza dos sistemas dos quais ele tão luminosamente desfazia qualquer dificuldade. O tempo todo ele se mantinha de pé, com uma perna encolhida como um flamingo cor-de-rosa. De vez em quando, soltava uma gargalhada e tinha uma risada esganiçada tão esquisita que se tornava contagiosa. Ganhou o apelido de "Grilo". Algumas vezes ele foi jantar na minha casa, e era por pura gentileza, pois certamente via nossos convites como um dever: só falávamos de Kant, de Hegel ou de Fichte, nunca de outro assunto, que eram os temas das aulas! Dez anos depois, já formávamos um grupo de jovens professores na Sorbonne, entre os quais Alain Renaut, e mesmo assim íamos toda semana à aula dele. Fui eu que convenci os colegas de irem ouvi-lo. Além disso, voltamos a nos encontrar no Collège de Philosophie *(ver capítulo 3)* para continuar a ler, traduzir e estudar as grandes obras do idealismo alemão...

Quais outros professores foram marcantes?

Na verdade, mesmo que tenha aprendido muita coisa útil nos cursos de Ferdinand Alquié (1906-1985), houve somente um: Heinz Wismann, que, aliás, foi assistente de Alquié, até se tornar diretor de estudos da École des Hautes Études en Sciences Sociales (EHESS). Nascido em Berlim, em 1935, Heinz Wismann é um filósofo e filólogo alemão, alguém também vindo de fora, que tinha uma influência e sedução incomparáveis sobre os estudantes.*

Por que gostei tanto desses dois professores, por que os admirei tanto? Primeiro porque tinham imensa inteligência. Depois porque Censier era uma faculdade inteiramente engajada no movimento de Maio. Muitos professores medíocres passavam por ali, mas também

---

*Heinz Wismann fundou e por muito tempo dirigiu uma notável coleção de filosofia nas Éditions du Cerf, a coleção "Passages", e publicou vários livros, entre os quais *Héraclite ou la Séparation* (com Jean Bollack, 1972), *Walter Benjamin et Paris* (1986), *L' Avenir des langues: repenser les humanités* (2004) e *Les Avatars de la vie. Démocrite et les fondements de l'atomisme* (2010).

O ANTICONFORMISTA

Gilles Deleuze (1925-1995) e François Châtelet (1925-1985), que, apesar de todo o talento, também viviam em pleno delírio. Heinz Wismann e Jacques Rivelaygue, apesar de serem de esquerda e até favoráveis às revoltas estudantis, eram praticamente os únicos a nos poupar da contínua demagogia. Wismann dava um curso sobre os pré-socráticos – Empédocles, Heráclito e Parmênides, dos quais eu ouvia falar pela primeira vez. Para ilustrar a dimensão da minha defasagem, no primeiro trimestre do primeiro ano em Censier, ou seja, no outono de 1968, levei um bom tempo para entender que esses nomes designavam antigos filósofos gregos. No início, eu me perguntava o que podia ser aquilo – Empédocles, Parmênides? Algum continente, título de livro? Não me atrevia, é claro, a fazer a pergunta a Wismann, que falava tão admirativamente deles, sem se preocupar com os iniciantes misturados aos *khâgneux* que, como todo *khâgneux* que se respeite, sabiam quase tudo sobre todo tipo de coisa...

Fui e continuo extremamente grato a estes dois professores, Rivelaygue e Wismann, que me ofereceram a chance incrível de entrar num mundo intelectual que, como meus pais, eu não tinha a menor ideia de que existia. Acredito também que, depois de certo tempo, eles foram ficando intrigados com o aluno meio barroco e pouco socializado que eu era. Um dia, Heinz Wismann perguntou a toda a sala quem tinha sido o primeiro a criticar a noção de coisa em si. Como eu já tinha lido muito Kant, mas também diversos livros de comentadores para tentar compreendê-lo, sabia ter sido Jacobi. Assumi o risco de levantar a mão e, para a surpresa de todos, dei a resposta certa. Ainda me permiti o luxo de explicar. Terminada a aula, já saindo sem querer chamar a atenção, como sempre fazia, Wismann me perguntou como eu soubera responder. Nos meses seguintes ele foi demonstrando simpatia, a ponto de me indicar para uma bolsa de um órgão de intercâmbio franco-alemão. "Não fique na França, nada tem a fazer aqui", repetia, acrescentando: "Vá para a Alemanha, aprenda alemão, pois, no plano da filosofia, é lá que as coisas se passam!" Mais tarde, acabamos amigos. Passei muitas férias na casa que ele tinha na Dordonha, atrás de pequenos torneios de tênis na região. A primeira mulher dele, Dagmar, era formidável. Formavam um casal que todo mundo admirava. Além disso, Wismann jogava muito bem, todo orgulhoso de ainda ter nível 15/4, já na idade canônica de 60 anos, a mesma que tenho hoje...

Começamos então a entender como você se tornou um dos únicos filósofos da sua geração sem um passado maoísta, anarquista ou trotskista... Afora isso, se sentia feliz com o seu curso de filosofia?

Eu tinha certeza de querer dedicar a vida à filosofia, mas, na verdade, estava meio decepcionado com a mediocridade da maioria das aulas – a politização era tão delirante que literalmente atropelava o ensino –, decepcionado também pelo fato de tudo estar organizado em função dos concursos. Visivelmente, adquirir um *know-how* retórico era mais importante do que a aquisição do saber. Para se sair bem nas provas, mais valia ter o controle dos seus "Que sais-je?",[3] dos resumos e manuais do que ter lido grandes autores ou conhecer mais profundamente grandes obras. Quanto à vida das ideias e às próprias ideias, isso devia ser deixado de lado na hora dos exames, era o que claramente se aconselhava...

Donde, uma vez mais, a importância para mim de alguém como Jacques Rivelaygue. Reconheço que ele teve um relevante papel no

---

[3] Coleção de pequenos livros didáticos, com mais de 3.000 títulos em catálogo, expondo o essencial de determinado tema. (N.T.)

início do meu projeto de elaborar um "humanismo não metafísico". Por um lado, Rivelaygue era decididamente de esquerda, membro do Partido Socialista, democrata e republicano e, como tal, defensor dos direitos humanos; por outro, reivindicava-se heideggeriano, aderia à crítica heideggeriana do Sujeito – à desconstrução da metafísica da subjetividade, com a modernidade mais ou menos assimilada a um "declínio", a uma derrelição que culminaria no advento do homem alçado à condição de senhor supremo do "ente" no seio do "mundo da técnica". Em conversas posteriores, depois que me tornei *agrégé* de filosofia e igualmente professor, cheguei a falar com ele sobre a impossibilidade dessa dupla vinculação, por apresentar uma incoerência fundamental: como pensar ao mesmo tempo os direitos humanos e a "morte do homem" (a desconstrução do Sujeito)? Heidegger, pelo menos, tinha coerência, já que não era humanista nem democrata, como comprova o seu engajamento (se pequeno, médio ou grande, pouco importa aqui) no nazismo. A liquidação da subjetividade metafísica, por mais que se justifique sob certos aspectos (alguns, não todos), não combina com o engajamento democrático. O próprio Heidegger, aliás, percebeu plenamente isso, pondo em pé de igualdade – em *Introdução à metafísica*, por exemplo – o liberalismo americano e o coletivismo soviético como duas faces, igualmente ilusórias, da metafísica moderna da subjetividade. Por isso minha permanente interrogação, a ele e a mim mesmo: como chegar a uma filosofia política que possibilite pensar os direitos humanos e os valores da democracia – algo que Claude Lefort (1924-2010),* por quem eu tinha muita

---

* Filósofo político, aluno de Maurice Merleau-Ponty, Claude Lefort foi um dos fundadores, com Cornelius Castoriadis, do grupo Socialismo ou Barbárie, que lançou uma revista homônima, em 1949, em que se pregou a desmitificação do marxismo. Lefort dedicou o essencial do seu pensamento à análise e à crítica

admiração, chamava de "humanismo abstrato" – sem, nem por isso, cair no âmbito da metafísica que Nietzsche e Heidegger, *entre outras coisas*, a justo título denunciavam. Foi somente na primeira metade dos anos 1980 que esse meu projeto começou de fato a se consolidar.

Bolsista e violonista em Heidelberg (1972-1974)

Vamos abordar mais adiante essa problemática do humanismo não metafísico ou "pós metafísico, ao mesmo tempo pós-kantiano e pós-nietzschiano que constitui uma das grandes diretrizes do seu pensamento. Por enquanto, você está indo para o outro lado do Reno, dar continuidade aos estudos...

Seguindo o conselho de Heinz Wismann, de fato fui para a Alemanha. Na bolsa que ganhei estava incluída uma passagem obrigatória pelo Instituto Goethe, que é uma magnífica máquina de aperfeiçoamento da língua, e tive a sorte de ser encaminhado para o de Kochel am See, no sul da Baviera. Era sublime. Eu podia remar naqueles lagos suntuosos da região. Foi também onde conheci Schuyler, uma jovem americana que se tornou minha primeira mulher. Ela não falava uma palavra de francês e nem eu de inglês. Por quatro anos, então, nos comunicamos em alemão, primeiro na Alemanha mesmo e depois já na França, quando nos casamos. No fim do verão, fui para a Universidade de Heidelberg. Como bolsista do programa de intercâmbio franco-alemão, eu recebia 600 marcos por mês, que equivaliam

---

dos totalitarismos, em *Eléments d'une critique de la bureaucratie* (1971), *Un Homme en trop. Essai l'Archipel du Goulag de Soljenitsyne* (1975), também em *A invenção democrática* (1981) e, mais recentemente, *La Complication* (1999).

a mais ou menos 600 euros de hoje. Para mim, era uma fortuna. Nunca tinha tido tanto dinheiro na vida. Continuava matriculado no mestrado em Paris IV (antiga Sorbonne) e passei dois anos, entre os meus 21 e 23 anos, naquela magnífica Universidade de Heidelberg.

O *philosophisches Seminar* era um local privilegiado. Tínhamos à disposição uma biblioteca literalmente inimaginável para um estudante francês. Centenas de milhares de obras com livre acesso, também em edição original. Li *Meditações* de Descartes, em primeira edição, e também "Cripura" (*Crítica da razão pura*, de Kant) e "Fenô" (*Fenomenologia do espírito*), de Hegel, em edição original! Nem sequer tínhamos que pedir os livros, nós mesmos nos servíamos, como se a biblioteca fosse nossa, incluindo no tocante a tesouros que valiam uma fortuna e que ninguém, mesmo assim, pensaria em roubar (seria facílimo). Havia mesinhas baixas, com poltronas confortáveis e máquinas de café. Podíamos ficar estudando ali à vontade, até tarde da noite. Realmente divino. Além disso, pela cidade inteira havia livrarias piratas que vendiam, a preço derrisório, edições dos grandes autores, produzidas na Alemanha Oriental, em papel reciclado. Comprei as obras completas de Freud por uns dez marcos e jamais poderia me dar um presente desses na edição oficial. Graças a isso, li Freud – que considero, com Heidegger, o maior pensador do século XX – inteiro em alemão.

Em Heidelberg, encontrei professores prestigiosos, como Hans-Georg Gadamer e Dieter Heinrich.* O ensino era completamente diferente

---

* Hans-Georg Gadamer (1900-2002), discípulo de Heidegger, é conhecido sobretudo pela reflexão sobre as ciências do espírito e sua relação com a hermenêutica, campo abordado em seu livro mais célebre, *Verdade e método* (1960). Já Dieter Heinrich, nascido em 1927, é autor de diversas obras sobre Kant, Hegel e Fichte, incluindo-se no idealismo alemão.

do praticado na França. Não havia, na época, exame vestibular na Alemanha, e o aluno, quando se sentia preparado, pedia ao professor para passar a prova. Evitava-se um exame geral e, com isso, os "manuais", os resumos e sínteses na quantidade exagerada que circulavam entre nós. Nos seminários, liam-se as grandes obras linha a linha, com cada um comentando o texto sob a tutela do professor, guiado por ele. Apesar da admiração que tive por meus professores alemães, confesso que nenhum deles estava no nível de Jacques Rivelaygue, nem mesmo no tocante às obras mais difíceis do idealismo alemão – Jacobi, Reinhold, Maïmon ou Schulze, sem falar de Fichte e de Schelling, que eu conhecia, graças a Rivelaygue, melhor do que os meus novos professores. Foram dois anos extraordinários para a minha formação.

Como a bolsa de intercâmbio acabou sendo pequena para os aluguéis, que eram extremamente caros, comecei também a ganhar a vida tocando violão clássico em bares da Cidade Universitária, chamados *Kneipe* – bares tipicamente alemães em que professores e estudantes bebem vinho branco e jogam xadrez. O *Strassenbahn*, o bonde, ainda passava pela Hauptstrasse e o clima, pelo que diziam as pessoas, era exatamente o mesmo de antes da guerra. Nada havia mudado. Depois das 22 horas, eu tocava num pequeno palco, no primeiro andar, sem receber pagamento, mas com direito a jantar. Na época, o violão era o instrumento da moda, o que mais agradava às jovens, que tomavam boa parte do meu tempo livre... Antes das 22 horas, tocava canções de Dylan, Leonard Cohen, Brassens e Beatles, no térreo. O dono do bar me dizia que cobrasse meu pagamento dos clientes. Eu então passava o chapéu, e me lembro de uma noite de grande solidão e vergonha, dando de cara com Dieter Heinrich, o mais eminente dos meus professores... Fiquei paralisado, mas era tarde demais: achando engraçadíssimo, ele me deu um generoso punhado de marcos. Foi a última vez que passei o chapéu... Depois, das 22 às 24 horas, eu tocava no primeiro andar, no clube de xadrez, só violão clássico, estudos de Sor e prelúdios de Villa-Lobos; sobretudo os *Choros*, que faziam muito sucesso...

Mas, em Heidelberg, você também estudava de vez em quando, imagino...

É verdade, estudava como um louco. Tinha uma ideia fixa, nem sei por quê: queria ler tudo, isto é, não só os textos e os livros, mas as obras completas. Enfiara na cabeça a intenção de ler as grandes obras integralmente. O projeto, é claro, levou muito mais de dois anos. Imaginava as obras como grandes castelos a visitar, de modo que precisava, para começar, ter as chaves, em seguida descobrir como prolongar a estada, visitar todos os cômodos, sem esquecer os corredores, os cantos, os subterrâneos, as passagens secretas... Comecei pela leitura – no original, em alemão – de todas as obras publicadas de Freud e de Heidegger (que eram os que mais me interessavam, na época), mas li também Hegel inteiro, Nietzsche inteiro e Kant inteiro – incluindo *Reflexionen* e *Opus postumum*. Imaginei também outro desafio: ler *O capital* de Marx inteiro. Mas como todo mundo, acabei parando no Livro I, o que, na verdade, já basta para entender o essencial da doutrina...

A volta a Paris e os concursos

Como foi a volta à França, aos 24 anos? Foi quando você fez concursos, como puro produto da meritocracia republicana?

Assim que voltei à França, tentei, sem a menor preparação, o *capes* e a *agrégation*. Detestava até a ideia de concurso, mas era o que levava ao ensino, que me parecia a única profissão a permitir que continuasse no rumo do que realmente me apaixonava: ler e, quem sabe, um dia, escrever filosofia. O chato é que me dava perfeitamente conta de vir de longe demais, de Fontenay-Saint-Père e de Heidelberg, sem as qualidades que tinham aqueles *khâgneux* com autêntica cultura geral, dominando maravilhosamente bem a arte da dissertação, que eu ignorava totalmente. Perdi então todos os concursos até que Alain Renaut, que é *normalien* e fazia a preparação para a *agrégation* na Sorbonne, me explicou o caminho. Foi como consegui, graças a ele. Voltei a me apresentar e passei em primeiro lugar no *capes* (2.300 candidatos para 35 vagas na época). Quase tive um ataque ao ler os resultados! Devo dizer que tive sorte: devia comentar um trecho de *A fenomenologia do espírito*, de Hegel, que eu conhecia de cor. Lembro que o diretor-geral, Sr. Poirier, fez questão de me congratular pessoalmente.

Na verdade, tinha tanta certeza de não passar que, ao mesmo tempo, me inscrevi em letras modernas e em psicologia. Imaginei que essas duas alternativas, uma espécie de saída de emergência, seriam mais fáceis, se quisesse me manter na universidade. Acabei também conseguindo essas duas licenças. Obtive ainda a *agrégation*, no ano seguinte. De repente, podia finalmente realizar meu sonho: conciliar a necessidade de ganhar a vida com a única coisa que me apaixonava, além da vida amorosa: a filosofia.

Você passou a se sentir mais seguro?

Nem tanto, pois, de qualquer forma, eu vinha de longe... Um dia, antes da minha viagem à Alemanha, Heinz Wismann disse que eu telefonasse para a casa dele, pois precisávamos preencher uns formulários para a bolsa. Lembro que fiquei pelo menos uma hora ao lado do telefone, ensaiando o que dizer. Eu me sentia intimidado, pois ligar para a casa de um professor de universidade me parecia impensável. Acabei escrevendo num papel o que devia dizer e, quando finalmente juntei coragem para discar o número, senti-me totalmente ridículo... Parece absurdo, não é? Dizia para mim mesmo que estava sendo um perfeito imbecil e, naquele momento, senti de maneira quase palpável o que Pierre Bourdieu denomina "violência simbólica". Por isso, aliás, ao contrário do que muita gente pensa, terei sempre certo respeito pela sociologia de Bourdieu, apesar dos desacordos de fundo que surgiram violentamente entre nós.

Ele tinha escrito, em 1975, um artigo contra Heidegger, num dos primeiros números de *Actes de la recherche en science sociale*, a revista dele. Era um texto totalmente idiota, em que a angústia de Heidegger era relacionada à falência econômica dos anos 1920 e a diferença ontológica se remetia à crise habitacional, ou seja, lenga-lengas já gastas do sociologismo marxiano absurdamente redutor, que se enfiavam como contas num colar. O filósofo Jean Bollack e Heinz Wismann, que eram amigos de Bourdieu, pediram-me que respondesse ao artigo. Não que fossem heideggerianos; pelo contrário, os dois sabiam o quanto Heidegger se envolvera no nazismo – aliás, para quem lê alemão, o famoso *Jargon der Eigentlichkeit*, a retórica da autenticidade, que Theodor Adorno disse constituir o fundo do discurso nazista, perpassa quase em cada linha de Heidegger. E isso não impede que, com todos os seus defeitos, Heidegger seja um imenso pensador, e reduzir a diferença ontológica a uma superestrutura da crise habitacional é um absurdo. Assim, escrevi um texto muito crítico sobre o artigo de Bourdieu. Bollack e Wismann o entregaram em mãos a ele, propondo que se organizasse uma discussão pública. Eu tinha 24 anos e, é claro, era totalmente desconhecido, enquanto Bourdieu era uma estrela. O encontro foi num auditório da Maison des Sciences de l'Homme. Devia haver uma centena de ouvintes e, depois de dez minutos, Bourdieu ficou furioso, levantou-se, começou a me insultar e a literalmente me chamar de "babaca"...

A situação foi das mais estranhas, ainda mais por eu estar ali com toda a boa vontade, e por lhe dar plena razão, quando analisava as correções professorais das provas de *khâgne* ou os relatórios para a *agrégation*, mostrando como esses concursos favoreciam sobretudo o *know-how*, já pressupondo certo "capital simbólico", em detrimento do simples saber... Só que Bourdieu detestava a filosofia, que considerava não passar de uma forma sofisticada de ideologia, acreditando que só a sociologia podia chegar ao que chamava de "objetivação". Esse incrível dogmatismo acabou por fazê-lo perder. Sua sociologia se ressentiu disso, pouco a pouco se reduziu a uma vulgata marxista das mais primárias, uma espécie de mecânica boa apenas para se tornar a ideologia dominante dos professores de ciência política, isto é, pesquisadores reinando numa disciplina que, na verdade, não tem existência real. A ciência política é o arquétipo da falsa ciência: sei disso, pois precisei passar pela *agrégation* de ciência política para forçar a porta da universidade! É uma disciplina que, na realidade, não passa de uma forma eufemística de jornalismo; a sociologia eleitoral não passa de uma longa e inútil digressão sobre as sondagens. Com algumas exceções que confirmam a regra, seus representantes se limitam a uma pseudodisciplina que, negativamente, acham ter algum mérito por não ser história nem filosofia. De fato... Foi nesse universo que a sociologia de Bourdieu fez sucesso: trazia alguns conceitos – rústicos, mas eficazes –, num terreno desértico em que muito pouca coisa brotava. É compreensível, mas é um triste fim para alguém de indiscutível talento e que realmente imaginava ter descoberto um novo continente.

3

O ensino e a aventura do Collège de Philosophie (anos 1970-1980)

ALEXANDRA LAIGNEL-LAVASTINE – *Quando e onde você começou a lecionar filosofia?*

LUC FERRY – Comecei aos 23 anos, logo depois do *capes*, em 1974, e depois da *agrégation*, em 1975. Comecei com um ano de estágio, em Châtenay-Malabry, junto a uma senhora adorável, e depois passei para o liceu Jacques-Decour, no 9º *arrondissement* de Paris. Nesse segundo estágio, trabalhei com um velho professor cansado e que era, se não me engano, membro do PC. Foi também quando conheci David Kaisergruber. Os dois éramos estagiários. Ele tinha também sido primeiro colocado, como eu, mas no concurso interno, reservado aos *normaliens*. David era comunista, eurocomunista ou comunista "crítico", isto é, mais próximo do PC italiano do que do PC francês. Ficamos amigos imediatamente. Ele tinha uma verdadeira força de pensamento, era um formidável professor e dirigia a revista *Dialectique*, cercado de um pequeno círculo de admiradores. Mas David foi um daqueles que não suportaram assistir ao desabamento da visão de mundo que tinham. Ele se matou de maneira estranha

— na verdade, eu nunca soube as circunstâncias exatas —, mas preveniu com boa antecedência as pessoas à sua volta.

Sempre tive mais afinidade com comunistas assim, críticos mas fiéis do que com os maoistas, que eram uns stalinistas dos mais inflexíveis: quando se opunham ao Partido Comunista, não era por considerá-lo dogmático demais, mas, pelo contrário, por lhes parecer, desde o relatório Krushev (1956), revisionista demais! Mais tarde, acabei tendo a mesma simpatia, que passa por divergências que de início parecem insuperáveis, por intelectuais como Alexandre Adler e André Comte-Sponville, também antigos comunistas.*

AULAS PARA O ENSINO MÉDIO EM MUREAUX E O TREM DAS 6H48...

Você gostava de dar aulas no ensino médio?

Não, para dizer a verdade, não. É claro, descobri o quanto a profissão do ensino é apaixonante. Em Mureaux, meu primeiro cargo com responsabilidade, nosso liceu pré-fabricado tinha um aspecto particularmente sinistro: as aulas se davam em condições de precariedade e feiura no limite do tolerável. No entanto, havia alguns alunos

---

* Historiador, jornalista e cronista, Alexandre Adler foi membro do Partido Comunista francês de 1968 a 1980. É autor de vários livros, entre os quais *L'URSS et nous* (1978), *Le Communisme* (2001), *J'ai vu finir le monde ancien* (2002), *Berlin, 9 novembre: la chute* (2009). *Normalien* e filósofo, por muito tempo professor pesquisador da Sorbonne, André Comte-Sponville se dedica, desde 1998, aos próprios livros, cerca de três dezenas, entre os quais, *Pequeno tratado das grandes virtudes* (1995), *A sabedoria dos modernos* (1998, com Luc Ferry), *O capitalismo é moral?* (2004) e, mais recentemente, *Le Goût de vivre* (2010).

surpreendentes, como Alain Daniel, que até hoje é meu amigo. Era o arquétipo do filho de proletário. Debochado, esperto, engraçado, profundo quando necessário e também vinha de bem longe. Dividia-se entre duas paixões, a música e a filosofia, e acabou se tornando compositor e maestro. Sei que fui importante para ele... e ele para mim. Mesmo assim, apesar de algumas alegrias reais, a carreira de professor do ensino médio é terrivelmente dura, mil vezes mais do que se diz — a maioria dos professores tem vergonha de confessar que não aguenta mais. Aquele ano, em todo caso, foi muito marcante. Pela primeira vez na vida, vivi essa defasagem por que todos os professores passam, entre a paixão pela disciplina que se ensina e a distância a nos separar dos alunos. Sabemos ter um tesouro a transmitir, mas esse tesouro não interessa a todo mundo, é o mínimo que se pode dizer. Por mais que o professor se esforce, nem por isso consegue o que quer. E, quando você vê que a aula não foi boa, o que acontece até com os melhores, isso deprime mais do que eu saberia descrever.

E o segundo cargo?

Meu segundo cargo, já como titular definitivo (e não só "por zona"), me levou à escola normal para professores de Arras. O trabalho era bem menos puxado, até porque os alunos-professores eram já quase "caros colegas". Mas eu estava redigindo a minha tese, um dos últimos "doutorados de Estado", e morava em Paris. Tinha que me levantar diariamente às 5 horas da manhã para pegar, na Gare du Nord, o trem das 6h48 — meu terror na época... Rapidamente entendi que se quisesse ter algum tempo para escrever, teria que ir para o ensino superior. Mas não tinha a menor esperança, não sendo *khâgneux* nem *normalien*.

Luc Ferry

O MEIO DOS ANTITOTALITÁRIOS DE ESQUERDA: CASTORIADIS E LEFORT

Como você fez para deixar o liceu e finalmente entrar para a universidade?

Tive a sorte de conhecer Évelyne Pisier,* que me tomou sob a sua proteção e sugeriu que eu preparasse a *agrégation* de ciência política – único meio para mim de forçar a porta do curso superior, já que o concurso dava acesso imediato a um cargo de professor na universidade (saltando todas as etapas). Évelyne, que ainda estava casada com Bernard Kouchner e logo se casaria com Olivier Duhamel,[1] se tornou uma verdadeira amiga. Não sei por que quis me ajudar! Sem ela, não sei o que teria sido de mim... Apresentou-me ao filósofo Miguel Abensour, que dirigia o departamento de filosofia política em Reims. Miguel também me adotou. Amigo e discípulo de Claude Lefort, era dos sustentáculos de *Textures*, uma revista criada no início dos anos 1970, em que estavam todos os herdeiros de *Socialismo ou Barbárie* – publicação fundada em 1949 por Lefort e Castoriadis, que marcou a ruptura deles com o trotskismo. Havia então Claude Lefort

---

* Doutora em direito, *agrégée* de direito público e de ciência política, Évelyne Pisier deu aulas no Sciences Po de Paris e na universidade Paris I. Em 1989, foi nomeada por Jack Lang responsável pelo Livro, no Ministério da Cultura. Deve-se a ela, principalmente, com Olivier Duhamel e François Châtelet, *História das ideias políticas* (1982), *Dictionnaire des oeuvres politiques* (2001) e, com Françoise Collin e Hélène Varikas, uma antologia crítica, *Les Femmes, de Platon à Derrida* (2000).

[1] Bernard Kouchner foi fundador das ONGs Médicos sem fronteiras e Médicos do mundo; foi ainda ministro em diferentes governos, de esquerda e de direita. Olivier Duhamel, jurista e eurodeputado socialista entre 1997 e 2004, é também professor, editor e jornalista. É autor de vários livros. (N.T.)

O ANTICONFORMISTA

e Cornelius Castoriadis (1922-1997),* é claro, mas também o filósofo Marcel Gauchet,** e o etnólogo Pierre Clastres (1937-1977) que, aliás, dava aula no mesmo departamento. Miguel Abensour me propôs um cargo de *chargé de cours* em Reims, de forma que acabei dando aulas na universidade para estudantes de doutorado. Ao mesmo tempo, o filósofo Alain Renaut, com quem eu depois escrevi vários livros, conseguiu a aprovação de Jacques Derrida para que déssemos um curso na famosa École da rua d'Ulm. Criamos juntos um centro de pesquisa sobre Kant e Fichte, que era o tema da minha tese. Na rua d'Ulm, assumi também cursos de preparação para a *agrégation*, reservados aos alunos da casa, atividade à qual, em seguida, dei continuidade no Sciences Po de Lyon e depois em Caen. Estava, em todo caso, na mais prestigiosa instituição da França, uma situação para mim inimaginável, até mesmo em sonho! Ainda mais porque os que seguiam, na École, o preparatório para a *agrégation*, me viam como um professor, mais do que como um deles, e eu era o mais surpreso com isso. O centro de pesquisa sobre Kant e Fichte funcionava muito bem.

---

* Filósofo de origem grega, economista, antropólogo, tendo participado da Resistência francesa na Segunda Guerra, Cornelius Castoriadis fundou, em 1949, com Claude Lefort, o grupo Socialismo ou Barbárie, assim como a revista de mesmo nome. Nomeado diretor da École des Hautes Études en Sciences Sociales (EHESS), em 1980, ele deixou uma obra volumosa. Mencionamos, entre os muitos livros, *L'Institution imaginaire de la société* (1975) e *Les Carrefours du labyrinthe* (seis tomos, publicados entre 1978 e 1999).

** Filósofo e historiador, diretor de estudos na EHESS, Marcel Gauchet foi também redator-chefe da revista *Le Débat* (fundada com Pierre Nora, em 1980). Devem-se a ele *Le Désenchantement du monde. Une histoire politique de la religion* (1985), *La Révolution des droits de l'homme* (1989) e, nos últimos anos, uma trilogia, *L'Avènement de la démocratie* (2007-2010).

Apesar de lacaniano como ninguém, o filósofo e psicanalista Jacques-Alain Miller, por exemplo, veio dar conferências e até nos ofereceu, a Alain Renaut e a mim, um espaço em *L'Âne*, a revista da causa lacaniana, na qual publicamos por algum tempo.

Foi então nessa época que conheci Claude Lefort, que presidiria minha banca de defesa de tese e que considero o melhor pensador político da sua geração, e Cornelius Castoriadis, de quem acabei ficando muito amigo, apesar de brigarmos o tempo todo, chegando às vezes quase ao confronto físico... No entanto, tinha muita admiração e gostava muito dele, com verdadeiro carinho. Era dono de uma inteligência excepcional, infinitamente culto e tão afetivo quanto afetuoso. Por dez anos passamos juntos o Ano-Novo, com a mulher dele, Zoé, o sociólogo Edgar Morin, Alain Finkielkraut, Olivier Duhamel e Évelyne Pisier. Havia também Dominique Meunier, minha segunda mulher, Sylvie, casada com Finkielkraut e também Pierre Manent e Philippe Raynaud,* ou seja, um grupo bem divertido. Os convidados traziam vinho e champanhe e, em geral, terminávamos "bem à vontade", como diria Boris Vian, e, é claro, as discussões eram homéricas, já que muitas vezes éramos antípodas, uns dos outros, no plano ideológico. Castoriadis detestava que o chamássemos de "Castô" e sempre pedia para ser chamado de "Corneille". E, quando a noite

---

* Filósofo do político, ex-assistente de Raymond Aron no Collège de France, diretor de estudos na EHESS, Pierre Manent é um especialista da história intelectual do liberalismo. Considerando suas últimas obras, publicadas em 2010 pela Flammarion, mencionemos *Les Métamorphoses de la cité* e um livro de entrevistas, *Le Regard politique* (com Bénédicte Delorme-Montini). Filósofo, *normalien* e professor de ciência política na universidade Paris II, Philippe Raynaud muito publicou sobre o pensamento republicano, principalmente, em 2009, *Trois révolutions de la liberté: Anglaterre, États-Unis, France*.

já ia adiantada, sempre queria, a todo custo, organizar jogos. Inevitavelmente, todo ano, repetíamos uma espécie de ritual familiar, a mesma brincadeira: pedíamos a ele que se encarregasse da "autogestão" do grupo – alusão à paixão que tinha pela autogestão e também, sobretudo, por ser bastante autoritário. Ele resmungava um pouco e acabava propondo, feliz da vida, um "jogo dos papéis". Lembro-me de uma noite, com Pierre Manent no papel de inspetor de polícia, prendendo Évelyne Pisier por prostituição em local público, ou algum de nós obrigado a reagir ao descobrir que a mulher o enganava com o melhor amigo.

Era o tipo de brincadeira que Corneille adorava. Tinha na cabeça uma infinidade de roteiros que, incansavelmente, nos fazia seguir, até as três horas da manhã. Guardo, daquelas festas, uma lembrança emocionada e algumas fotos realmente cômicas. Quando nos sentíamos já bem cansados, o nível baixava um pouco: havia, então, competição de trocadilhos, que Edgar Morin sempre ganhava, seguido de perto pelo excelente Pierre Manent, que falava às soltas. Além disso, Corneille adorava assumir o piano, sobretudo para interpretar o *13º Noturno* de Chopin, com inacreditável energia, parecendo uma marcha militar! Zoé cantava jazz com verdadeiro talento. Aquela esquerda antiautoritária – Manent e eu, republicanos de direita, representávamos uma exceção no grupo – é até hoje o que encontrei de mais simpático no plano intelectual e moral... Na França, Lefort e Castoriadis foram, de fato, os primeiros, na esquerda, a desenvolver uma verdadeira crítica, não só da burocracia soviética, mas pura e simplesmente do totalitarismo.

Se entendi direito, você acabou trocando o trem de Arras pelo de Reims?

É verdade, e devo muito, nesse sentido, a Miguel Abensour. Foi também quem me fez ler dois ex-alunos de Heidegger de que ele gostava muito, Hannah Arendt (1906-1975) e Leo Strauss (1899-1973), que acabaram ocupando vários capítulos da minha tese. Depois decidiu, junto com Évelyne, apresentar minha candidatura ao CNRS.[2] Fui admitido para um cargo de acesso de dois anos, tempo que tinha para terminar minha tese, juntar publicações e me apresentar à *agrégation* de ciência política. Na verdade, Évelyne Pisier e Miguel Abensour buscavam incluir filosofia e história das ideias nessa nova *agrégation* (sua criação datava de 1973). Achavam, com razão, que a hegemonia da sociologia acabaria matando a ciência política e mantinham uma luta feroz com os clones de Pierre Bourdieu que detestavam os filósofos e faziam o possível para embarreirar o caminho.

Na prática, a *agrégation* de ciência política oferecia, como disse, a imensa vantagem de integrar diretamente na universidade, com o título de professor "nível A", o candidato bem-sucedido no concurso, habilitando-o a orientar pesquisas. Valia a pena tentar o desafio. O concurso me custou um trabalho enorme, mas acabei passando em segundo lugar, logo atrás de um seguidor de Bourdieu de estrita obediência e sem nunca ter feito, na vida, um segundo de ciência política! As palavras "ciência" e "política", juntas, sempre me deixaram perplexo, tanto quanto "ciências da educação"... Devo dizer que o ambiente era bem estranho: a banca literalmente se dividia em duas partes iguais, duas metades com recíproco ódio, que fraternalmente se vigiavam, de forma que nós, candidatos, nos víamos no meio de uma disputa que nos escapava completamente. O resultado era que o sucesso ou o fracasso podiam ser bem aleatórios e nem sempre por motivos diretamente ligados

---

[2] O Centre National de la Recherche Scientifique é o maior órgão público francês para pesquisa científica e tecnológica, com um orçamento anual de cerca de 3,3 bilhões de euros. (N.T.)

às competências reais dos postulantes. Depois disso, mudei de departamento e passei da ciência política à filosofia, tornando-me um dos mais jovens professores das universidades francesas na minha disciplina. Mais uma vez, minha situação parecia bastante irreal! Quando me lembrava do vilarejo de Fontenay-Saint-Père ou do telefonema para Heinz Wismann, que tinha me custado tanto, ficava pasmo, como se diz.

É difícil se dar conta do quanto meus pais se sentiam orgulhosos, especialmente meu pai, que não tinha a menor ideia do que fosse a universidade... Para dizer a verdade, eu também. Mas nunca esqueci o quanto devia aos que me ajudaram, nunca esqueci a sorte incrível que tive de conhecê-los. Sem exagero, acho que literalmente me salvaram a vida. Dali em diante, vi que poderia me dedicar à única coisa que me interessava no mundo (fora, é claro, das relações humanas): a filosofia.

Mas antes de dar aula de filosofia na universidade, você chegou a ser professor de ciência política?

No Instituto de Estudos Políticos de Lyon ou, como se diz, Sciences Po Lyon, na realidade um departamento da universidade Lyon II. De um dia para o outro, passei a "dirigir" (pelo menos oficialmente) o ensino de ciência política e os centros de pesquisa filiados. Havia cinco professores-assistentes com os quais eu tinha boas relações. Encontrei também excelentes alunos, que se tornaram amigos, como Pierre-Henri Tavoillot e Éric Deschavanne, que hoje ensinam na universidade de Paris IV.* Os dois, aliás, passaram da ciência política para a filosofia...

---

* Coautores de um livro intitulado *Philosophie des âges de la vie. Pourquoi grandir? Pourquoi vieillir?* (2007), Éric Deschavanne e Pierre-Henri Tavoillot participam, na Sorbonne, do Collège de Philosophie. O primeiro é autor de uma excelente introdução ao pensamento de Luc Ferry: *Le Deuxième humanisme* (2010).

Vamos voltar à atmosfera intelectual da segunda metade dos anos 1970 e início dos anos 1980. Você circulava, então, no meio da esquerda antitotalitária. Afora Miguel Abensour, Évelyne Pisier, Cornelius Castoriadis e Claude Lefort, com quais outros intelectuais você mantinha afinidades eletivas?

Mencionaria, em primeiro lugar, o historiador François Furet. Por muitos anos jogamos tênis toda semana e, depois das partidas, tínhamos discussões sem fim, num café. Muitas vezes também jantávamos. Além de grande afinidade intelectual, principalmente sobre a história da Revolução Francesa, e das afinidades políticas – François, que tinha vindo do PC e se tornara "rocardo-barrista",[3] o que me convinha bastante bem, tornou-se um dos amigos mais queridos. Reciprocamente frequentamos também nossos seminários: ele às vezes vinha ao meu e eu quase sempre ia ao dele. Mas François não era somente alguém de incomparável erudição e diabólica inteligência: era cheio de humor, a ponto de ficar com o rosto todo enrugado de tanto rir. E conservava ainda uma imensa qualidade: não tinha medo dos jovens! Pelo contrário, gostava da ideia de ver despontar a seu lado novos talentos, quer se tratasse de Marcel Gauchet, de Pierre Manent ou de Philippe Raynaud, um filósofo político absolutamente notável. Com a inteligência que o caracterizava, François Furet soube identificar e "lançar" quem ele achava mais promissor na minha geração. Historiador, ignorava quase tudo de filosofia, mas em vez da arrogância de Pierre Bourdieu, tinha consciência e muitas vezes me pediu para preencher essa lacuna. Também me deu a honra, quando

---

[3] Ou seja, simpatizava com Michel Rocard, do Partido Socialista, e Raymond Barre, várias vezes ministro e primeiro-ministro, sem ligações partidárias, mas considerado de centro-direita. (N.T.)

publiquei *Philosophie politique*, no início dos anos 1980, de escrever um magnífico artigo para o *Nouvel Observateur*. Terminava com a frase: "Guardem esse nome, ouvirão muito falar dele", demonstrando confiar em mim e apostando no meu futuro, o que me comoveu ao extremo. Era o estilo dele: em vez de se sentir ameaçado pelos mais moços, como tantos outros, ficava satisfeito. Acrescente-se que, aos 60 anos, continuava tendo enorme charme e fazia muito sucesso com as mulheres.

Não estamos longe, voltando àquela época, do "efeito Soljenítsin", em 1973, com a publicação na França de Arquipélago Gulag *e a emergência da dissidência na Europa Oriental. Que relações o seu pequeno grupo mantinha com os "novos filósofos"?*

Mesmo que Claude Lefort e Cornelius Castoriadis tenham sido os primeiros, na França, a elaborar uma verdadeira crítica de esquerda do totalitarismo, éramos todos universitários e professores, com profundo respeito pela ciência, pelos estudiosos e pela erudição. No período em que passei no CNRS, por exemplo, trabalhei sobre as teorias do direito na Alemanha, na época de Kant e de Fichte, um assunto específico e difícil. Éramos todos desconhecidos do grande público, até mesmo Castoriadis e Lefort, com uma notoriedade que não passava dos limites de um pequeno núcleo intelectual. Nossa atitude, então, era no mínimo distante ou até francamente crítica com relação aos intelectuais mais midiáticos, que eram Bernard-Henri Lévy, que publicou *La Barbarie à visage humain*, em 1977, ou André Glucksmann. Simplificando, tínhamos tendência a vê-los como jornalistas e havia quem de fato os desprezasse. Pessoalmente, nunca alimentei esse sentimento de hostilidade agressiva. Na verdade, não me desagradava ver jovens intelectuais – que afinal de contas defendiam os direitos humanos e a democracia – fazendo a esquerda ouvir um pouco de antitotalitarismo. Meu amigo André Comte-Sponville disse, um dia, algo sobre BHL que acho bem correto: "Evidentemente talentoso, evidentemente secundário". Ou seja, nada em mim que provocasse rejeição e menos ainda o ódio que parecia ter Corneille ou Pierre Nora, que escreveu contra BHL um dos artigos mais maldosos da década, lançando o apelido de o "mais belo decote de Paris".

Para mostrar a que ponto esses dois mundos mutuamente se ignoravam, encontrei André Glucksmann pela primeira vez há dois anos apenas. Quanto a Bernard-Henri Lévy, várias vezes o vi no Twick, o café perto da editora Grasset, na qual ambos publicávamos nos anos 1990, e sempre mantivemos relações cordiais, mesmo sabendo que, no fundo, há conflitos. Não jogamos no mesmo tabuleiro e, às vezes, de fato estamos em situações contrárias: não tenho, em geral, nenhum prazer no papel de intelectual midiático e, mesmo aparecendo com frequência "na telinha", nunca fui um intelectual no mesmo sentido que Bernard. Para dar uma ideia, nunca assinei – exceto em circunstâncias extraordinárias – nenhuma petição nem participei de nenhum debate de atualidade na "Mutu", na Maison de la Mutualité.[4] Tenho simplesmente horror disso. O que me interessa é a filosofia ou a política, o pensamento ou a ação, não esse papel de bastião da verdade e da moral que os intelectuais de Paris adoram, desde Voltaire – um escritor pelo qual não tenho, ao contrário da moda atual, tanta simpatia. Se apareço na televisão, é porque sou chamado. Não procuro isso – não é minha meta na vida nem minha atividade principal – e

---

[4] Salão de conferências no Quartier Latin de Paris e que acabou se tornando um ponto histórico da militância de esquerda. (N.T.)

toda semana recuso vários convites, só aceitando, para dizer a verdade, um a cada cinco ou seis que me fazem. Trabalho 12 horas por dia e passo no máximo uma hora por semana na mídia, mesmo que as pessoas fiquem com a impressão de me ver com frequência. Se num lugar ou noutro sou conhecido, é pelos meus livros, traduzidos em mais de 30 línguas no mundo, em países como o Brasil, em que fiquei durante dois anos na lista dos best-sellers, sem nunca ter aparecido na televisão de lá e ninguém conhecer minha voz nem meu rosto. Há quem seja conhecido porque escreve livros e há quem escreva livros porque é conhecido. Como André Comte-Sponville, claramente me incluo na primeira categoria, e não na segunda.

Voltando a Bernard Henri-Lévy, sempre o defendi em público quando era atacado, porque a antipatia que ele provoca frequentemente tem mais a ver com a pura e simples inveja – ele é bonito, rico, famoso, agrada às mulheres e, além de tudo, é judeu: como perdoar tanta coisa junta? Os ataques antissemitas, mais ou menos velados, que regularmente se fazem com relação a ele são abjetos e pesam muito, mais do que se imagina, na hostilidade que ele desperta. No privado, é alguém que pode ser absolutamente encantador, capaz de real generosidade e até de verdadeira gentileza. Poderíamos provavelmente ser amigos, mas, insisto, nossas concepções da "vida com o pensamento" são literalmente antinômicas. E como se trata da nossa profissão, isso acaba representando um real obstáculo.

Dito isso, ao contrário da maioria dos colegas universitários, sempre tive necessidade de frequentar diversos mundos. É algo que corresponde simplesmente ao que sou, isso que você chama o meu lado "defasado". Apesar de "professor" de universidade, com todos os selos de garantia possíveis, nunca gostei dessa exclusão do real que o meio acadêmico tende a praticar, muitas vezes distanciado do mundo. A gente começa como aluno na escola, passa a universitário e, em seguida, professor, sem nunca ter posto o nariz de fora. Durante boa parte da vida, mantenho como ponto de honra trabalhar dez horas por dia e sair quase pelo mesmo tempo, o que provavelmente explica eu vir me enrugando bem precocemente...

A criação do Collège de Philosophie (1974) ou a "desconstrução" em andamento

Foi também na virada dos anos 1970 que você fundou o Collège de Philosophie, uma instituição que ainda existe e que organiza, na Sorbonne, conferências e debates de alta qualidade. Na época, quase todos os lugares estavam dominados por Michel Foucault, Pierre Bourdieu e os discípulos deles. A ideia inicial era justamente a de criar outro local, onde toda uma geração pudesse trabalhar sobre as grandes obras? Fale do início do Collège...

Na verdade, o Collège não foi criado contra ninguém e menos ainda contra Pierre Bourdieu, Jacques Derrida ou Michel Foucault, aos quais muitos dos participantes eram ligados. Diversos pensadores marxistas, aliás, figuram entre os fundadores. Se ruptura houve, foi mais com a universidade, com a cultura escolar do manual e do concurso. Além disso, não eram más as relações que mantínhamos, na época, com Jacques Derrida e Normale Sup. O Collège era bastante pluralista, sendo nossa única preocupação comum praticar a leitura das grandes obras e definir as verdadeiras intenções da filosofia, fora dos lugares-comuns acadêmicos. Foi, de início, para atender ao pedido do poeta Pierre Emmanuel, que desejava fazer reviver o colégio de filosofia fundado por seu amigo Jean Wahl nos anos 1930, que Philippe

O ANTICONFORMISTA

Forstmann e eu, ambos ex-alunos de Heinz Wismann, fundamos o Collège de Philosophie, em 1974. Havia conosco um punhado de amigos, como Paul-Laurent Assoun, um marxista crítico, o germanista Gérard Rollet, o filósofo Jean-Michel Besnier, Alain Trousson, os Debuzon, Heinz Wismann, é claro, e alguns mais.

O início da aventura não foi fácil. Para começar, não tínhamos um local. Éramos totalmente independentes, sem uma instituição por trás e sem a menor subvenção. Tínhamos que nos virar com os meios de que dispúnhamos, de maneira muito artesanal. Por um ano, não paramos de nos mudar de um lugar improvisado a outro, primeiro com as freiras da rua Madame, numa salinha lotada, no subsolo. Os membros da associação se cotizavam com uma pequena quantia e nós, da coordenação, passávamos as noites escrevendo cartas e colando selos que comprávamos com nosso dinheiro. Foi preciso esperar o início dos anos 1980 para que Évelyne Pisier conseguisse uma sala para nós na Sorbonne. Jacques Derrida, por sua vez, ajudou para que pudéssemos ser, de vez em quando, convidados a participar das sessões da rua d'Ulm, na École Normale Supérieure. Ou seja, um início incontestavelmente mais difícil do que o do Collège International de Philosophie, criado alguns anos depois, por iniciativa de Jean-Pierre Chevènement, com fundos do Estado. No nosso caso, não passávamos de uma pequena associação regida pela Lei de 1901. Os fundadores do Collège International, aliás, fizeram de tudo para nos roubar o nome e só desistiram por ameaça de processo – daí a denominação final, mantida ainda hoje, de Collège *International* de Philosophie. Mas ficou a confusão para muita gente, apesar de nada haver de comum entre os dois colégios.

A partir de 1975-1976, alguns membros do núcleo inicial progressivamente se encaminharam para outros interesses. Resolvi, então, transformar o Collège de Philosophie numa espécie de seminário dedicado à análise das grandes "desconstruções" da metafísica e particularmente às críticas elaboradas por Heidegger e por Marx contra o sistema hegeliano.

Para o leitor que ouve pela primeira vez falar de "desconstrução da metafísica", você poderia dar uma ideia do que se trata?

A grande moda filosófica da época era proclamar "o fim da metafísica". Sua desconstrução se remetia, então, a três grandes figuras tutelares: Heidegger, Marx e Nietzsche, com Derrida sendo um epígono menor de Heidegger, de quem ele diretamente tomou emprestado o termo "desconstrução" – *Abbau der Metaphysik*. Diga-se, de passagem, que se precisou de toda a incultura das universidades americanas em matéria de filosofia alemã para ignorar o empréstimo e imaginar Derrida um pensador original... Por que Heidegger? Primeiro porque toda a sua filosofia e a análise do "mundo da técnica" se assentam na crítica do racionalismo, que prevalece desde Descartes, e de seu associado, o sujeito metafísico, dono de duas características maiores: a vontade e o entendimento. Por "metafísica moderna" deve-se entender, em Heidegger, o reino do sujeito tornado "senhor e dono da natureza", armado do princípio da razão que ele impõe a todo o "ente" como uma espécie de versão filosófica da inquisição tecnicamente "arrazoadora" do mundo.

A filosofia de Nietzsche, que proclama a morte de Deus, também se estende numa crítica radical do niilismo da metafísica, numa desconstrução "às marteladas" dos seus ídolos e dos seus ideais, a começar pelos que povoam o "mundo inteligível", desde Platão. Os ídolos, para Nietzsche, são os ideais que, há séculos, procuram animar a filosofia, a religião, a metafísica e o humanismo, com a tendência a opor o céu e a terra. No entanto, não somente os "ídolos" são ilusórios, mas sempre conduzem, além disso – e é onde reside a lógica funesta do niilismo –, à negação do real em nome do ideal, à desvalorização da terra em nome de uma idealização do além. Trata-se então, para Nietzsche, de fazer a "genealogia" desses ídolos, trazendo à tona os "submundos" inconscientes que se escondem por trás das nossas escolhas do belo, do bem, do verdadeiro.

Para entender o sucesso dessas desconstruções, originalmente alemãs, mas assumidas em versão francesa por Jacques Derrida, Michel Foucault e Gilles Deleuze, deve-se lembrar que, nos anos 1970, o clima intelectual estava ainda dominado pela convicção de a razão moderna ter se voltado contra si mesma, segundo a expressão de Max Horkheimer (1895-1973) e Theodor Adorno (1903-1969), os dois fundadores da Escola de Frankfurt.* Ou seja, o desejo de emancipar a humanidade virado ao avesso, a história da Europa tinha passado por uma "dialética do iluminismo", o que as duas catástrofes maiores, que

---

* O Instituto de Pesquisa Social, mais conhecido pelo nome de Escola de Frankfurt, fundado no início dos anos 1930, reuniu intelectuais de inspiração marxista tão díspares quanto Eric Fromm, Herbert Marcuse e Walter Benjamin. O essencial do que diziam se resume a uma crítica radical da modernidade capitalista, pensada em termos de dominação da "razão instrumental", de alienação e de "reificação" (a tendência a tratar as pessoas como objetos). Depois a questão do totalitarismo acabou, no seio da teoria crítica, suplantando todas as demais, como se pode ver no célebre livro, de Adorno e Horkheimer, *A dialética do esclarecimento*, publicado em 1944. Com a ascensão do nazismo, a maioria dos teóricos do grupo se exilou nos Estados Unidos e voltou à Alemanha após a guerra. Surgiu então a segunda geração da Escola de Frankfurt, que tem no filósofo Jürgen Habermas o seu representante mais conhecido.

foram o nazismo e a colonização, comprovaram. O racionalismo, chamado "metafísica da subjetividade" ou "niilismo", era suspeito de ter engendrado o reino da razão instrumental à custa da verdadeira libertação dos indivíduos. Já o universalismo, o dos direitos humanos e da democracia formal – onde Marx entrava em cena –, era suspeito de ter desembocado no eurocentrismo. Não podemos esquecer que a Europa ainda era vista como o continente dos fascismos e do imperialismo colonial. E, se você olhar de perto, o único ponto em comum indiscutível entre os movimentos esquerdistas que agitaram Maio de 68 continua sendo o anticolonialismo e o apoio às lutas de libertação nacional. Esse mesmo sentimento perpassava todas as correntes: libertários, maoistas, trotskistas e até comunistas.

Nessa perspectiva, o sistema hegeliano era visto como o inimigo público número 1 ou a própria quintessência da metafísica. Partindo de Nietzsche, Gilles Deleuze destruía a "dialética" como a armadura fundamental de toda a história da metafísica. Os marxistas, principalmente os da Escola de Frankfurt, por sua vez, faziam do racionalismo hegeliano, sobretudo da ideia de o real ser racional, um cúmplice da catástrofe absoluta. Era preciso, segundo Adorno, voltar, o mais rapidamente possível, a reabri-lo graças a uma "dialética negativa", funcionando para cada uma das categorias do hegelianismo, como um abridor de latas filosófico. De fato, a teoria hegeliana da "astúcia da razão" é somente uma teodiceia leibniziana aplicada à história ou uma maneira de justificar o mal (no sentido teológico do termo). Como diz Hegel na introdução de *Fenomenologia*, "o mal existe tão pouco quanto o bem": na medida em que o que chamamos "o mal", faz parte do real; na medida em que ele é a condição para um bem maior, ele, de certa maneira, se salva, "se justifica". Se o real é racional, Auschwitz, que faz parte do real, pertence à história da razão tanto quanto qualquer outro acontecimento. Era como raciocinava Adorno, em oposição a Hegel. Pois, para esse último, de fato, os acontecimentos históricos, mesmo os que à primeira vista parecem irracionais ou absurdos (o mal, as guerras etc.), se encadeiam uns nos outros, dentro de um perfeito determinismo histórico. Ora, de acordo com essa visão, o homem, para falar como os existencialistas, é "reificado", transformado em coisa, em componente inconsciente do processo histórico.

É claro, um bom hegeliano contestaria tais acusações, e nós também as discutíamos. Mas o principal problema para os marxistas – e também nós, no Collège de Philosophie, debatíamos isso o tempo todo – era que essa visão *historicista* domina, em boa parte, o pensamento de Marx. A economia, para ele, era certamente mais real do que a lógica da razão hegeliana, que não passaria de um simples reflexo, mas o determinismo marxiano nem por isso é menos implacável. Era um dos nossos grandes temas de discussão na época, discussões que inevitavelmente levantavam a questão da autonomia do político, isto é, no fundo, a questão da liberdade: o que fazer para fundar a autonomia do indivíduo, do direito e da política com relação à história, se esta última tomar a forma de um determinismo ou de um "economicismo", como diria Louis Althusser (1918-1990)?

Para mim, que não era heideggeriano nem nietzschiano nem marxista, essas discussões tinham sobretudo uma virtude pedagógica com relação a meus amigos que, na maioria, se inscreviam numa ou noutra dessas grandes filosofias da desconfiança. Eu me esforçava então para, pouco a pouco, atraí-los na direção de outra problemática, tentando fazê-los entender que, apesar da força intelectual dos grandes desconstrutores (Marx, Nietzsche e Heidegger), a atitude de suspeita radical ou de genealogia permanente não se sustenta. No máximo, representa um momento da filosofia, e não seu alfa e seu ômega.

Na época, minha reflexão se apoiava na seguinte equação: como elaborar uma crítica da razão que leve em conta o que aquelas desconstruções da metafísica têm de justo e de profundo, mas guardando a ideia de um sujeito capaz de autonomia (de pensar e de agir por si mesmo), capaz também de avaliar livremente o que ele é e o que é, ou seja, de se referir a valores (morais, estéticos ou jurídicos)? Resumindo, como produzir uma crítica rigorosa da metafísica sem, entretanto, deixar de lado a razão, a liberdade e a igualdade? Se nos projetarmos no ambiente ideológico dos anos 1970, essa tentativa era considerável, pois não se tratava apenas, pelo menos para mim, de pensar "o fim da metafísica". Tratava-se, antes e, talvez, principalmente, de conceber uma filosofia política e, com isso, uma filosofia não ilusória do sujeito. Dito de outra forma: um humanismo pós-metafísico permitindo, entre outras coisas, pensar os direitos humanos e os valores da democracia – algo que as diversas faces da desconstrução, justamente, não permitiam que se fizesse, com os direitos humanos sendo considerados o arquétipo de uma ilusão metafísica ou da ideologia burguesa.

Lembro-me de que, em Maio de 68, uma enorme faixa de várias dezenas de metros enfeitava o departamento de direito da faculdade de Nanterre, com este slogan altamente poético: "Os direitos humanos são a vaselina com que a burguesia enraba o proletariado." Um tanto grosseiro, mas ilustrava bastante bem as conclusões a que, inevitavelmente, levavam as diversas faces da desconstrução: que os direitos humanos e a democracia fossem então criticados como fachada política da metafísica da subjetividade, da ideologia burguesa e como sendo uma das figuras do niilismo, pois nada havia, no fundo, a se guardar. E era precisamente o que me incomodava, que não batia, nem no plano moral nem no plano puramente intelectual. E eu dizia então, naquela época, aos amigos: uma crítica "sem resto" da subjetividade não se sustenta. É preciso pensar a situação do sujeito depois da grande desconstrução e, de jeito nenhum, pelo modo do "retorno a", ou de restauração: é a tarefa da próxima filosofia. Sinceramente, acho que eu estava certo. Depois de terem decretado a "morte do homem" e destruído as bobagens do humanismo, Foucault e Derrida voltaram a ser bem-comportados democratas – só que a posição moral e política deles, principalmente a favor dos direitos humanos na Polônia, na época do Solidariedade, era incoerente, pois absolutamente incompatível com a desconstrução do humanismo, por eles defendida de maneira aparentemente radical e que, na verdade, era puramente tática.

Foi nesse mesmo ano, 1974, que você, com 23 anos, publicou seu primeiro artigo, sobre o sublime em Kant. Todas essas coisas em jogo já lhe pareciam tão claras ou elas se traçaram no decorrer do trabalho no Collège de Philosophie?

Tudo o que acabo de evocar já me parecia perfeitamente claro, mas se enriqueceu consideravelmente e ficou mais preciso ao longo daqueles anos. Na verdade, esse texto de 1974 girava já em torno da questão de um eventual humanismo não metafísico, pós-heideggeriano e pós-nietzschiano. Admito, no artigo, que, partindo da impossibilidade de se filosofar como se Nietzsche e Heidegger não tivessem revirado o pensamento e que se considerarmos legítima a desconstrução, resulta que ela se revela *in fine* incapaz de dar qualquer status à subjetividade. É preciso, no entanto, dar um status ao sujeito, se quisermos pensar, no plano ético e político, os direitos daqueles que resistem ao totalitarismo soviético, assim como os das vítimas da ditadura militar argentina – não esqueça que estávamos em plena descoberta de Soljenitsin e dos primeiros dissidentes. Para isso – era o tema do artigo de 1974 –, em Kant podem-se encontrar esses extraordinários "princípios da reflexão", que dão às noções metafísicas desconstruídas algo que, se não for uma verdade, pelo menos apresenta um resíduo de sentido e um papel regulador *após* a desconstrução. Numa discussão qualquer, por exemplo, quando alguém argumenta, esse alguém é obrigado a se pensar como autor ou sujeito dos seus argumentos. Simplesmente não é possível agir de outra forma sem cair no que os lógicos chamam de "contradições performativas", essas contradições que intervêm entre o enunciado e o sujeito da enunciação. Se eu disser que não sou eu que argumento, mas sim o meu meio social, minha família, meus preconceitos ou minha infraestrutura neuronal, tropeço logo adiante, pois não vou ter resposta possível para a pergunta "E quem é o autor dessa afirmação?". Resultado: a própria ideia de verdade explode em pleno voo! Daí o gosto dos desconstrutores franceses pela sofística. Quando explicito uma escolha ou quando formulo um julgamento de valor, não posso pretender não ser eu que escolho, penso ou avalio – alegar que "isso fala em mim", como disse Jacques Lacan. Lembro, entre parênteses, ser uma expressão de Maurice Barrès, expressão que o escritor de extrema direita, por sua vez, tinha lido, ou que achou ter lido, em Nietzsche – com "isso" podendo designar minha libido ou minha nação, minha classe social ou a organização dos meus instintos, dependendo de quem somos discípulo, se de Freud, de Barrès, de Marx ou de Nietzsche.

O que quero dizer é que, já em 1974, minha intenção era a de reabilitar filosoficamente o ponto de vista da liberdade humana na

História, em face de sistemas de pensamento que tendiam a negar qualquer livre-arbítrio. Mas sem ceder à ingenuidade dos "retorno a". Só que eram ainda embrionárias as soluções que eu podia propor.

Como se desenrolavam as sessões do Collège de Philosophie e que tipo de público vinha assistir?

As sessões eram gratuitas, abertas a todo mundo, e nosso primeiro seminário, justamente, abordou a metafísica alemã. No início, nos reuníamos uma vez, depois duas vezes por semana para uns 30 interessados. Éramos, na maioria, jovens e desconhecidos. Às vezes, convidávamos nossos ex-professores, como Pierre Aubenque, grande comentarista de Aristóteles, Jacques Rivelaygue, Heinz Wismann ou Alexis Philonenko, especialista em filosofia alemã. Em seguida, o Collège atraiu cada vez mais público. Alguns anos mais tarde, no anfiteatro Bachelard, na Sorbonne, que nos foi muito gentilmente cedido para nossas reuniões, chegamos a juntar 300, 400 pessoas. Viam-se até figuras conhecidas da vida intelectual parisiense, como Claude Malhuret (ministro da Ação Humanitária), o editor Jean-Paul Enthoven, intelectuais como Alain Finkielkraut, Gilles Lipovetsky, Alain Renaut, Marcel Gauchet, François Furet, Évelyne Pisier, Olivier Duhamel, e também "adversários" notórios, como Jean-Luc Nancy e Philippe Lacoue-Labarthe, junto com heideggerianos ou, também, Jacques-Alain Miller. Quase todo mundo que compunha a vida intelectual daquele período, no seu lado apaixonante, passou por lá, uma ou outra vez. Havia marxistas de diversas tendências, heideggerianos ortodoxos e heideggerianos dissidentes, psicanalistas lacanianos intransigentes, derridianos fanáticos etc. Deve-se dizer que, naqueles anos, éramos todos meio fanáticos, quando não furiosos... É claro, como em todos os grupos, histórias de amor tinham início, grandes amizades também, às vezes indefectíveis.

Mais tarde, outros se juntaram a nós, como Thierry Maclet, um brilhante *normalien*, hoje funcionário (secretário de Debates) do Parlamento, ou Claude Capelier, um filósofo talentoso, flautista e humorista, que se tornou meu mais próximo amigo e mais tarde, entre 2002 e 2004, me acompanhou no Ministério da Educação Nacional. As coisas se passavam de maneira mais viva do que se pode imaginar, tanto no plano intelectual quanto afetivo. Uma vez mais, e insisto nisso, éramos completamente livres e independentes do Estado, assim como de qualquer grupo de pressão. Alain Renaut e eu assumíamos, com dois ou três amigos, o secretariado e as tarefas materiais que a organização exigia. Tomava muito tempo, mas valia a pena! Todos que passaram pelo Collège daqueles anos guardaram uma lembrança inesquecível. Além disso, e apesar desse clima um tanto excitado, o Collège de Philosophie representava também uma excelente ocasião para pôr em prática o que tanto me tinha feito falta no curso universitário clássico: tentar estudar e compreender de verdade as obras.

Em que momento o filósofo Alain Renaut, com quem você mais tarde publicou o livro Pensamento 68, *aderiu ao grupo? E a qual "seita" ele pertencia, na época?*

Alain Renaut se juntou ao Collège por volta de 1975-1976, um ano depois da criação, por mim e Philippe Forstmann. Ele fora aluno de Jean Beaufret (1907-1982), para quem Heidegger tinha escrito sua famosa *Carta sobre o humanismo*, o que o havia entronizado, desde 1946, como o interlocutor "oficial" do filósofo alemão na França (descobriu-se, mais tarde, que era um revisionista, a ponto de sustentar o negacionismo de Robert Faurisson). Alain Renaut havia defendido sua tese sobre Heidegger, mas, apesar de ainda muito heideggeriano, era capaz, diferentemente de François Fédier, de refletir e de ouvir uma crítica.

Em retrospectiva, a evolução de Alain Renaut é interessante, pois foram justamente os dez anos em que passamos a comentar Heidegger, no Collège de Philosophie, que nos levaram à convicção de o seu questionamento da modernidade e da filosofia humanista só poder levar a uma crítica radical de todos os componentes do universo democrático. Dessa reflexão saiu, em 1988, nosso *Heidegger et les Modernes*, um ensaio escrito a quatro mãos, no qual nos perguntávamos por que e como os intelectuais franceses tinham sacralizado um pensamento tão firmemente enraizado na recusa da cultura democrática. Eu próprio, por curiosidade, havia assistido a alguns seminários de Jean Beaufret, com a desagradável impressão de estar numa igreja, no pior sentido do termo: o caráter clerical ou mesmo sectário das discussões que se desenvolviam tinha algo de realmente apavorante. Além disso, eu havia lido Heidegger em alemão e constatava que muitos ouvintes não faziam a menor ideia das conotações políticas inscritas até mesmo no estilo do filósofo, e perceptíveis a qualquer germanófono. Como disse antes, é preciso ler em alemão para sentir a que ponto o "jargão da autenticidade", de que fala Adorno a propósito de Heidegger, está onipresente. Considero-o, mesmo assim, o maior filósofo do século XX, mesmo que de fato tenha sido nazista até no último fio de cabelo. Pode-se, infelizmente, ter sido stalinista ou nazista e continuar sendo um grande pensador. É um dos enigmas do século passado e foi o que tentamos compreender nesse pequeno livro sobre Heidegger.

Luc Ferry

O clima daquele período fazia, enquanto isso, com que muitos intelectuais de esquerda ou de extrema-esquerda já estivessem passando para o heideggerianismo, via Derrida – o ponto comum entre as duas correntes com ódio do liberalismo e do humanismo. Para as pessoas de esquerda, esse trajeto não se fazia por si só; o engajamento de Heidegger no nazismo fazia dele um parceiro complicado. Foi um dos motivos que fez com que muitos preferissem se referir a seus seguidores mais apresentáveis: Hannah Arendt, Maurice Merleau-Ponty, Jacques Derrida, Emmanuel Levinas ou até Leo Strauss. Eram ideias diretamente tiradas de Heidegger, quanto à essência, mas suas trajetórias moral e política eram imaculadas, o que permitia às pessoas serem heideggerianas... sem Heidegger.

Sair de Marx por Heidegger: debates tempestuosos

A desqualificação intelectual do marxismo representa um dos acontecimentos político-culturais maiores dos anos 1970, pelo menos em sua segunda metade. Com a necessidade de referência aos direitos humanos, muitos intelectuais buscaram em Heidegger como sair de Marx. No Collège de Philosophie, e além do caso de Alain Renaut, imagino que você tenha acompanhado intensamente essa transição, por assim dizer, diariamente, a cada sessão... As coisas deviam ser bem animadas!

É verdade e, às vezes, tempestuosas! Pessoalmente, já considerava Marx e Heidegger pensadores fantásticos, sem nem por isso aderir à visão de mundo de ambos – uma posição difícil, naquele período "revolucionário" em que o gosto pelas polêmicas definidas e sem nuanças importava mais do que qualquer outra consideração. Dou-me conta, hoje, de que isso exigia certo controle intelectual. Com o recuo, essas trajetórias, em todo caso, me parecem extremamente significativas, pois, você tem razão de lembrar isso, às vezes nos esquecemos de até que ponto, para os intelectuais franceses, a ruptura ou o distanciamento com o marxismo muitas vezes transcorreu com a ajuda do pensamento de Heidegger. Nesse sentido, o período do Collège de Philosophie, na virada dos anos 1970-1980, constituiu um verdadeiro laboratório. Na década de 1970, os intelectuais de esquerda que se aproximavam de Heidegger frequentemente precisavam, como eu disse, passar por diferentes intermediações e outros "pontos de descontaminação" – sendo o pensamento de Hannah Arendt, o do último Merleau-Ponty ou ainda o de Emmanuel Levinas os arquétipos.

Foi preciso esperar a mudança de conjuntura dos anos 1980 para que muitos ousassem ir diretamente à fonte. Mas os infelizes ficaram meio sem saída com a controvérsia suscitada, em 1987, pelo livro de Victor Farias, *Heidegger e o nazismo*. Foi uma tremenda falta de sorte! De repente, precisaram voltar a Arendt, a Levinas, a Merleau-Ponty, entre outros. O pensamento de Heidegger, que leva a que se veja no totalitarismo stalinista e no liberalismo americano as duas faces possíveis – uma coletivista e a outra individualista – do mesmo universo da técnica, as duas figuras concretas da metafísica da subjetividade, passou a oferecer múltiplas vantagens. Utilizado como crítica do totalitarismo de Estado, mas também da sociedade disciplinar (Foucault) e consumista do Ocidente, Heidegger podia, enfim, depois da morte dos marxismos, encarnar a instância crítica mais profunda. Para aqueles intelectuais, tardiamente convertidos aos direitos humanos, isso permitia – pelo menos é o que achavam – que se guardasse o essencial, ou seja, a missão de salvar o pensamento, diante do suposto desabamento da humanidade, no estilo negocista americanizado.

Resumindo, Heidegger facilitava, contra o mundo contemporâneo, uma volta à cartilha dos anos 1960, contra a cultura de massa e a sociedade de consumo. No caminho, seus discípulos evidentemente esqueciam que, pondo em confronto o liberalismo americano e o comunismo soviético, era à Alemanha, esse "império do meio", situado entre as duas abas da prensa americano-soviética, que o autor de *Ser e tempo* propunha confiar o destino do mundo. O fato de ter visto em Hitler um salvador não era, de jeito nenhum, fortuito. Foi mesmo filosoficamente, por motivos internos da sua relação crítica à modernidade, que Heidegger aderiu ao nazismo (as mesmas razões, aliás, levaram Foucault a se entusiasmar com a revolução islamista de Khomeini, no Irã). E é onde se encontra a dificuldade: trata-se de pensar as duas coisas, o fato de Heidegger ter sido um grande pensador e um grande nazista, sendo a corrupção dos melhores o que há de pior – *Corruptio optimi pessima*, como se diz. Uma vez mais, eu estava em situação desconfortável: do lado dos que procuravam mostrar que toda a filosofia de Heidegger era nazista, de cima a baixo; e do lado dos heideggerianos ortodoxos que faziam de tudo para negar que Heidegger tivesse seriamente se engajado nessa direção, o que, manifestamente, estava longe demais da verdade para ser aceitável. Por causa disso, briguei um bocado com Alain Finkielkraut, como se pode ver numa discussão publicada pela revista *L'Express*.

Claude Lefort e Cornelius Castoriadis, seus amigos do grupo Socialismo ou Barbárie, seguiam os seminários do Collège?

Não, mas evidentemente sabiam o que se tramava ali, nem que fosse pelas conversas que tínhamos nos seminários deles ou em volta da mesa, no dia do Ano-Novo. Observo, aliás, que essa transição de Marx a Heidegger não os deixou de fora. Na verdade, mesmo que nunca tenham realmente reconhecido, a crítica pioneira que fizeram do totalitarismo comunista era parcialmente inspirada em Heidegger. Para Castoriadis, por exemplo, a denúncia do regime soviético como "estratocracia" visando "à força bruta pela força bruta", não passa de cópia, um verdadeiro copiar/colar, da crítica heideggeriana do mundo da técnica, entendido como "vontade de vontade", como vontade de aumentar a força pela força, fora de qualquer finalidade objetiva. Também a teoria do imaginário social se remete à que Heidegger desenvolveu em seu livro sobre Kant. Quanto a Merleau-Ponty, seus últimos textos e particularmente *O visível e o invisível* (1964) são comentários que mal se disfarçam de certas passagens de *Ser e tempo*... A crítica de Claude Lefort ao totalitarismo, como sociedade que quer tornar tudo visível e eliminar a indeterminação democrática, igualmente constitui um perfeito decalque da crítica heideggeriana da metafísica acabada, como vontade de transparência total e como "esquecimento da diferença". Mas isso, poucas pessoas viam...

Nas sessões do Collège de Philosophie, imagino que você não se limitasse a comentar Heidegger, Marx ou Nietzsche indefinidamente.

É claro que não. Ainda mais porque, muito rapidamente, alguns marxistas e heideggerianos se deram conta de faltar um embasamento, a começar por um sólido conhecimento do idealismo alemão. Por isso pediram a mim, que tinha estado na Alemanha e havia trabalhado bastante nesse tema, que preparasse um curso para "iniciantes avançados" sobre o idealismo alemão. Dei então, para colegas, um curso sobre Kant, depois sobre Hegel e, fechando o ciclo, sobre Fichte. Foi como Alain Renaut deixou de ser heideggeriano e resolveu também fazer sua tese sobre Fichte, escrevendo depois um livro sobre Kant, a partir das aulas que dei. Era também uma maneira de entrar em diálogo com marxistas e neomarxistas, entre os quais alguns, como o próprio Alain Renaut, sem demérito algum, mudaram de trajetória. Foi ainda nesse período que Alain Renaut e eu demos início a *Pensamento 68*, livro que seria publicado em 1985. Como preparativo, organizamos um seminário de dois anos, particularmente intenso. Tinha uma quantidade incrível de público, entre 200 e 300 pessoas, a cada vez. Alguns, como Marcel Gauchet, François Furet, Évelyne Pisier e Olivier Duhamel, não faltavam a uma sessão. Alain Renaut e eu éramos jovens desconhecidos e fomos os primeiros a nos surpreender com tamanha afluência. A cada sessão, um secretário era designado para tomar notas, fazer o que chamam, na Alemanha, um *protokoll* das reuniões, uma apostila que era distribuída na sessão seguinte. Guardei, aliás, todos os arquivos e garanto que, se fosse publicado, daria um ótimo livro! De fato, tratava-se de um trabalho bem considerável...

Efetivamente, você publicou pouco entre 1974 e 1984, a ponto de uma década separar o artigo sobre o sublime em Kant e os três volumes de filosofia política, publicados em 1984, pela editora Presses Universitaires de France (o último em 1985, com Alain Renaut)...

É verdade que publiquei pouco, mas por trabalhar muito! Tinha a clara consciência da necessidade de antes pensar *através* e *com* outros, evitando publicar a qualquer preço, sem ter nada de fundamental a dizer. Além disso, tinha enfiado na cabeça a vontade de traduzir alguns autores alemães, entre os quais Christian Wolff (1676-1754) e Jean-Henri Lambert (1728-1777), dois filósofos da *Aufklärung*, mas também Kant, Fichte, Schelling, Hegel, assim como várias grandes figuras do judaísmo alemão em filosofia, tais como Theodor Adorno, Max Horkheimer e Ernst Cassirer (1874-1945). Esse trabalho, que me tomou uns 15 anos, me ajudou a conseguir, acho, um real conhecimento da história da filosofia. Nesse sentido, lembro-me de um jantar na casa de Bernard-Henri Lévy, em que comentamos nossos respectivos destinos. Éramos somente três – ele, a esposa, Arielle, e eu. Brincando, ele disse que eu nada havia publicado nem tomado posição alguma na área pública havia já mais de 30 anos. Respondi, com toda sinceridade, que isso vinha de um real sentimento de humildade, da minha parte, quase uma opressão, diante da estatura inigualável dos grandes pensadores do idealismo alemão. Eu precisava de tempo, apesar de não ter a menor certeza de, um dia, me sentir preparado. A ideia de ter, como ele, uma influência na sociedade, na vida intelectual e midiática, não me interessava. Ele riu, e tenho a nítida impressão de não ter acreditado...

E sua vida pessoal, justamente nesse período? Tinha se tornado "normal"?

Identifico-me inteiramente com o que escreveu Stendhal: "O amor sempre foi, para mim, o interesse maior. Ou até mesmo o único." Mas, se permitir, não vou falar disso. Para mim, o privado é privado. Digamos simplesmente que as mulheres que amei e a que amo hoje tiveram um papel imenso na minha vida, um papel que não posso evocar sem correr o risco de ser indiscreto ou magoar pessoas. Na época do Collège, estava casado com uma jovem americana de quem continuo gostando muito como amiga, como é o caso, aliás, de todas que amei. Deixei-a para viver com a mãe de minha filha mais velha, Gabrielle. Só isso. Além disso, era uma época de grande liberdade e de aventuras múltiplas, um período tumultuado em que se acreditava tudo ser permitido, quando se ama. Não acredito mais nisso, hoje em dia, provavelmente por me preocupar mais com os outros. Quanto a saber se me "normalizei", acho que sim, mas, falando francamente, talvez nunca tenha conseguido completamente!

4

Um jovem filósofo levado à boca de cena: o terremoto de *Pensamento 68* (1985)

ALEXANDRA LAIGNEL-LAVASTINE — *Você me dizia que os "anos Collège" representaram um papel importante na elaboração de* Pensamento 68, *seu ensaio coescrito com Alain Renaut e publicado pela Gallimard, em 1985, com o subtítulo: "Ensaio sobre o anti-humanismo contemporâneo". Um livro que assinala a morte do esquerdismo e o levou aos refletores da cena intelectual...*

LUC FERRY — É verdade que esse livro teve uma espantosa repercussão midiática, mesmo sem ser um sucesso de vendas. Choviam artigos na imprensa, e todo mundo, no meio intelectual, falava disso, bem ou mal, e quase ninguém realmente leu, se considerarmos as vendas — apenas 10.000 exemplares, ao todo. Era discutido, mas não lido. O ensaio, na verdade, tinha sido encomendado por Marcel Gauchet e Pierre Nora, que acabavam de criar, na Gallimard, a revista *Le Débat*. Foi Pierre Nora quem sugeriu o título, mas devo dizer que, diante da enxurrada de críticas, eles meio que se apavoraram... Marcel, aliás, tinha seguido as sessões do Collège enfocando o "pensamento 68", com cada uma correspondendo a um capítulo do livro. Com o humor arrasador e o bom-senso que ele tem, raríssimos no meio intelectual — Marcel Gauchet é uma das pessoas mais engraçadas que já conheci –, ele nos passava, quando nos encontrávamos no café, citações, detalhes provocadores, enfim, "dicas" suplementares, em geral mais corrosivas ainda do que as que encontrávamos por conta própria. E também Pierre Nora nos incentivou ao máximo para que fôssemos o mais fundo possível na crítica.

De forma que me senti meio desestabilizado quando, depois da publicação de *Pensamento 68*, os fundadores de *Le Débat*, que eu imaginava totalmente a nosso favor, quase pediram desculpas por nos terem editado, até mesmo publicando, na revista, artigos hostis ao nosso ensaio e favoráveis a Michel Foucault, com quem tínhamos sido inflexíveis; o mesmo Foucault de quem Marcel Gauchet, poucas semanas antes, nos dizia poucas e boas em todos os sentidos, tanto com relação ao pensamento quanto à vida privada. Na época, isso nos chocou um pouco, e tivemos a sensação de sermos abandonados em pleno fogo cruzado... Hoje, "com a idade", entendo que a revista não podia sair batendo em autores da própria editora Gallimard...

Para compreender direito a intenção do livro, que – acredito poder dizer isso objetivamente – marcou a década, deve-se voltar ao fim dos anos 1970 e início da década seguinte, um momento marcado, no espaço intelectual francês, por uma tripla reviravolta: a emergência da crítica aos totalitarismos, o retorno aos direitos humanos e a renovação da filosofia política. Na época, minha preocupação, como já disse, era a de pensar um humanismo não metafísico, pós-heideggeriano e pós-nietzschiano e de jeito nenhum, como descreveram alguns para me marginalizar, voltar aos bons e velhos valores de Kant, do Iluminismo e do humanismo moderno – sempre detestei os "retornos a", e, se um artigo meu se intitulou "D'un retour à Kant" [Retorno a Kant], não foi por escolha minha: reclamei veementemente com o editor, Gérard Miller, que havia, por conta própria, definido o título. Na verdade,

O ANTICONFORMISTA

meu projeto se chocava frontalmente com os diversos aliados da desconstrução, num momento em que o anti-humanismo radical ainda ocupava o terreno filosófico-ideológico. Foi preciso, de fato, esperar a segunda metade da década de 1980 para que a maioria dos intelectuais franceses começasse, lenta e dificilmente, a se reconciliar com os valores da democracia representativa. Na época, ainda não estávamos lá. Daí a violência, hoje considerada um tanto estranha, dos debates em torno do nosso livro.

Da desconstrução ao anti-humanismo

Efetivamente, esse ensaio polêmico de 300 páginas, apesar de muito bem-documentado, ia contra a filosofia dominante nos anos 1960-1970 e seus diversos representantes, de Pierre Bourdieu a Michel Foucault, passando por Jacques Derrida, Gilles Deleuze, Jean-François Lyotard, Jacques Lacan e Louis Althusser. Estrelas que vocês viam como epígonos dos grandes pensadores alemães (em particular Nietzsche, Heidegger, Marx e Freud). Poderia voltar, justamente, à crítica ao anti-humanismo, explicitada já no subtítulo e que disparou as maiores reações?

O ensaio pretendia, justamente, mostrar que o anti-humanismo constituiu um traço fundamental do que chamávamos de "pensamento 68". Essa crítica evidentemente não tinha como base qualquer aversão "reacionária" com relação à liberação dos costumes que a "revolução de Maio" ocasionou. Eu próprio, na verdade, estaria mal nessa pretensão carola, já que, naquela época, levava vida bem livre, em todos os sentidos. O que, aliás, irritava meus adversários: exceto por má-fé dificilmente sustentável, todos viam, por meu comportamento, que eu não era um reacionário nem um intelectual midiático, à maneira dos "novos filósofos", que, aliás, detestaram nosso livro. Era um universitário "de verdade", pesquisador do CNRS, professor de faculdade, com todos os selos de garantia da universidade – *agrégations*, doutorado de Estado, tradução de Kant na coleção Plêiade – ou seja, nenhum bobo alegre qualquer que se pudesse ignorar. E também não era um representante da direita tradicional. Quanto a Alain Renaut, era ex-aluno de Derrida, que nos havia recebido na rua d'Ulm e tinha escrito a ele uma carta ditirâmbica sobre um dos nossos livros comuns. Era uma situação, então, extremamente irritante.

Os adversários evitavam ao máximo se referir ao conteúdo mais profundo, mas nem sempre conseguiam. Pois o que nos parecia particularmente problemático no "pensamento 68" estava na maneira pela qual os seus porta-vozes – quer se vinculassem à desconstrução (Heidegger), à genealogia (Nietzsche), ao inconsciente freudiano ou à infraestrutura marxiana – queriam mostrar que nossas ideias, nossos valores, nossas crenças ou nossas escolhas aparentemente mais profundas não passavam, na verdade, de puros produtos inconscientes de realidades externas ou materiais que nos determinavam de ponta a ponta, fossem nossa classe social, nosso meio de origem ou nossas pulsões sexuais. Para aqueles filósofos da desconfiança, de fato, não se tratava mais de saber o que um indivíduo diz, mas de onde ele fala e, segundo a famosa declaração de Foucault, "onde 'isso fala', o homem não existe mais"![1] Todas essas iniciativas, então, convergiam para que se proclamasse a "morte do homem", o que parecia absurdo no momento em que, como nunca, a emergência da dissidência no

---

[1] Em *Dits et écrits*, 1, 1954-1975. (N.T.)

seio do bloco soviético recolocava a questão dos direitos humanos. Nossos adversários, com problemas maiores do que queriam demonstrar, não tinham muito o que responder nesse sentido. Não sabiam como defender a democracia depois de tanto criticá-la por representar o cúmulo da ilusão metafísica.

Daí a dimensão anti-humanista, por vocês criticada?

Sim, pelo menos no plano teórico, ou mesmo moral, pois as genealogias de origens diversas a que furiosamente se vinculavam repunham em questão a ideia de sujeito como consciência, como autonomia, como vontade e como capacidade para escapar de suas determinações naturais, históricas ou sociais. Nesse sentido, visávamos tanto ao historicismo hegeliano e ao marxismo quanto às diferentes faces do heideggerianismo, do nietzschismo ou do freudismo francês, que haviam ainda mais radicalizado a herança alemã original. Estranhamente se esquecia, na França, de que Marx, Freud e até Nietzsche eram também herdeiros do Iluminismo e não somente críticos. Eram, pelo menos os dois primeiros, verdadeiros racionalistas, e o próprio Nietzsche, em *Aurora*, elogia o tempo todo o espírito crítico dos filósofos do século XVIII. Tudo isso foi deixado de lado pela descolorada versão francesa dos grandes pensadores alemães.

Contra as errâncias desses pensamentos falsamente denunciadores e sempre na perspectiva de uma refundação filosófica dos direitos humanos, em *Pensamento 68* sugeríamos uma nova reflexão sobre a noção de subjetividade. No fundo, isso se resumia a sustentar duas ideias bastante simples que, aliás, estão no centro do ideal republicano tal como encarnado na França desde a revolução de 1789. A primeira dessas ideias é a de *humanismo abstrato*, uma ideia que Claude Lefort tinha perfeitamente compreendido, ele que nunca esteve do lado do pensamento 68. Ela significa que o ser humano possui direitos, *abstração feita* de sua vinculação a um meio social ou condição biológica, abstração feita de seu enraizamento na natureza ou na história: abstração feita de suas determinações particulares (classe, raça, religião, língua, cultura, nacionalidade etc.). É essa valorização do homem enquanto homem que fundamenta a universalidade dos direitos.

A segunda ideia então defendida por Alain Renaut e por mim alia-se à primeira: sendo capazes de nos distanciarmos de nossas determinações naturais ou históricas, somos também capazes de ter uma "visão moral do mundo", retomando a expressão de Hegel. Isso significa que estamos potencialmente aptos a distinguir entre o fato e o direito, o ser e o dever-ser, o bem e o mal, com essa avaliação postulando, por sua vez, a existência de um *sujeito* dotado de certa forma de livre-arbítrio. Qual? Era esta a ambição do debate que queríamos abrir, evitando justamente cair na alçada da metafísica clássica: como pensar a liberdade sem, por isso, implicar que o sujeito seja totalmente transparente para si mesmo (como pretende o *cogito*, o sujeito metafísico)? Ele pode ser atravessado por todo tipo de instinto ou de pulsão, possuir um corpo e um inconsciente, vir de uma classe social e, mesmo assim – mas a que preço –, se pensar como ser livre.

Esse humanismo não metafísico, que esperava assim levar em conta o que se conseguira com a desconstrução, era ainda apenas um projeto. Não tínhamos soluções previamente preparadas. Eu já estava convencido da necessidade de aceitar, até certo ponto, a crítica do sujeito metafísico desenvolvida por Heidegger, a ideia de o sujeito ser, em parte, "partido", como dizia Lacan, e até a liquidação nietzschiana dos "ídolos", tais como Deus, a nação ou a revolução, sobretudo a partir do momento em que, em nome dessas últimas, se tinham feito milhões de mortos. Dito isso, continuava, mesmo assim, de pé o problema do status que se devia dar ao humanismo. Daí o sentido do nosso discurso, central no livro, a favor de um humanismo não metafísico ou pós-metafísico e também pós-desconstrucionista: um humanismo, é verdade, livre da ilusão segundo a qual o sujeito seria transparente a si mesmo, mas sem, por isso, desistir de pensar o homem como tal, o homem da democracia, do pluralismo e das eleições livres.

O que complicava a posição de vocês, ao contrário da dos intelectuais conservadores, vinha também do fato de recusarem recorrer à razão dos antigos, como propõe, por exemplo, a filosofia política de Leo Strauss. Com isso, desagradavam a direita e a esquerda, algo de que não se lembram os que, desde aquela época, o veem como reacionário...

Nunca adotei o pensamento reacionário. O recurso à razão antiga, estruturado ao redor de um imaginário aristocrático, de fato simplifica consideravelmente a equação, pois consiste em meramente rejeitar o princípio moderno de autonomia. Com isso, a capacidade dos indivíduos em assumir o seu destino se vê aniquilada, assim como toda tentação terrorista ou totalitária. Nessa perspectiva, efetivamente, a norma é dada de maneira substancial, objetiva (o que Leo Strauss chama de direito natural antigo), e, no mundo hierarquizado que serve de substrato a essa teoria do direito, os homens não são iguais no que se refere aos direitos e à dignidade. Esse ponto de vista, que faz desaparecer o sujeito tão seguramente – no mínimo (se não mais) – quanto nos pensamentos da desconfiança, nunca foi o meu. Para ser franco, sempre o detestei! Até por vir de uma inspiração estritamente antidemocrática e essencialmente desigualitária, na medida em que pressupõe os indivíduos naturalmente destinados a ocupar uma situação hierárquica diferente no seio do corpo social. Isso basta para deixar claro o quanto, nessa visão, há pouco espaço para os direitos humanos. Ainda hoje – está vendo, sou contumaz nisso! – me vejo tendo, à minha direita, nostálgicos dos bons velhos valores transcendentes de antigamente e, à minha esquerda, nostálgicos das utopias debiloides de 68... Como é difícil tentar pensar livremente!

"Como se atrevem, esses dois idiotas?": ataques de incrível violência

Nota-se isso na publicação de Pensamento 68, *que teve o efeito de um terremoto no mundo intelectual francês, a ponto de causar críticas incrivelmente violentas. Jean-François Lyotard os acusou de "patrulha do pensamento" e apelidou-os "Bouvard e Pécuchet do neokantismo". O jornal* Libération, *por sua vez, escreveu que "raramente se viu dois jovens filósofos se exporem de forma tão deliberada a tomar porrada", e não faltam exemplos. Esperavam uma recepção desse tipo?*

Não, de jeito nenhum, a surpresa foi total! Para começar, e quanto à essência, éramos tudo menos kantianos. Eu até dizia o tempo todo que o livro de Heidegger sobre Kant é mil vezes mais profundo do que os dos neokantianos. Mas também pela agitação midiática que o livro causou assim que saiu, e para a qual não estávamos de jeito nenhum preparados. Tivemos direito a uma avalancha de críticas e de ataques, sem falar da enxurrada de cartas com insultos ou até ameaças de morte que recebíamos diariamente. Choviam artigos assassinos, às vezes com incrível violência. Nem em sonho ou pesadelo havíamos previsto algo assim. Não passávamos de elétrons livres sem qualquer tipo de poder, perfeitos desconhecidos, e Alain Renaut, além disso, era explicitamente de esquerda, o que acabava de enlouquecer os que falavam mal de nós. É claro, tivemos alguns apoios, como o de François Furet, que via em minha nova filosofia do sujeito uma maneira de tornar a ação política possível e estava adorando que se questionassem Bourdieu e Foucault. E também de Raymond Aron, que conheci naquela época. De um lado, assistia-se a um verdadeiro erguer de armas, de outro, muitos se alegravam por termos ousado levantar a tampa da panela.

Em todo caso, as reações foram tais que até hoje muita gente acha que escrevemos um best-seller, o que é totalmente equivocado: como disse, *Pensamento 68* é um livro complexo, minucioso e preciso, de leitura difícil, e não passou dos 10.000 exemplares vendidos. Para dar uma ideia do ambiente de intimidação que perdurou por dois ou três anos — com os comportamentos grotescos de praxe –, eu não podia dar uma palestra que não fosse interrompida por pessoas a me chamarem de fascista ou que ameaçassem me quebrar a cara, para início de conversa. Uma vez, Alain Renaut e eu aceitamos um convite para apresentar o livro na Bélgica: 500 ou 600 pessoas nos esperavam, num auditório que os organizadores tinham alugado. Na entrada, porém, uns 50 militantes de extrema-esquerda também nos esperavam, só que com bastões de beisebol e decididos a nos fazer calar o bico... Na maioria das vezes, éramos obrigados a fugir pela porta dos fundos, em debates interrompidos por insultos e urros. Aquela esquerda, efetivamente, podia parecer ultracrítica, ultra-alegre, lúdica e democrática (e como!), mas não suportava a menor crítica, sobretudo quanto ao fundo ideológico. A sua violência foi esquecida e somente a esquerda antitotalitária conseguiria dar conta disso. Toda aquela experiência, que foi ao mesmo tempo engraçada e eventualmente desagradável, em todo caso me fez descobrir uma coisa: o dogmatismo rígido e a assustadora falta de humor que, na realidade, se ocultava por trás do culto ao espírito crítico reivindicado pelos adeptos do pensamento 68. Certamente tinham espírito crítico, mas com relação aos outros, e o perdiam completamente quando se tratava de si próprios.

Além disso, estavam mexendo com "vacas sagradas", por assim dizer...

Com certeza e, retrospectivamente, acho que se incomodamos tanto foi pelo fato de *Pensamento 68* diagnosticar com certa antecipação o desmantelamento do esquerdismo cultural. Foucault e Derrida, que passavam, no além-atlântico, como mentores do pensamento francês, ainda eram considerados *superstars* entre nós. O problema é que mostrávamos, de maneira quase irrefutável, que todas as ideias grandiosas vinham de Nietzsche e de Heidegger, e o resto não valia muito, coisa que os estudantes americanos dos departamentos de literatura comparada ignoravam completamente, como pude perceber numa série de conferências que fiz nos Estados Unidos, em 1985.

Derrida, Foucault, Bourdieu e o programa *Apostrophes*

Tem ideia de como reagiram à leitura do ensaio de vocês alguns dos principais pensadores questionados, como Jacques Derrida, Michel Foucault, Gilles Deleuze e Pierre Bourdieu?

Sobre a reação de Derrida, uma amiga em comum, muito ligada a ele, me contou uma história que várias pessoas depois me confirmaram. Ela disse que, lendo o livro, Derrida tinha literalmente se posto a chorar nos braços dela. A equação Derrida = Heidegger, assim como as críticas que tínhamos feito ao seu estilo particularmente obscuro – é verdade que éramos muito moços e fomos um tanto diretos – o deixaram mal e momentaneamente abalado. Já os foucaultianos, os deleuzianos e os lacanianos queriam nos matar! O próprio Foucault ficou louco de raiva. Deleuze nos xingava de tudo o que é nome, até mesmo em público, e chegou a telefonar a Pierre Nora, nosso editor na Gallimard, para reclamar, com palavras duras, da publicação do livro. Pierre Nora me confiou que o tempo todo Deleuze se referia a nós como "aqueles dois babacas".

Muito mais tarde, contei essa história ao ainda jovem Raphaël Enthoven,[2] a quem eu às vezes ajudava a finalizar uma dissertação ou a preparar um concurso. Com a voz embargada, ele me disse: "Ter sido tratado de 'babaca' por Deleuze, não se dá conta da sua sorte? É uma glória!" Isso me deixou meio perplexo. Achava que os jovens estavam finalmente livres, tinham finalmente deixado para trás todo o entulho ideológico do esquerdismo cultural. Mas posso dizer que, já naquela época, me parecia bem pouca coisa essa "sorte"... Via apenas muito ódio ao redor de nós. François Châtelet, por sua vez, enviou-me uma carta com insultos memoráveis. Cheguei a mostrá-la a Évelyne Pisier e a Olivier Duhamel, que eram amigos dele e ficaram literalmente pasmos. Quanto aos irmãos Miller, lacanianos, devo admitir que foram corretos, sendo os únicos diretamente concernidos a estabelecer diálogo conosco, chegando a propor que escrevêssemos na revista que dirigiam. Tiro o meu chapéu para os dois.

---

[2] Professor de filosofia e apresentador de programas de televisão e rádio, ex-marido da filha de Bernard-Henri Lévy e também de Carla Bruni. (N.T.)

Em meio a toda essa confusão, fomos convidados a participar do programa de entrevistas de Bernard Pivot, *Apostrophes*.³ Era a primeira vez na vida que eu me apresentava na televisão. Estávamos muito pouco à vontade, e isso se via, chegando ao ridículo. Emmanuel Le Roy Ladurie, também convidado, me passou um bilhete, antes de começarmos, dizendo que concordava inteiramente com o que criticávamos em Bourdieu e Foucault, que tinha até gostado muito, mas que obviamente não poderia dizer isso no programa nem nos dar qualquer apoio, já que os dois eram do Collège de France. Muita gente ficou com medo diante das reações de hostilidade geradas pelo livro – o que mostra o quanto, na época, era difícil fazer qualquer tipo de reserva com relação a certo pensamento de esquerda.

E Pierre Bourdieu, em quem vocês viam, em Pensamento 68, *"uma variante elegante do marxismo vulgar"? Entre outras críticas, vocês lhe censuravam o reducionismo, sua maneira de negar a autonomia do pensamento, o fato de levar o campo da produção intelectual a um conjunto de relações de força, relações que deviam, segundo ele, ser interpretadas como lutas de classe pela apropriação do capital material e simbólico. Como ele reagiu?*

Pierre Bourdieu também estava louco de raiva. No entanto, numa entrevista que dei ao jornal *Le Matin*, depois do lançamento do livro, insisti no fato de considerar as teses de Bourdieu no mais das vezes justas, até 90% delas, o que continuo a pensar. Os 10% restantes, demagógicos, dogmáticos e ideológicos, é que me parecem

---

³ Apresentado nas noites de sexta-feira, de 1975 a 1990, o programa bateu recordes de audiência, com entrevistas até hoje famosas e enorme influência na vida cultural francesa. (N.T.)

insuportáveis. Sua abordagem estreitamente determinista e historicista da vida das ideias, seu sociologismo megalomaníaco, para não dizer delirante, que consiste em querer a qualquer preço transformar a sociologia numa espécie de metafísica materialista.

E os amigos antitotalitários de esquerda, que já foram aqui citados: deram apoio ou bruscamente passaram a considerá-lo um "traidor"?

Um traidor? Não vejo por que, já que nunca fui de esquerda e jamais escondi isso. Quanto ao Collège, onde todo mundo, aliás, era de esquerda, agora falando com você me dou conta de que as pessoas de lá sempre me apoiaram. Tinham acompanhado as evoluções do meu pensamento e estavam plenamente de acordo. André Comte-Sponville, que eu na época não conhecia, me escreveu uma carta que me tocou profundamente – foi por isso, aliás, que viemos a nos encontrar –, dizendo não entender a violência desvairada das reações provocadas por nosso ensaio e que concordava em boa parte com nossas reflexões, exceto no tocante a Louis Althusser, de quem tinha sido aluno e não o considerava um sofista, mas sim um autêntico racionalista. André por muito tempo tinha sido membro do PC e, como de costume, estava bastante certo, acho.

NOVIDADES A LESTE: O PENSAMENTO 68 ATOLADO EM SUAS CONTRADIÇÕES

Passado o tempo, como explica a violência dos ataques a Pensamento 68*?*

Na prática, a "desvairada violência" em questão vinha somente do fato de termos tido boa pontaria: o rei, pura e simplesmente, estava nu e, como a criança da fábula, tínhamos acertado o alvo... Até hoje, nem todo mundo reconhece, mas todo mundo pelo menos sabe. Essencialmente, creio que havia pelo menos três motivos para toda aquela irritação.

O primeiro era o caráter ainda intocável de Maio de 68. No meio intelectual francês, ser hostil à esquerda consistia quase em pecado capital. O próprio Raymond Aron pagou caro, quando publicou, em 1955, *O ópio dos intelectuais*, um livro que provocou também rara virulência. De certa maneira, Bernard-Henri Lévy passou por prova semelhante, quando denunciou o totalitarismo soviético e esbarrou, com brutalidade equivalente, no rancor do PCF e dos seus esbirros. Tenho muita simpatia por ele nesse ponto, pois demonstrou, como nós, real coragem – acho que posso dizer isso sem parecer demasiadamente pretensioso.

O segundo motivo, a meu ver, está ligado ao fato de a maioria daqueles intelectuais se vincular ainda à ideologia da "morte do homem". Uma fórmula certamente "chique e choque" em Paris, mas que, nos países do bloco comunista, havia muito concretamente se concluído por um saldo de milhões de mortos e de vidas arrebentadas. Naquela época, porém, as coisas estavam, justamente, mudando no Leste. Os soviéticos invadiram o Afeganistão, e os tchecos erguiam a cabeça, após a terrível fase da "normalização" por que tinham passado, depois do esmagamento da Primavera de Praga pelos tanques do Pacto de Varsóvia – esmagamento que um escritor como Philippe Sollers, ainda maoista até o fundo da alma, aplaudiu de pé! Depois veio 1977, ano em que um punhado de intelectuais, entre os quais Jan Patocka (1907-1977), discípulo de Husserl e de Heidegger, fundou em Praga a Carta 77, "pelos direitos e liberdades cívicos", movimento muito duramente reprimido pela polícia política. E houve ainda, é claro, a

Polônia, com o acontecimento considerável que foi a criação do sindicato Solidariedade, ao que se seguiu o dramático golpe de Estado do general Jaruzelski, em 1981. Nesse sentido, portanto, os menos delirantes começavam pelo menos a tomar consciência da verdadeira natureza do "socialismo real" e a se interessar pelos movimentos dissidentes, que eram também movimentos de oposição *democrática* à ditadura do Estado-partido.

Em todo lugar se traçava, então, um vasto movimento de volta aos direitos humanos – uma noção que o domínio do marxismo sobre a vida intelectual tinha por muito tempo ajudado a desvalorizar. Tudo isso já era bem incômodo e, enfatizando essas contradições, nos tornamos francamente irritantes. Por exemplo, Derrida se viu numa posição bem desconfortável quando, evocando em 1982 seus problemas com a polícia política tchecoslovaca, admitiu publicamente, com certa honestidade, aliás, a dificuldade de se articular uma prática filosófica fundada na desconstrução da metafísica (em que se inclui um radical questionamento de todo pensamento do próprio do homem, dos direitos, da autonomia e da subjetividade democrática) com a prática política (precisamente fundada numa referência antitotalitária aos direitos humanos).

Tudo isso era efetivamente um tanto contraditório: como sustentar a defesa dos direitos do homem e continuar, ao mesmo tempo, a defender a sua "morte"? Tal posição não era tão óbvia, e vocês já discutiam isso com Jacques Rivelaygue...

Que nada disso fosse óbvio é o mínimo que se pode dizer. Toda aquela ginástica dos nossos adversários ideológicos era midiaticamente astuciosa, mas filosoficamente não se mantinha de pé por um segundo. De um lado, os que defendiam o pensamento 68 tinham deixado de ser antiliberais fanáticos e passado a falar de direitos humanos o tempo todo. Por outro lado, continuavam sem saber o que fazer com a ideia de sujeito. No entanto, quer nos situemos, com Heidegger, na trilha de uma desconstrução da metafísica da subjetividade ou de uma "microfísica do poder" (Derrida, Foucault), ou que nos remetamos à genealogia nietzschiana e sua destruição a marteladas dos ideais e dos ídolos (Deleuze), nos dois casos, um enorme problema se coloca: com quais ferramentas teóricas voltar à democracia? Como lutar pelo pluralismo e pelos direitos humanos contra o totalitarismo e, simultaneamente, defender a perspectiva da "morte do homem"? Heidegger pelo menos era coerente quanto a isso; sua crítica do humanismo o levou ao nazismo e não à democracia. Entretanto, nossos detratores de 1985, assim que saíam das aulas e dos discursos e se encontravam no real, no "cotidiano", se emaranhavam numa rede de contradições insuperáveis. Uma vez mais, acho que, nesse sentido, tínhamos colocado o dedo na ferida.

Você evocou um terceiro motivo que explicava a virulência do processo armado contra vocês...

Exatamente, pois mostramos também que os boêmios de 68 foram sempre o braço armado dos burgueses: sob os paralelepípedos não havia praia alguma, mas sim o capitalismo globalizado. É uma ideia que retomei e argumentei em profundidade no meu último livro, *La Révolution de l'amour* (2010), em que conto a história do nascimento do movimento "boêmio" que, no fundo, é a pré-história de Maio de 68. Com efeito, nada melhor do que toda aquela desconstrução e individualismo revolucionário para acabar de liquidar as

O ANTICONFORMISTA

últimas resistências morais e espirituais que pudessem ainda representar algum freio à globalização. Por ironia da história, os adeptos do pensamento 68 paradoxalmente contribuíram para nos fazer entrar como nunca na era do consumo em massa – que, para eles, era o dragão a ser morto –, sem o qual a economia mundial não funciona. Sob a cobertura da denúncia do consumismo, os contestadores apenas ajudaram o desenvolvimento. Os slogans famosos, "Sob os paralelepípedos, a praia", "É proibido proibir", "Gozar sem entraves" etc., iam no sentido do que Marcuse, com rara perspicácia, chamou de "dessublimação repressiva". Mais claramente: quanto mais valores morais, culturais e até espirituais estáveis e fortes (sublimação) houver, menos se terá necessidade de colocar as crianças no banco de trás do carro, no sábado à tarde, para ir comprar bugigangas idiotas no shopping mais próximo. Foi essa *dependência* consumista que o movimento de Maio desencadeou. Em vez de quebrar a lógica da sociedade de consumo, como pretendia, ele a ampliou como nunca antes na história da humanidade. Os boêmios foram os maridos traídos da história, serviram a sopa para os burgueses e sabiam disso, preparando-se para se reconverter na publicidade, na imprensa, no cinema, nos cargos bem-remunerados e no poder, para se tornar "bobôs": burgueses-boêmios.[4] Esse argumento, que também machuca muito, por si só me rendeu muitos inimigos.

---

[4] Nos últimos dez anos, tornou-se popular em francês (como em inglês, a partir do livro *Bobos in paradise* [no Brasil, *Bubos no paraíso*], de David Brooks), o termo "bobô" (*bobo*), contração de "burguês" e "boêmio", como uma classe social, ou melhor, um estilo de vida, que adota o idealismo dos anos 1960 e o individualismo dos anos 1980 (*yuppies*). O termo será muito usado por L.F. e por isso foi mantido, apenas acentuado, para guardar a pronúncia original. (N.T.)

Luc Ferry

Meu ensaio sobre "a nova ordem ecológica", publicado em 1992, se colocava no mesmo espírito: foi meu último livro polêmico. Era mais um esforço, tentando demonstrar os aspectos anti-humanistas da contestação das sociedades democráticas, pelo menos para quem apoie a ecologia profunda (*deep ecology*), sendo a preocupação ecológica, é claro, vital a meu ver e perfeitamente cabível nos limites do humanismo. Como em *Pensamento 68*, a ideia do livro era convidar os contestadores a uma autorreflexão, incentivá-los a meditar sobre a dimensão potencialmente anti-humanista da valorização da natureza como natureza virgem, primitiva e originária, valorização essa promovida pelo romantismo alemão, historicamente fundamentado num movimento de hostilidade com relação ao Iluminismo.

Sob muitos aspectos, a ecologia radical até prosperou nos escombros do marxismo. Do ponto de vista atual, e para alguém que precisamente despertou para a política na segunda metade da década de 1980, como é o meu caso, num momento em que a conversão rumo a uma esquerda antiautoritária e social-democrata era praticamente óbvia, a hostilidade em torno do ensaio sobre "o pensamento 68" me parecia incompreensível. Sobretudo por você nunca ter caído no "anticomunismo primário", uma noção que qualifica, a meu ver, aqueles que, por tropismo ideológico ou falta de cultura histórica, não conseguem compreender a promessa que o ideal comunista chegou a representar para milhões de pessoas, no decorrer das primeiras décadas do século XX.

Apesar dos pesares, a dimensão humana do comunismo sempre me sensibilizou, pelo menos na intenção que eventualmente teve, de início. Uma coisa é reconhecer a atrocidade objetiva do comunismo real, outra é enterrar ou desprezar as perspectivas humanistas e utópicas que pareciam se abrir, no começo. Podiam-se encontrar boas pessoas no PC, mas não entre os nazistas, que eram patifes declarados, reivindicando sem disfarces a perspectiva de extermínio de todos que lhes desagradavam, a começar pelos judeus. É verdade, o extermínio dos kulaks e depois o de todas as elites rapidamente entrou na ordem do dia leninista, e também os campos de concentração, inegavelmente, foram inventados pelos stalinistas. Mas o marxismo foi uma religião de salvação terrestre, uma "religião laica", como dizia François Furet e, quanto a isso, tinha esse aspecto fascinante que podia realmente dar um sentido à vida de centenas de milhares de indivíduos — e também, de passagem, à dos seus adversários.

Nunca cedi a essa ilusão, mas tenho amigos respeitáveis que passaram por isso. Nos dias de hoje, ser marxista-leninista é absurdo e adotar "a hipótese comunista"[5] é, para um intelectual, sinal de senilidade ou de esnobismo sem equivalente; em todo caso, uma prova de absoluta imbecilidade. Nos anos 1920, a adesão podia ser compreensível. Apesar do destino funesto que teve, o pensamento de Marx apresenta um lado grandioso de chamar à luta contra as diversas figuras da alienação, e também o de situar a realização pessoal na relação com os outros. Compreende-se que o seu desmoronamento tenha criado uma sensação de vazio e que alguns tenham se transportado para a utopia substituta, que a ecologia política representava. No mesmo espírito, sempre achei falsa a equivalência entre nazismo e comunismo, colocados no mesmo plano pelo fato de, para ambos, só contar o resultado, e não as intenções. Não podemos nos manter totalmente insensíveis à parcela de sonho, de generosidade e de utopia

---

[5] Referência (que será frequente) ao livro de Alain Badiou, *L'Hypothèse communiste* (2009). (N.T.)

que seduziu tanta gente boa, com a perspectiva de um mundo sem classes e sem exploração do homem pelo homem. Hoje, sabemos o que isso significa (na verdade, soube-se bem cedo, desde os anos 1920), mas no momento da revolução russa, era possível hesitar...

"Talvez os tenhamos levado a sério demais"

Se isso fosse possível, voltaria a escrever Pensamento 68 *da mesma maneira?*

Não. Primeiro por achar que pegamos aqueles pensadores ao pé da letra demais. Alain Renaut e eu éramos jovens universitários dedicados à interpretação e exegese de textos, e passamos pelo crivo da análise os escritos de Foucault e Derrida, como se fossem obras de Fichte ou de Hegel. E mesmo que Derrida e Foucault tenham efetivamente passado por Heidegger e sua crítica radical do sujeito, isso, neles, tinha mais a ver com a postura ou retórica parauniversitária. Em segundo lugar, apesar do que professavam oficialmente – um anti-humanismo radical –, eram boas pessoas e visavam, pela desconstrução, a algo como a emancipação da humanidade, ou seja, os direitos das mulheres, dos presos, dos homossexuais, das minorias etc. Quando o movimento Solidariedade se emancipou da ditadura polonesa, estivemos do mesmo lado, isto é, com Lech Walesa contra Jaruzelski. Na verdade, não eram tão anti-humanistas, mas sim superficiais e mundanos, preocupados em seduzir as multidões estudantis nos Estados Unidos sem uma real coerência filosófica. Não iam até o fim da própria lógica, e nosso erro foi provavelmente o de levá-los a sério demais, quando eles não eram tanto.

O ANTICONFORMISTA

Não haveria outra razão?

Provavelmente não escreveria mais *Pensamento 68* da mesma maneira porque, naquela época, mesmo que já procurasse outra coisa, havia para mim um só modelo de humanismo: o do Iluminismo. Refiro-me ao humanismo dos direitos e da razão, de Voltaire e de Kant, o mesmo ao qual explicitamente se referiram pensadores como Jürgen Habermas e John Rawls (1921-2002), o agora célebre autor de *A Theory of Justice* (1971). Eu ainda não percebia, então, a aparição do que mais tarde viria a chamar de "segundo humanismo" – que designo nos meus últimos livros como um humanismo do coração e da transcendência do outro. Desde então, todo o meu trabalho filosófico consiste em, justamente, explorar e pensar essa segunda idade do humanismo, amplamente vinculada, a meu ver, aos efeitos tardios do surgimento, no Ocidente, de novas relações humanas relativas à invenção do casamento por amor e à família moderna *(ver capítulo 9)*.

Na verdade, na virada dos anos 1980, as grandes questões existenciais nos passavam acima da cabeça: estávamos todos apaixonadamente empolgados com os debates teóricos, éticos e políticos. Eu não tinha ainda uma ideia clara da dimensão propriamente espiritual ou soteriológica da filosofia – o que chamo de "espiritualidade leiga" *(capítulo 10)*. Que forma devia tomar a filosofia? Uma forma próxima da genealogia (Nietzsche), revestindo os modos de uma analítica da finitude (Heidegger) ou seguindo um fio racional fixado na história das ciências (Popper)? E no campo da ética, deviam-se aplicar princípios utilitaristas ou princípios universais de tipo republicano ou kantiano (Rawls, Habermas)? Na política, tender para o direito à diferença ou se manter na igualdade republicana? Resumindo, falávamos apenas de teoria, de moral e de direito, enquanto a espiritualidade – sinônimo de "religião", em nosso espírito – continuava totalmente ausente do campo filosófico. Era um erro imenso.

Justamente, a emergência desse segundo humanismo, que você mesmo qualifica de pós-desconstrucionista, não se beneficiou muito, em certo sentido, das marteladas de Nietzsche e seus discípulos?

Nem tanto. Mas, em contrapartida, é verdade que o período da desconstrução, ou seja, a maior parte do século XX, tem um lugar entre essas duas idades do humanismo. Representa, por assim dizer, o elo que faltava e, principalmente, critica de maneira radical todas as atitudes coloniais e imperialistas que estavam pura e simplesmente ligadas à primeira face (republicana) do humanismo herdado do Século das Luzes. Vejo isso mais claramente hoje do que na época, devo reconhecer. O primeiro humanismo, mesmo sendo um humanismo da razão, era também um humanismo da nação e *da* civilização, no singular, identificada apenas com a cultura europeia. Nele, aliás, se fala não em direitos humanos em geral, mas em direitos do homem *e do cidadão*, membro de uma nação particular. Uma vez que esse primeiro humanismo considerava as sociedades "primitivas" desprovidas daquilo que constitui o próprio do homem, a saber, a historicidade ("o homem africano não entrou na história", já se dizia), ele encarnava também um humanismo da colonização e da "educação" do gênero humano pelas nações esclarecidas, ainda que pela força... Por esse ponto de vista, e você tem toda razão quanto a isso, deve-se reconhecer que a desconstrução amplamente contribuiu para nos fazer entrar no espaço da descolonização.

Claude Lévi-Strauss foi, nesse sentido, um pai fundador. A segunda idade do humanismo, esse humanismo que chamo de humanismo do "homem-Deus", do sagrado com rosto humano, incontestavelmente teve seu ponto de partida na segunda metade do século XX, simultaneamente à descolonização. Passamos do imperialismo colonial, com o famoso "nossos ancestrais gauleses", ao auxílio público ao desenvolvimento: com toda evidência, não é a mesma filosofia nem o mesmo humanismo. E apesar de todo o gênio de Voltaire e de Kant, deve-se lembrar de que eles se acomodavam bastante bem com ideias fundamentadoras do colonialismo e até do racismo. Vistos de hoje, os textos de Kant sobre as mulheres ou sobre os negros, bem como os escritos de Voltaire sobre os judeus ou os de Tocqueville sobre a maneira mais conveniente de se fazer a guerra contra os árabes, seriam processados. Não ignoro que se devam combater as ilusões retrospectivas — inúmeras vezes fiz isso, sobre esses mesmos temas. Em todo caso, felizmente estamos agora a anos-luz dessa conformação.

No ponto em que estou do meu percurso, me parece evidente que a história do pensamento moderno comportou *três tempos* que devem ser cuidadosamente distinguidos, mas também articulados uns aos outros: primeiro o humanismo do Iluminismo, da razão e dos direitos; depois a desconstrução, que parte contra o humanismo sob todos os seus aspectos: do racionalismo, do imperialismo, do universalismo e da metafísica da subjetividade. Finalmente, o humanismo do amor ou do "homem-Deus", amplamente ligado ao nascimento da família moderna. Na época de *Pensamento 68*, eu tinha a tendência a dizer, a exemplo de Habermas ou de Rawls, ambos herdeiros de Kant e do Século das Luzes: mais vale o humanismo do Iluminismo — é claro que livre das suas ingenuidades — do que a ideologia da "morte do homem", da destituição do sujeito e do ódio contra a razão. Mesmo assim eu sentia, já naquela época, que faltava algo nessa posição. Ela não me satisfazia plenamente, apesar de somente muito mais tarde, com *O Homem-Deus ou o sentido da vida*, publicado em 1996, eu ter me sensibilizado por outra esfera de valores, isto é, os valores espirituais no sentido de uma espiritualidade leiga, valores ligados à revolução do amor e à preocupação com o outro. A questão da *vida boa* ou da salvação sem Deus passou a ser crucial para mim e é por meio dela que reato com a verdadeira, a única grande tradição filosófica, a tradição dos gregos, mas também de Spinoza e de Nietzsche. No momento de *Pensamento 68*, essa "terceira esfera" me parecia ter a ver com a exclusiva esfera do privado. Eu só concebia o humanismo segundo as duas primeiras partes da filosofia, a parte teórica (a autorreflexão e a teoria do conhecimento) e a parte ética (o universalismo dos direitos humanos e a democracia).

Do pensamento 68 ao pensamento 80: entre *A era do vazio* e *A derrota do pensamento* (1987)

Essa tentativa de pensar uma arqueologia da política moderna que não conduza à subversão dos valores da democracia faz de você um dos criadores, com alguns outros, do "pensamento 80". Entre os debates mais significativos da segunda metade dessa década, houve o que opôs pessimistas culturais, como Alain Finkielkraut, que publicou A derrota do pensamento, *em 1987, aos otimistas, bem-representados pelo sociólogo Gilles Lipovetsky ou o filósofo Marcel Gauchet. Como você, hoje, vê esse confronto?*

Foi certamente um dos debates de ideias mais interessantes da década. De um lado, Alain Finkielkraut apresentava um diagnóstico severo para o declínio da cultura moderna. A verdadeira cultura, entendida no sentido da "vida com o pensamento" (Hannah Arendt), lhe parecia ameaçada pelo relativismo cultural dos anos

O ANTICONFORMISTA

Jack Lang[6] e pelas delícias do consumo em massa. Mas também, e nisso estávamos inteiramente no mesmo comprimento de ondas, pelos turiferários do direito à diferença, que ele acusava, justamente, de limitar os indivíduos às suas vinculações étnicas, estabelecendo sobre o tema uma das primeiras grandes críticas de esquerda – tema que ele não parou de aprofundar desde então. Em 1987, Alain Finkielkraut e eu, com nossas encantadoras esposas, passamos juntos parte das férias na Dordonha e, depois, no sul da França. Lembro que, certa noite, os quatro assistimos a um programa da televisão em que Harlem Désir, na época presidente de SOS Racismo, estava sendo entrevistado. Ele manifestamente tinha nos ouvido e começava a integrar em seu discurso a crítica do direito à diferença e dos seus efeitos perversos. Isso nos alegrou, o que mostra que estávamos longe de qualquer desacordo quanto ao essencial. Só que, em vez de ser como Finkielkraut, ao mesmo tempo heideggeriano e pessimista quanto ao futuro do "mundo da técnica", eu não podia deixar de ficar contente, primeiro e antes de tudo, com o desmoronamento dos totalitarismos e dos regimes autoritários não somente no Leste, mas também na América Latina. Alain, por seu lado, só via escuridão, para onde quer que dirigisse o olhar: é verdade, a democracia parecia sair vencedora do combate contra o totalitarismo, mas era para cair na futilidade, na vulgaridade televisiva, na insondável e alienante bobagem da cultura de massa. Ele já parecia um Philippe Muray (1945-2006) *avant la lettre*.*

---

[6] Os anos 1980, *grosso modo*, de Jack Lang como ministro da Cultura. (N.T.)
* Ensaísta e romancista muito crítico com relação à sociedade da diversão permanente, autor de *Moderne contre moderne* (2005) e *Festivus Festivus* (2005), entre outras obras.

De modo que, na época, eu me sentia mais próximo do sociólogo Gilles Lipovetsky, que tinha publicado, em 1983, um livro importante, *A era do vazio*, um ensaio que foi muito falado. Em 1987, ele lançou *O império do efêmero*, ao mesmo tempo que Finkielkraut publicava *A derrota do pensamento*. Ao contrário de Alain Finkielkraut, Gilles Lipovetsky via na expansão da cultura individualista e hedonista o início de um colossal movimento de emancipação, em comparação ao período precedente — emancipação, pois o individualismo democrático teve o imenso mérito de quebrar os sistemas totalitários rígidos. O debate entre Finkielkraut e Lipovetsky foi bem áspero, ainda mais porque Alain retomou quase todos os temas e análises de Gilles, que ele lera de lápis em punho, e os invertia: os dois constatavam os progressos do individualismo democrático, só que a um isso alarmava e ao outro encantava. Uma das grandes disputas, aliás, se deu a convite meu, no Collège de Philosophie, com um público de cerca de 300 ou 400 pessoas. Finkielkraut exprimiu seu receio de ver o totalitarismo "duro" ceder pouco a pouco seu lugar, nas nossas sociedades, a um pós-totalitarismo "mole", à tirania do consumismo, à lógica dos negócios e à publicidade, à vitória da sociedade civil sobre o Estado — temas que Régis Debray e os neorrepublicanos também popularizariam. Lipovetsky, pelo contrário, insistiu no aspecto liberador do advento desse indivíduo pós-moderno, *cool*, narcísico e hedonista, pensando só em "aproveitar ao máximo", se emancipando, enfim, da imposição dos holismos tradicionais e das organizações que, ontem ainda, impunham seus dogmas (Igrejas, sindicatos, partidos de esquerda stalinistas etc.). E defendeu também a ideia de que uma sociedade que pratica a publicidade generalizada não pode ser seriamente considerada totalitária, ao contrário de Finkielkraut que, próximo de Heidegger, mas também de Adorno, Horkheimer e Arendt, se inclinava a ver nisso uma nova forma de barbárie. Para Lipovetsky, não se devia perder a esperança e aquela sociedade frívola, império da sedução e do efêmero, lhe parecia mais um instrumento de consolidação das sociedades liberais do que um perigo.

Retrospectivamente, a disputa é bem informativa, pois, uma vez mais, os dois não estavam tão distantes nos seus respectivos diagnósticos. Triunfo do indivíduo, promoção da aparência e da permanente renovação, consagração do presente, difusão da lógica da moda por todo o conjunto do corpo social, culto do bem-estar: se olharmos de perto, os dois esboçavam o mesmo quadro. Mas onde Lipovetsky enxergava uma boa nova, ou até a realização dos ideais do Iluminismo, no sentido em que o indivíduo autônomo precipitava sua saída do mundo da tradição (mesmo que o sujeito morresse um pouco nesse indivíduo narcísico e desenvolto), Finkielkraut propunha uma interpretação trágica e apocalíptica.

Pessoalmente, de quem você se sentia mais próximo, nesse debate?

Na época, os argumentos de Gilles Lipovetsky tinham mais a ver comigo, por uma razão bem simples: a meu ver, o horror absoluto sempre foi encarnado pelo nazismo e pelo comunismo. Levando tudo em consideração, tanto no plano filosófico quanto no das liberdades, a vulgaridade de massa me parecia e continua a me parecer infinitamente menos atroz do que o tropismo stalinista ou os derivados anti-humanistas do pensamento 68. Mas é preciso também que nos coloquemos no contexto do momento, a segunda metade dos anos 1980: o muro de Berlim ainda não havia caído, e, mesmo que na França e no restante da Europa Ocidental a ideia comunista já estivesse em pleno desmanche, o marxismo se mantinha "o insuperável horizonte do nosso tempo",[7] pois nada havia tomado o seu lugar. Saíramos dos anos de chumbo, mas não sabíamos ainda aonde aquilo ia nos levar. Temos, de fato, tendência a esquecer o quanto o marxismo e o esquerdismo cultural por muito tempo dominaram a universidade, fazendo reinar, até o início dos anos 1980, um permanente clima de intimidação e até de terror intelectual. O avanço do individualismo democrático, descrito por Gilles Lipovetsky, não deixou de estar presente nessa derrubada, uma vez que esse movimento contribuiu para a desagregação dos partidos autoritários e dos grandes sistemas de sentido, voltados para a promessa de um futuro radioso.

Como eu não me alegraria com isso? No meu tempo de estudante, o Partido Comunista francês representava 25% do eleitorado e talvez fosse, junto com o PC chinês, o mais stalinista do mundo. Ver aquele monumento de estupidez, de má-fé e de terrorismo intelectual cair foi uma felicidade! Hoje em dia, os comunistas mal chegam aos 2%: com isso, o diagnóstico de Finkielkraut passa a ter mais pertinência. Sim, uma vez passado o perigo mortal, podemos merecidamente nos preocupar com os perigos reais, mas menos vitais, da deriva individualista: a publicidade e o culto do "festivo" (festa da música, do livro, da ciência etc.), que podem ser bobos, podem idiotizar e desviar as pessoas das grandes obras, mas não são Auschwitz nem o gulag.

Do ponto de vista atual, acha então que aquela querela deva ser reavaliada?

Pela perspectiva de hoje, diria que Alain Finkielkraut tinha parcialmente razão, a se julgar pelo estado da educação escolar. Na

---

[7] A frase é de Sartre. (N.T.)

verdade, ele se adiantou, pressentindo por trás da queda das grandes ideologias da história a disparada do hiperconsumismo, cujos efeitos mais manifestos se traduzem no crescimento potencial de uma indústria cultural medíocre, apoiada pela televisão. Tive oportunidade de dizer isso – e publicamente – no início dos anos 2000, quando Finkielkraut teve a gentileza de me convidar ao seu programa *Répliques*, na rádio France Culture, quando eu era ministro da Educação Nacional e os meus livros eram queimados em praça pública, algo que o tinha chocado profundamente. Nos anos 1980, Gilles Lipovetsky, Marcel Gauchet e eu próprio não tínhamos provavelmente nos dado conta dos muitos efeitos perversos, sobretudo nos planos escolar e cultural, do desdobramento desse individualismo democrático centrado no bem-estar pessoal e na satisfação imediata dos desejos. De fato, éramos muito mais receptivos aos efeitos positivos da falência do marxismo e das grandes ideologias revolucionárias do que aos efeitos negativos da massificação da cultura. Vinte anos depois da queda do muro de Berlim, é evidente que estamos mais sensíveis à crise da escola ou a essa desculturação mole, que domina a sociedade pós-moderna, do que às ameaças embutidas no discurso de um Pierre Laurent, o atual primeiro-secretário do PCF, sobre as liberdades públicas... É verdade, recuando no tempo, tenho a impressão de que Alain Finkielkraut e Gilles Lipovetsky tinham, ambos, fundamentalmente razão...

5

O homem-Deus ou o sentido da vida: a década de 1990

ALEXANDRA LAIGNEL-LAVASTINE — *Em 1996, a publicação do seu ensaio* O homem-Deus ou o sentido da vida, *que foi um sucesso de vendas, parece ter marcado uma virada ao mesmo tempo pública, pessoal e filosófica no seu percurso. A problemática espiritual e a questão do sentido tomaram a frente de qualquer outra. O que o motivou a essa mudança de orientação?*

DA PATERNIDADE À HISTÓRIA DA FAMÍLIA MODERNA

LUC FERRY — Escrever *O homem-Deus*, de fato, representou uma virada decisiva na minha trajetória, tanto no plano das ideias quanto em minha vida privada. Para começar, foi o momento em que, definitivamente, deixei de lado a vontade de escrever livros sempre polêmicos. Era algo que não me interessava mais. Foi também o momento em que o tema da espiritualidade leiga começou a me parecer infinitamente mais importante do que o da teoria e o da prática. Devo dizer que, em 1991, Dominique, com quem estava casado, e eu adotamos na Colômbia uma adorável menininha: Gabrielle. Tinha apenas um mês quando a peguei pela primeira vez no colo. Foi um choque:

aquela minúscula coisinha, que muito me preocuparia e de que eu tanto me ocuparia, provocou em mim sentimentos desconhecidos até então. Mais tarde, a mesma experiência evidentemente se reproduziu com minhas duas outras filhas, Louise e Clara, que hoje têm 10 e 11 anos (Gabrielle já tem 20) e que tive com Marie-Caroline, com quem vivo hoje e com quem tenho enfim a sensação de poder ir tão longe quanto a vida permitir.

Descobri então o que todos os pais descobrem, isto é, que uma criança desperta sentimentos estranhamente diferentes das outras formas de amor, por mais forte, apaixonado e autêntico que sejam. Deus sabe, no entanto, o quanto amei na vida – minhas companheiras, meus pais, meus irmãos, meus amigos... Mas esse amor específico, que a singularidade de cada criança em vez de dividir multiplica, de maneira igualmente estranha, se remete a outro domínio: trata-se de um amor que parece o que os cristãos chamam *agapé*, o amor gratuito, totalmente desinteressado porque "não recíproco", como escreveu muito apropriadamente o filósofo Hans Jonas (1903-1993) em *O princípio responsabilidade* (1979), no sentido de que amamos as crianças mais por elas do que por nós, sem esperar qualquer retorno, pelo menos por certo tempo e talvez até para sempre. Quero dizer que com relação a esposas ou maridos (ou amantes), com exceção dos masoquistas, espera-se um mínimo de reciprocidade, algum equilíbrio no amor. Se você ama o outro mais do que ele a você, se tem expectativas e não ele, a coisa está bem mal, a graça cedeu lugar ao peso e um início de ruptura já desponta. Nossos filhos, é claro, nos amam, nos retribuem amor e ficamos infinitamente felizes com isso, mas não é por essa retribuição que cuidamos deles, sobretudo quando são pequenos. A retribuição vem, por assim dizer, como *um excedente*. Insisto na analogia, é provavelmente o que mais se aproxima do que devia ser *agapé*, o amor cristão. Encontra-se essa ideia na filósofa Simone Weil (1909-1943), tirada da teologia judaica (a teoria do "Tsimtsum"), segundo a qual Deus teria criado o mundo por amor e não por excrescência nem por omnipotência, mas se tornando mais fraco, se recolhendo para ceder lugar. Deixou que lhe faltasse ser para que houvesse ser. É a esse amor que se acede com o amor que se tem pelos filhos. Repito, não se trata de um amor igualitário, do qual se espera reciprocidade. Eu conhecia *philia* (a amizade), conhecia *éros*, mas ignorava ainda *agapé*. Essa experiência (sem ter aqui a menor consonância religiosa) certamente contribuiu muito para modificar meu olhar sobre as prioridades da existência.

Em certo sentido, trata-se de uma experiência bem banal: todos os pais recentes reconhecem que a paternidade profundamente revira a hierarquia dos valores. Mas o banal não se exclui da filosofia e me pareceu que esta última não pode se manter apenas no terreno da teoria, da moral ou do direito: foi preciso pensar essa particularidade do amor como fator de sentido.

Para mim, se posso assim me exprimir, Gabrielle constituiu um acontecimento filosófico, acontecimento que se reproduziria com Louise e Clara. Nunca tinha amado alguém daquele jeito e, curiosamente, isso tinha um sentido e, ao mesmo tempo, colocava a questão da relação com a finitude e a morte em termos menos abstratos. A famosa frase de Heidegger – "Assim que um ser nasce, já é velho o bastante para morrer" –, que sempre me fizera rir por tanta banalidade, ganhou outra conotação, novo significado, que me obrigou a refletir de outra forma. É bastante raro que a gente se levante pela manhã, motivado por algum premente questionamento moral, e, com toda evidência, uma criança doente ou infeliz nos abala mil vezes mais do que qualquer problema imaginável de bioética. Por quê? Seria apenas egoísta, animal, ou há no amor algo da ordem do sentido, que os moralistas estariam negligenciando? Escrevi *O homem-Deus* tendo em mente essas interrogações e foi a partir daí que a questão da espiritualidade leiga (que, no fundo, se resume a isto: o que é uma vida boa para os mortais?) finalmente se impôs a mim como absolutamente central e que, na verdade, está presente nos maiores nomes de toda a história da filosofia, de Platão a Nietzsche. Não seria pelo fato de essa questão não interessar mais aos desconstrutores contemporâneos que eles teriam razão contra Epicuro, Spinoza, Kant e Nietzsche.

E com relação à estética? É uma área que o interessou muito na última década, pois dedicou a isso três livros: Homo Aestheticus. A invenção do gosto na era democrática, *em 1990, e depois* Le Sens du beau, *em 1998, e* La Naissance de l'esthétique moderne, *em 2004.*

A estética representou, no fundo, uma espécie de elo intermediário entre minhas antigas preocupações teóricas e morais e as que começavam a se esboçar no tocante ao sentido e à vida do espírito. A questão dos critérios do belo sempre me apaixonou, com a estética colocando, em toda a sua dimensão, o problema de se saber como fundamentar o coletivo, o "senso comum" na subjetividade, na escolha íntima do indivíduo. De fato, o gosto é, por excelência, o campo do subjetivo, como reza o mais comum dos adágios. Assim sendo, como explicar o amplo consenso que em geral se estabelece acerca das grandes obras de arte? Tanto Bach quanto Mozart são objetos, no mundo inteiro, de aceitação a que nem mesmo uma teoria científica pode pretender. Como conciliar essa constatação factual com o famoso "gosto não se discute"? Observando de perto, esse desvio pela estética, que se inscreve, *grosso modo*, entre a publicação das obras de filosofia política dos anos 1980 e *O homem-Deus*, em 1996, já representava uma espécie de transição. Saí do campo da teoria (o problema da desconstrução da metafísica) e da ético-política (os efeitos anti-humanistas dessa mesma desconstrução), para entrar numa problemática extramoral (do belo). E isso mais ainda me empurrou para o que Hegel chamou de vida do espírito (a espiritualidade), e Husserl, de "o mundo da vida" (*Lebenswelt*).

A estética me permitiu abordar, pela experiência da transcendência do belo, a questão do sentido, tal como a experiência de "sair de si mesmo" pelo amor me havia deixado perceber. Com o amor, porém, como acabo de sugerir, a questão da possibilidade da morte do ser amado se torna também onipresente. Com a revolução da família moderna, associada ao acuamento das religiões, diante da grande desconstrução dos valores tradicionais do século XX, o problema da contradição entre o amor e a finitude, experiência que a epopeia de Gilgamesh já descrevia há 35 séculos, volta ao primeiro plano. Dei-me conta, então, de tudo indicar que a filosofia moderna, em seu conjunto, não tinha mais grandes coisas a dizer. Preferia-se falar do totalitarismo, da luta de classes ou da democracia, no lugar de temas que, na verdade, contam mil vezes mais em nossas vidas: o amor, a morte de alguém querido, como se tudo ligado à esfera do privado não devesse de jeito nenhum ser objeto de reflexão filosófica.

Havia algo como uma espécie de tabu implícito e foi o que eu quis derrubar. Era uma primeira tomada de consciência. O título do livro, referindo-se ao "sentido da vida", chegou a escandalizar um pouco, até a amigos meus. O velho camarada Gilles Lipovetsky me fez observar, com sua franqueza habitual, que eu estava indo meio longe demais, saindo do território legítimo da filosofia, que devia se limitar à esfera pública; resumindo, eu estava beirando o ridículo...

Luc Ferry

É possível que tivesse razão, mas mantive o título. Ainda mais por começar a compreender que, apesar desse recalcamento da intimidade, presente na tradição liberal e também na tradição marxista e socialista, era evidente que as reviravoltas na vida privada não podem deixar de respingar na vida política, pública e coletiva – sobretudo em nossas democracias de opinião. Para dar um exemplo, a dedicação paternal, ligada ao nascimento do casamento por amor e à família moderna, realçou uma temática política nova, que eu já havia encontrado nos meus trabalhos sobre ecologia: não se tratava mais da glória da pátria nem da ideia revolucionária, como na esquerda e na direita, respectivamente, mas sim da *preocupação com as gerações futuras*. E isso por um motivo inédito, com origem diretamente ligada à história da vida privada: que mundo nós adultos assumiremos a responsabilidade de deixar para os nossos filhos? Nesse sentido, meu interesse pela abrangência da intimidade nada tinha de negativo nem de "retirada individualista, rumo aos velhos e seguros valores da família", como acharam alguns, com rara estupidez...

Você começa, nos anos 1990, a trabalhar sobre a intimidade como fator de reviramento da vida pública, se entendi bem...

Em momento algum me passou pela cabeça deixar de lado a esfera pública e coletiva – a ponto, aliás, de ter aceitado ser ministro... Mas comecei, é verdade, a me interessar muito pela história da intimidade e da vida privada, voltando-me particularmente para esse imenso componente da história ocidental e, a partir daí, para o nascimento da família moderna. Em todo caso, dei-me conta, naquele momento, de que o *crescimento dos valores da intimidade*, tão característico das nossas sociedades democráticas, de modo algum se resume ao que normalmente se pensa, ou seja, um reles recolhimento na esfera privada, uma abdicação com relação aos negócios do mundo ou um desvio do humanismo na direção do egoísmo e da atomização do social, com um pouco de ecologia e de humanitarismo à guisa, na melhor das hipóteses, de brinde para a alma. Pelo contrário, convenci-me de que essa maneira de situar o sentido verdadeiro da existência na vida privada, no fato de ela também revirar o coletivo, constitui uma extraordinária *revolução dos espíritos*. Uma revolução que abre o futuro, em vez de obscurecê-lo, na medida em que traz em si a promessa de uma ampliação de perspectivas, como nunca antes em nossas sociedades. E não que a história da família, enquanto tal, me interesse tanto assim. Interessa-me pelo fato de, em vez de nos afastar da grande política, essa *sagração do íntimo* — essa tendência a agora encarnar o sagrado no coração da humanidade — paradoxalmente pode nos fazer reatar a ligação com as figuras mais grandiosas da política, reinscrevendo essa última num espaço de significação que não se apresente natimorto para os nossos contemporâneos. Sob condição, entretanto, de se repensar a política como um instrumento a serviço do bem-estar dos membros da sociedade civil e não mais como o altar sobre o qual o ideal da "vida boa" se sacrifica, em nome de causas abstratas e, em geral, mortíferas, tais como nação e revolução.

Foi, em todo caso, a intuição que se impôs após o nascimento de Gabrielle, uma menininha tão adorável, que tudo passou a se situar na ordem da felicidade. É claro, não tenho ilusões quanto à originalidade disso que senti. Pelo contrário: é precisamente por se tratar de um sentimento dos mais comuns que ele nos faz passar da esfera da intimidade à do coletivo; da família à política.

Luc Ferry

"Descubro, na filosofia, a importância da vida do espírito"

A sagração da criança e da intimidade: nos seus livros, você liga firmemente essas duas questões à política, mas também ao espiritual, à emergência de novas formas de transcendência no próprio seio da experiência vivida, inseparável da ideia segundo a qual existem valores superiores à vida material e biológica. O que faz essa ligação?

O fato de descobrir novas experiências na ordem do sentimento contribuiu para me fazer compreender que a filosofia, ao contrário da maneira como eu mesmo a havia praticado até então, não podia interminavelmente evitar as grandes questões ligadas à condição humana, vista na sua relação com a finitude: como dirigir a própria vida? Para que serve envelhecer? Como conviver com a perda de um ser amado? Como preparar a si mesmo para a morte ou para lutar contra a banalidade e o tédio do cotidiano? Que sabedoria há no amor, quer dizer, como viver com as pessoas que amamos, sabendo que, de fato, assim que alguém nasce, já está velho o bastante para morrer?

Eu, que não via mais o que a filosofia grega tinha ainda a nos dizer, me dei conta das questões existenciais que o tempo todo a atravessam, sem reduzi-la à dimensão teórica nem à exclusiva esfera da ética. Epicuro definia a filosofia como uma terapêutica, uma medicina da alma. No entanto, é claro, não se trata de fornecer um kit de sobrevivência para pessoas desencantadas, mas sim, a exemplo da filosofia antiga, integrar essas questões na filosofia moderna. Com isso, o problema de saber como pensar um humanismo não metafísico, fora de qualquer "retorno", problema que já se encontrava no miolo de *Pensamento 68* e de *A nova ordem ecológica*, alcançou outro nível: o do espiritual, quer dizer, do status que se deve dar a esses valores que pressentimos, em nossas vidas cotidianas, como totalmente abrangentes e que nos levam, até em nossas mais íntimas experiências, a reconhecer a existência de absolutos práticos. Não nos dispomos a pôr em risco nossas vidas em defesa da liberdade ou da vida dos que nos são queridos? Sendo afirmativa a resposta, o que isso significa enquanto maneira nova de se relacionar com o sagrado, entendido no sentido do sacrifício, da saída de si na direção de entidades que parecem, queiramos ou não, transcendentes?

Apesar de não crente e mesmo tendo vigorosamente desconstruído a metafísica, com o apoio de Nietzsche, de Heidegger ou de Marx, tenho, de qualquer forma, que aceitar essa evidência, problemática desde a desconstrução: não se inventa o amor, a verdade, a justiça e nem a beleza. Com certeza descubro-os em mim, mas descubro-os como algo que me ultrapassa e que, por assim dizer, vem de fora – sem que eu possa identificar a origem mais distante desse dom, irredutivelmente misterioso. Nesse momento, minha busca se deslocou, passando a ser importante pensar os contornos de uma espiritualidade leiga, uma *espiritualidade decididamente não metafísica*, não religiosa e ateia. Pode-se também dizer: pensar uma "sabedoria do amor" que se conscientize do fato de, em nosso mundo mais ou menos desencantado, estarmos expostos – sem rede nem mureta de proteção, como nunca antes na história – à questão existencial da finitude (estou me colocando no ponto de vista dos não crentes). Pareceu-me, então, ser essa a mais alta tarefa que a filosofia pode assumir.

Ter conhecido o filósofo André Comte-Sponville, com quem publicou, em 1998, A sabedoria dos modernos, *foi outro ponto de partida para isso?*

Nessa evolução, encontrar André Comte-Sponville, depois da publicação de *Pensamento 68*, teve um papel incontestável. Ele já se mostrava muito sensível a essa questão da espiritualidade leiga, como se pode ver nos seus primeiros livros, em *Le Mythe d'Icare* (1984) e *Pequeno tratado das grandes virtudes* (1995). De início, não entendi muito bem aonde André queria chegar. Como muitos, eu via aquela iniciativa de longe, para não dizer com certo desprezo: tantas indagações sobre a vida boa, sobre a sabedoria, a beatitude e o desespero me pareciam vagamente fora do lugar, fora de moda e cheiravam a sacristia... Mais ou menos como meu amigo Gilles Lipovetsky diante das minhas próprias interrogações sobre o sentido da vida! Além disso, André Comte-Sponville em nada apreciava a filosofia alemã: preferia Montaigne e os pensadores latinos, enquanto eu, os alemães e os gregos. Para tornar nosso encontro ainda mais improvável, ele vinha do comunismo, do budismo, do estoicismo e do epicurismo, ou seja, tudo de que eu não gostava.

Daí então nos encontramos e li de fato os livros dele. Pude me dar conta do quanto é talentoso e honesto no plano intelectual. Compreendi imediatamente estarmos numa mesma sintonia, pelo menos no referente à definição da filosofia como busca da sabedoria, da vida boa, enfim, de uma espiritualidade leiga. Tudo nos separa *a priori*, exceto, é claro, os valores morais, que nos aproximaram, mas que sabíamos, ambos, não ser isso o que realmente nos interessa. É engraçado observar que quase sempre nos definem como "moralistas" e, no entanto, é o que talvez menos nos interesse... O que, em contrapartida, nos entusiasma é a questão da espiritualidade leiga, que André denomina ética, em oposição à moral e seguindo o sentido que Spinoza dá ao termo ética.

Observando de perto e relendo com essa visão as obras maiores da história da filosofia, percebe-se que não há filósofo importante que não se tenha dado a uma reflexão sobre a questão da espiritualidade, da vida boa, do sentido que tal objetivo dá à vida e da sabedoria necessária para isso. Em todos eles, o eixo da teoria e o eixo da ética constituem apenas os dois primeiros momentos da filosofia, ligados entre si e prolongados por um terceiro, o principal: o da soteriologia, da sabedoria entendida no sentido amplo, como dispositivo intelectual capaz de nos salvar dos medos originais e nos permitir o acesso à vida filosófica. A observação vale também para figuras tutelares da esquerda, sobretudo Spinoza que, na verdade, se interessa muito pouco pela moral. *Ética*, de cima a baixo, é uma doutrina da salvação leiga, uma soteriologia racionalista. A mesma coisa em Nietzsche: com o *amor fati* (o amor do *fatum*, do seu destino, daquilo que está à nossa frente) e a doutrina da "inocência do devir", trata-se apenas de reconciliar-se consigo mesmo e com o mundo, de chegar a uma espécie de graça, se livrando desses focos de aflição ou de "paixões tristes", como diz Spinoza, que são os arrependimentos, os remorsos, as culpas e as nostalgias ligadas ao passado, mas se livrando também da tirania da esperança, da ilusão de possibilidades vinculadas ao futuro. Não estou dizendo que concordo com o ponto de vista de Spinoza nem de Nietzsche. Veremos não ser o caso. Só que a concepção de filosofia que têm, como busca da vida boa, como espiritualidade sem deus, me parece justa. Quanto ao tema da "serenidade" ou do deixar ser (*Gelassenheit*), em Heidegger, ganha também todo o seu sentido apenas dentro de uma exigência de autenticidade (*Eigentlichkeit*), de reflexão sobre a maneira como nossa existência pode escapar da miséria que reina no universo técnico, dominado pela lógica do "indeterminado" e pela tirania do "arrazoamento" que se aplica à Terra e aos seres que a habitam. Na verdade, todos os grandes filósofos, do passado ou contemporâneos, de modo mais ou menos explícito são habitados pela questão do espiritual, do sentido, da "salvação" ou da sabedoria. Nem

Kant é exceção à regra. Ao colocar sua famosa pergunta "Que me é dado esperar?", ele igualmente deixou o exclusivo terreno da teoria ou da moral para entrar numa outra esfera.

Público mais amplo e preocupação com a escrita

No fundo, pode-se dizer que a sua experiência da paternidade, depois dos 40 anos, o levou a uma dupla saída: saída – pelo menos parcial – da história da filosofia, para entrar – com a questão da espiritualidade ou da sabedoria – na própria filosofia. Junto a isso, saída do universo um tanto confinado do ensino universitário, em direção de um público mais amplo. É verdade, A nova ordem ecológica *(1992), uma espécie de apêndice de* Pensamento 68, *já havia tido uma repercussão importante, mas com* O homem-Deus, *que ultrapassou os 100.000 exemplares, você entrou numa outra categoria. Terá sido a da vulgarização filosófica?*

O termo vulgarização, como a expressão "intelectual midiático", é sempre maldoso e, em geral, vem com um risinho; mas isso deve ser entendido dentro do contexto do século XX, totalmente dominado pela ideologia de vanguarda, em que o filósofo autêntico deve, como o artista maldito, ser um solitário, isolado do público. A verdade é que a maioria dos grandes filósofos teve acesso a uma ampla audiência. Na Grécia antiga, as escolas de Platão, de Aristóteles, dos estoicos ou dos epicuristas estavam sempre cheias. E isso se mantém na filosofia moderna: as pessoas lotavam as aulas de Kant, frequentadas por gente elegante, ministros, como hoje se vai a Roland-Garros! Já Rousseau, sem deixar de mencionar Voltaire, era tão célebre que as pessoas o reconheciam na rua... Sartre e Heidegger eram verdadeiras estrelas.

O ANTICONFORMISTA

Isso para dizer que a ideia de ter público ser antinômica à de profundidade é absurda, tão datada quanto ligada à ideologia vanguardista que dominou completamente os anos 1960-1970. *O homem-Deus* é um ensaio difícil, até bem difícil, e o fato de ter tido boa vendagem nada tem a ver com a vulgarização. O tema é autenticamente filosófico, não universitário, tocando questões de fundo, não apenas escolares, só isso. Além disso, e em parte graças a André Comte-Sponville, me conscientizei de que a escrita faz inteiramente parte do jogo de linguagem filosófico. Como disse Hegel, "podem-se embrulhar ideias em papel-jornal". Além do mais, acho que os filósofos dignos desse nome foram, em sua maioria, também bons escritores. É evidente em Nietzsche, mas também em Kant, por mais estranho que pareça, como me dei conta, traduzindo *Crítica da razão prática* para a Plêiade. Não somente pessoas da sociedade acorriam às suas conferências, mas imagine que entre 1781 e 1787, *Crítica da razão pura* gerou não menos que 3.000 artigos ou obras de comentaristas...

Em determinado momento, então, esse imperativo da escrita se impôs a mim: não sou certamente um escritor e não pretendo ter esse talento, mas me esforço tentando pôr o estilo, de certa maneira, em harmonia com o que tenho a dizer. Dirijo-me ao leitor e não a uma plateia imaginária de "caros colegas", o que obviamente muda tudo: meus livros se tornaram legíveis, mas, acredite, sem conteúdo, ninguém os compraria. Estou convencido de que tudo pode ser dito com clareza, mesmo as ideias mais profundas, como é o caso com Freud, Marx e até Nietzsche, mas não com Derrida nem Lacan, que você muito dificilmente me convenceria de serem mais profundos só porque mais obscuros. Somente o confuso e o nebuloso precisam da obscuridade para se proteger.

Luc Ferry

Os anos 1980 decretaram o fim do vanguardismo, tanto nas artes plásticas quando na música, e também na área do pensamento, apesar de alguns deplorarem isso, falando da chegada de "pensadores medíocres" e outros qualificativos, na verdade raivosos e invejosos, a que tivemos direito André Comte-Sponville e eu. Insisto, a obscuridade não é, em si, sinal de profundidade, e os filósofos nunca ignoraram o cuidado no escrever. Basta lembrar Platão, Epicteto ou Montaigne – todos de leitura perfeitamente agradável, e *Contrato social* foi um best-seller! Quanto a Nietzsche, que foi um estilista fora de série, o infeliz, no mais das vezes, publicou seus livros por conta própria, mas daria tudo para ter leitores – apesar da imagem de "solitário", retomada e insistida por Schönberg. Quando, por felicidade, um dos seus livros encontrava um leitor, ele ficava literalmente louco de alegria. Em sua ótima biografia, Daniel Halévy conta, por exemplo, que no dia em que Nietzsche soube ter vendido 500 exemplares, saiu correndo pela rua, aos gritos... Há, na verdade, um erro de perspectiva: acha-se que a verdadeira filosofia precisa estar distante do mundo, mas isso vale apenas para o esnobismo vanguardista e sectário. Observo ainda que a preocupação de romper com esse esnobismo, na França, é compartilhada pela maioria dos intelectuais da minha geração, como Alain Finkielkraut, Pascal Bruckner, Régis Débray, Gilles Lipovetsky ou Marcel Gauchet – todos escrevem com clareza, se dirigindo, para além da universidade, ao leitor culto e preocupado em se cultivar. Mesmo que nossos adversários não gostem, ninguém é obrigado a adotar um jargão incompreensível para pensar certo.

O ANTICONFORMISTA

SER UM INTELECTUAL NA FRANÇA

Você mantém uma crônica no jornal Le Figaro *desde o início do ano administrativo de 2009 e podemos ouvi-lo toda semana debater assuntos atuais com Jacques Julliard, no canal LCI de televisão. Mas começou a ser muito lido na imprensa já na década de 1990. Em que essa participação pública representa, para você, o papel do intelectual na sociedade?*

Para começar, um esclarecimento é necessário, procurando evitar confusão: confesso não ter o menor gosto pelo jornalismo. Requer um interesse constante pelo noticiário que, em geral, é desinteressante. Em contrapartida, gosto de me forçar a escrever na imprensa e sou grato aos que me ajudaram, a Étienne Mougeotte, em particular, por quem tenho estima e amizade. Pois nos obriga a nos dirigir ao grande público, a ultrapassar o círculo restrito dos especialistas, a esclarecer as notícias sob um foco inabitual, injetando, por assim dizer, ideias filosóficas no cotidiano. A opinião segundo a qual escrever para jornais significa "colaborar", no sentido quase vichysta do termo,[1] é absurda. Parece característica, sobretudo, de uma postura pretensiosa e elitista, que explicitamente foi a de Pierre Bourdieu e seus alunos. Eu então "colaboro", é verdade, nas páginas de "ideias" de diversos grandes semanários, entre os quais *L'Événement du jeudi*, *Le Point* e *L'Express*. Muitos intelectuais franceses, dos mais prestigiosos, fizeram isso antes de mim. Preparando para *L'Express* um dossiê sobre todos que colaboraram regularmente com a revista, encontrei, além de Raymond Aron, os nomes de Maurice Merleau-Ponty, Alfred Sauvy e também Jacques Lacan, Jean-Paul Sartre e os

---

[1] A cidade de Vichy e o verbo "colaborar" ficaram, até hoje, como marcas da França que aceitou a ocupação nazista durante a Segunda Grande Guerra. (N.T.)

três "M" – Malraux, Mendès France e Mauriac... Isso para mostrar que participar das colunas jornalísticas não constitui, para um intelectual francês, um fato recente nem uma experiência rara. A mesma coisa em política: Victor Hugo foi senador, enquanto Tocqueville e Malraux foram ministros. E não vejo nada desonroso em tal areópago...

Isso não impede que alguns o rotulem na categoria dos intelectuais midiáticos...

Faz parte! Como realçou John Rawls, seguindo Tocqueville, a inveja e o ciúme são as paixões democráticas mais bem-distribuídas, e é preciso encontrar o que dizer contra um livro que escandalosamente desperta o interesse do público. Como disse, há pessoas que são conhecidas por escreverem livros e outras que escrevem livros porque são conhecidas. Pertenço, como Comte-Sponville, à primeira categoria e entendo que isso irrite, ainda mais por sermos, os dois, autênticos universitários. Nada de grave nisso tudo, nada de anormal. Não temos de que reclamar.

Em Heidegger e os modernos *(1988), foram evocados os motivos tanto estruturais quanto históricos pelos quais "faz-se obrigatório, aos intelectuais, ocuparem, nas sociedades democráticas, uma função crítica". Suas participações regulares e frequentes na mídia respondem a essa função crítica?*

Não, justamente. Pode-se até dizer que seja o contrário disso, o que também irrita! O tipo ideal de intelectual crítico que eu tinha em mente se aproximava mais de Foucault ou de Sartre. Pois ao mesmo tempo que adotavam, por princípio, uma posição bem crítica com relação ao mundo democrático, ambos tinham a legitimidade do filósofo, do escritor e do homem político/público, com uma autoridade moral que, apesar de contestada, era reconhecida. Opondo-se ao especialista, essa imagem de intelectual generalista, engajado e de esquerda, adota sempre, retomando a expressão de Max Weber, o ponto de vista da "ética da convicção", mais do que o da "ética da responsabilidade".

Na França, particularmente desde o pós-guerra, dois motivos históricos fizeram com que o intelectual fosse obrigatoriamente de esquerda. O primeiro, é claro, foi o nazismo. O trauma engendrado pela pior catástrofe política do século contribuiu para desqualificar ou macular a direita em seu conjunto, ou até o mundo ocidental inteiro, incapaz que foi de impedir o desastre. Nos anos 1950, qualquer intelectual que se respeitasse era forçosamente de esquerda. De preferência membro do Partido Comunista ou simpatizante. Foi o caso dos mais brilhantes, de Edgar Morin a François Furet, passando por Jorge Semprun, Emmanuel Le Roy Ladurie ou Annie Kriegel. E como se sabe, Raymond Aron foi bastante maltratado, naquela época, por ousar se dizer de direita, mesmo que, na verdade, fosse muito pouco, primeiro porque, apesar de "judeu desjudeizado", sua consciência com relação ao horror do nazismo não ficava atrás da de um Edgar Morin ou de um François Furet; depois por ele vir sobretudo da centro-esquerda ou até mesmo do socialismo, que frequentou quando estudante.

O segundo motivo foi a descolonização. Ser intelectual, naquela época, pressupunha obrigatoriamente criticar o imperialismo. Enquanto o humanismo do século XVIII tinha amplamente legitimado a conquista colonial, os movimentos de descolonização lançavam suspeita e opróbrio sobre o Iluminismo. Essa crítica do eurocentrismo, que a antropologia estrutural de Claude Lévi-Strauss acompanhou no campo das ideias, ajudou, no pós-guerra, o mundo intelectual a guinar quase obrigatoriamente à esquerda. É também nesse contexto que se deve situar o sucesso da teoria marxista revista e corrigida pela Escola de Frankfurt, com sua análise da "dialética do Iluminismo", sua crítica da racionalidade instrumental, anônima e técnica, assim como da racionalidade "capitalista", que se tinha revelado incapaz de controlar o suicídio da Europa. Por meio da cegueira que se impôs, o marxismo pôde então parecer, até os anos 1960, a única visão de mundo não suspeita de estar comprometida com as duas catástrofes do século, o nazismo e o colonialismo.

Você se refere também a razões "estruturais" que faziam com que a intelligentsia *francesa se sentisse obrigada a ter o coração à esquerda...*

Sim, pois o terceiro motivo é mesmo estrutural. Desde Voltaire, o intelectual francês foi quem melhor encarnou o que a democracia tem de mais precioso: a instância da crítica. De fato, pode-se observar que o regime democrático é o único a autorizar a crítica ao poder. Parece uma banalidade, mas, na atualidade, nunca se sabe... Numa sociedade que se pretende *auto*instituída, até mesmo pelo viés de instituições representativas, não há norma que não possa ser denunciada pelos indivíduos, por um motivo extremamente simples: são eles que, direta ou indiretamente, as produzem. Esse paradoxo está estruturalmente ligado à democracia, de modo que o intelectual, mesmo ao denunciá-la, adotando uma posição de aparente exterioridade radical, na verdade apenas faz o seu jogo e preenche uma das suas dimensões essenciais: a manutenção de uma relação crítica com a lei, com a normatividade e com a autoridade. De modo geral, podemos qualificar de intelectual todo escritor, filósofo ou não, preocupado em ocupar o espaço da crítica. No entanto, até recentemente essa situação levava a maioria dos letrados franceses à prática da ética da convicção e quase nunca à da ética da responsabilidade.

No fundo, pode-se dizer que o intelectual, nessa perspectiva, encarna simultaneamente a esquerda, o espírito crítico e a ética da convicção. São as suas três características maiores, e ele poderá se tornar "um grande intelectual" no momento em que, além dessas três características, acrescentar outras. É preciso que o intelectual seja filósofo, que seja também, como Sartre e Voltaire, escritor – resumindo, que acrescente a legitimidade literária à legitimidade filosófica e também, se possível, um pouco de legitimidade histórica, como foi o caso de Foucault. Se ele ainda tiver talento para dirigir um filme ou escrever uma peça de teatro, será algo grandioso! É preciso tudo isso para ser um intelectual perfeito e, aliás, é atrás do que o Bernard-Henri Lévy vem correndo a vida toda.

Ética da convicção ou ética da responsabilidade?

E Luc Ferry, não?

No espaço público, assim como no privado, sempre fugi dessa postura do intelectual crítico. Prefiro a ética da responsabilidade em vez da ética da convicção, a filosofia em vez da literatura e a ação política em vez da postura indignada. Na verdade, sempre detestei o mero alardear da indignação, essa intenção pretensamente moral que só se aplica aos outros, nunca a si mesmo, e que em geral serve para garantir a aparência de uma bela consciência moral. Como disse, se for o caso, prefiro pôr as mãos na massa e passar à ação. Na minha geração, aliás, fui o único a aceitar ocupar um cargo ministerial. Talvez esteja errado, e não pretendo absolutamente ser um modelo para o que for. Em mim, essa postura vem mais de um reflexo do que do pensamento. Ninguém, em todo caso, pode negar que, muito concretamente e não somente em palavras, procurei agir pela ética da responsabilidade, sem ter querido me manter nas facilidades da ética da convicção, sendo claro que a primeira, ao contrário do que dizem alguns tolos, não se confunde com o cinismo e nem com a *Realpolitik*. Com relação a isso, as coisas se passam um pouco como com o princípio de realidade, em Freud: não é o contrário do princípio de prazer, mas sim o seu prosseguimento, levando em conta o real. Da mesma maneira, professar a ética da responsabilidade não significa renunciar à moral e abandonar os princípios, mas sim, pelo contrário, procurar encarná-los no real da melhor maneira, levando-se em consideração o fato de nem tudo ser possível. Donde voltamos à ideia das antinomias da ação histórica, que Max Weber pegou em Nietzsche: o político só muito raramente escolhe entre o bem e o mal (seria muito fácil), mas quase sempre entre opções que são todas mais ou menos ruins ou desagradáveis.

Desde sempre – e provavelmente ainda mais desde que tenho filhos –, não é a ética da responsabilidade que me parece o cúmulo do cinismo, mas a ética da convicção, essa pseudomoral da indignação, esse sentimento sempre reservado aos outros e nunca aplicado a si mesmo, essa atitude altiva que foi o grande contentamento dos intelectuais, de Sartre aos dias de hoje. Como se houvesse uma espécie de distribuição de papéis, que considero francamente absurda: de um lado o político, suposto se situar no real, e de outro o intelectual, encarnando a moral – com a posição moral, nessa distribuição, nunca mudando o que quer que seja na realidade, é claro. Assim arranjados, o político e o intelectual apenas dividem entre si o espaço público, cada um deixando o outro em paz, com o primeiro se lixando para as ideias e o segundo para o real. Os dois fingem se encontrar de vez em quando, nesses famosos almoços ministeriais ou até no palácio presidencial, quando os conselheiros se esforçam para apresentar ao ministro ou ao presidente o que há de importante, naquele momento, na cidade. É grotesco...

O filósofo, a meu ver, é aquele que constrói uma obra e procura retomar, de forma nova, as três únicas questões que valem a pena: a da teoria, a da ética e sobretudo, *in fine*, a da vida boa para os mortais. Como disse, são essencialmente o primeiro e o terceiro níveis que me interessam. Como se pode constatar, isso quase nada tem em comum com a vida intelectual parisiense. O segundo nível, da ética da responsabilidade, não é tão inútil – é, até mesmo, crucial –, pois permite que se conserve o contato com o mundo tal qual, um mundo de que o meio universitário também tende a nos afastar, o que representa uma séria desvantagem. Continuar a pensar o real é o que me parece essencial (pensar a globalização é, hoje, a principal tarefa do pensamento), apesar de o terceiro nível da filosofia ser o que prioritariamente me interessa. Hegel estava certo: a filosofia é mesmo, pelo menos em sua parte teórica, "a inteligência daquilo que é". Consiste também em ser capaz de compreender o seu tempo pelo pensamento. A teoria e a ética da responsabilidade constituem então as duas primeiras partes da filosofia, e procuro não me esquecer disso.

O que me anima não é tanto a preocupação de cuidar do que não é da minha conta, retomando a célebre tirada de Sartre, definindo o papel do intelectual, mas sim a preocupação de compreender o real: a crise econômica, que passei centenas de horas a decifrar; a globalização e o que ela implica, desde os interesses ecológicos e financeiros ao "choque das civilizações" ou à entrada da Turquia na Europa, que declaradamente apoio. Ora, não é trancado numa sala de aula com estudantes nem se arranjando na ética da convicção – que nunca encontra o mundo real e até se equivoca sempre, ou quase sempre – que se chega a isso. O que explica não ter sido um erro, para mim, ter aceitado ser ministro.

6

Um *agrégé* de ciência política no Ministério da Educação Nacional (2002-2004)

Você foi ministro da Educação Nacional na época de Jean-Pierre Raffarin como primeiro-ministro, entre 2002 e 2004, sem ter nenhum engajamento partidário nem haver exercido qualquer responsabilidade num gabinete ministerial. De um dia para outro, o não profissional da política que você é passa a dirigir um quádruplo ministério — Educação, Pesquisa, Universidade e Juventude —, a maior pasta administrativa da França e até da Europa. Teve dúvidas em aceitar?

Tive, enormes, pois sabia dos riscos e até dos perigos. Ao mesmo tempo, essa proposta se inscrevia perfeitamente na lógica da ética da responsabilidade que acabamos de evocar. Nesse sentido, e apesar da angústia que tomou conta de mim quando Dominique de Villepin me convidou — eu que nunca tinha feito política, não pertencia a partido algum nem sabia o que era ter um chofer ou um agente de segurança —, era impossível me esquivar. Questão de coerência e de consistência. Já tinha, é claro, num momento ou noutro conhecido responsáveis políticos, mas como intelectual. Lembro, por exemplo, ter sido convidado pelo historiador e ex-dissidente polonês Bronislaw Geremek (1932-2008), na época em que foi ministro do Exterior. Ele me propôs, junto com Hubert Védrine, ir encontrá-lo em Weimar, com Joschka Fischer para um grande debate sobre história e o futuro da Europa. Jantamos, Hubert Védrine, Joschka Fischer e eu na sala de jantar da casa de Goethe. Claro que eram momentos excepcionais, mas nada tinham de estritamente políticos. Quando o cargo de ministro me foi proposto, minha esposa Marie-Caroline me disse, mais ou menos, o seguinte: "Com tudo o que você sabe ou diz saber sobre a escola há tantos anos, se recusar, vai ter que ficar calado por 20 anos!" Ela tinha razão.

"Era impossível me esquivar"

Mesmo assim, o cargo ministerial não me tentava em nada – realmente nada – no plano pessoal. Teria que parar de escrever e, forçosamente, tudo aquilo ia ter um preço. Tinha visto de perto o que havia acontecido com Claude Allègre e também François Bayrou; não era nada tranquilizador! Após três dias de reflexão, acabei aceitando, sobretudo por achar que poderia fazer algo para a escola, para as crianças, de que já disse o quanto gosto, não se limitando isso aos meus próprios filhos. Além do mais, pensei, quase já me preparando, caso fracassasse, a experiência pelo menos me faria melhor apreender o real, melhor compreender como "as coisas funcionam", o que são os negócios públicos do ponto de vista da prática, as múltiplas facetas da decisão política e as dificuldades bem concretas com que ela se choca. E, de fato, é preciso ter visto isso de perto para saber. Não é algo que se possa inventar.

No fim daqueles dois anos passados nesse magnífico ministério, pude me dar conta do quanto os políticos, sob o efeito conjugado da pressão midiática e da globalização, têm menos poder sobre o que ocorre no mundo do que normalmente imagina a maioria dos nossos concidadãos. Aliás, para mim, aí está o problema político número um que enfrentamos hoje: como encontrar campo de ação e real eficácia numa democracia de opinião hipercrítica estando presos à globalização que nos obriga a incessantemente restringir o orçamento? No âmbito da globalização, de fato, as alavancas da política nacional não movimentam mais grandes coisas — uma verdade que todos os políticos reconhecem. O problema é que não se quer admitir isso e nem o povo, de forma alguma, quer ouvir falar. O que não facilita as coisas...

Em todo caso, não havia incoerência alguma em me definir como republicano e assumir a função de ministro da Educação Nacional. Seguia, de fato, uma lógica implacável. O filósofo Michel Onfray, sempre amável comigo em particular e sempre muito agressivo em público, escreveu a meu respeito que não se pode, ao mesmo tempo, ser ministro de um governo de direita republicana e kantiano; acho que foi na revista *Le Point*. A observação me fez cair na gargalhada e acho que nunca li (me desculpe, Michel...) uma frase tão imbecil na vida. Como se o fato de ser ministro da República fosse o mesmo, ou pior, que ir ao bordel. Inveja? Simples estupidez? É de se questionar o argumento, que, afinal, me deixou perplexo: me definir como kantiano já não faz sentido, mas, mesmo que eu o fosse até o último fio de cabelo, não vejo em que essa qualidade me afastaria do cargo ministerial. Afinal, Kant foi um dos mais autênticos pais fundadores da filosofia republicana. Servir à República é uma honra, e não uma vergonha.

Você esperava essa nomeação?

Nem por um milésimo de segundo! Pensando bem, foi uma verdadeira maluquice, e, quando Dominique de Villepin me fez a proposta, da parte do presidente Jacques Chirac, quase caí da cadeira. Na época, é verdade, eu estava à frente do Conselho Nacional de Programas, um cargo para o qual tinha sido indicado por François Bayrou. Em seguida, Claude Allègre e depois Jack Lang me pediram que continuasse. Mas não se tratava absolutamente de um cargo político. O Conselho Nacional de Programas é um colegiado de especialistas que reúne professores dos ensinos superior, fundamental e médio, uma instância puramente consultiva, que tem como vocação contribuir para a reflexão sobre o conteúdo dos programas de ensino. Até então, eu apenas duas vezes tinha visto o presidente Jacques Chirac, na verdade uma única vez a sós, um dia em que ele devia preparar uma apresentação na televisão sobre educação e pediu que o ajudasse a compreender o que lhe era pouco familiar. Quase não nos conhecíamos então. Jean-Pierre Raffarin havia me convidado uma vez para almoçar, mas por causa de *O homem-Deus ou o sentido da vida* (1996), que ele disse ter lido e apreciado. Meu conhecimento do mundo político não passava disso e, uma vez mais, nunca fui filiado a coisa alguma nem antes, durante ou depois de ser ministro. Nunca fui militante, tendo sido quase sempre do contra.

Entre os dois turnos da eleição presidencial de 2002, estive num jantar com meus amigos Henri Weber e Fabienne Servan-Schreiber, graças a quem eu havia adotado minha filha Gabrielle e que era uma amiga de tempos passados, que conheci na casa de Olivier Duhamel. Estavam também presentes Anne Sinclair e Dominique Strauss-Kahn e nos distraímos fazendo previsões sobre quem seria o próximo primeiro-ministro a ocupar o palácio de Matignon. Apostei em Jean-Pierre Raffarin e acrescentei, de brincadeira: "E eu na Educação!" A piada circulou por Paris e acabou se transformando em previsão séria. De início, tratava-se apenas de brincadeira, em momento algum acreditei nisso! Fez, aliás, todo mundo na mesa rir, de tal maneira que

Fabienne me ligou para se desculpar. Literalmente, ela disse: "Desculpe, Luc, por ter rido tanto quando você falou em ser ministro da Educação. Mas Henri e eu conhecemos política melhor do que você e sabemos que é impossível!"...

Quando fui nomeado, achei que o meu percurso atípico me tinha, afinal, feito conhecer todas as situações escolares e em todos os níveis. Não havia trilhado o caminho luminoso de *khâgne, hypokhâgne* e *Normale Sup*, mas tinha sido aluno num colégio problemático de subúrbio, estudei por correspondência, fui bolsista, pesquisador do CNRS, professor de ensino médio e depois numa escola normal para formação de professores, professor universitário e nas grandes escolas especializadas, presidente do Conselho de Programas – ou seja, uma experiência que me garantia um olhar particular sobre o mundo da educação e um pouco defasado com relação ao dos meus antecessores.

Você falou em termos muito carinhosos da sua mãe, sobretudo dos "jantares filosóficos" com os filhos. Posso perguntar qual foi a reação dela ao saber da sua nomeação?

Acho que ficou muito orgulhosa, muito mesmo... Mas prefiro não me estender nesse registro pessoal. Gosto dela mais do que tudo e a respeito demais para me exprimir no seu lugar. Eu precisaria perguntar a ela...

Vivendo em superexposição midiática no cotidiano

Em Comment peut-on être ministre?, *seu ensaio sobre a governabilidade em democracia (2005) que se apresenta como um balanço da sua experiência política, você demoradamente evoca o extraordinário peso que representa, para um responsável, a democracia de opinião, alimentada pela imprensa. Como viver, no cotidiano e "de dentro", as turbulências midiáticas a que se expõe quem tem a função de ministro, situação da qual a maioria das pessoas, e até os próprios jornalistas, nem sempre tem consciência? Ou, mais diretamente, o que fazer para se "blindar"?*

É muito simples: ninguém consegue! Ninguém nunca se blinda diante da fúria midiática no cotidiano, e isso vale tanto para os recém-nomeados como para os políticos de carreira. Vi o presidente Chirac se debater no caso das passagens de avião; vi Nicolas Sarkozy aparecer diariamente em manchete do jornal *Libération* por sua declaração de imposto; vi François Fillon deixar o ministério da Educação Nacional, literalmente "chutado" por Jacques Chirac após semanas de greve, ou Éric Woerth e agora Bernard Kouchner e Christine Ockrent arrastados na lama... Não nego haver, num ou noutro ponto, crítica a se fazer a alguns; os políticos são seres humanos como todos, passíveis de erros. Mas a desproporção é incrível, aberrante. E podem se multiplicar os exemplos: nenhum dos responsáveis políticos, apesar de tarimbados, sai inteiro desse tipo de turbilhão midiático – nenhum! A sensação de injustiça e as feridas que se guardam são inevitáveis, na maior parte do tempo irreparáveis, sobretudo para quem não tem outra profissão. Não conheço homem público algum capaz de se tornar insensível a isso. E, quando os ataques arranham a sua honra, são tão desestabilizadores no plano pessoal quanto devastadores no plano político. Assim é, e ninguém escapa. Deve-se apenas aprender a aceitar e conviver com isso, compreendendo que também se está ali para isso e que o povo adora ver seus representantes sofrer. Faz parte do jogo. Mas, acredite, esse tipo de provação requer outro tipo de coragem e fibra, diferente de assinar uma petição em favor dos direitos humanos, morando nos bairros chiques de Paris.

Você pessoalmente e a sua família não foram poupados pelos jornalistas, é o mínimo que se possa dizer. Mesmo sem se blindar, a pessoa acaba se habituando?

É verdade que fui repetidamente sacudido por turbulências midiáticas, a ponto de estar nas manchetes dos jornais em várias ocasiões. Para um narcisista, é melhor procurar outra profissão. Meu assessor de imprensa, Yves Angella, toda manhã entrava na minha sala meio sem graça e dizia mais ou menos: "Senhor ministro, tenho uma boa e uma má notícia. Começo pela boa: o senhor está na primeira página do *Le Monde*, do *Libération* e do *Le Figaro*; a má é que, em resumo, todas dizem que é um 'grande imbecil'!" Era isso quase todo dia! Isso me faz lembrar de uma história famosa do ministro Edgar Faure, dizendo a um assessor que sugeria que respondesse a um artigo infame: "Você tem toda razão, é verdade que esse artigo me caluniou muito, mas, infelizmente, provavelmente sou o único a achar isso!" É preciso saber que, na verdade, nada tem tanta importância, tanto é que 15 dias depois, para não dizer já no dia seguinte, o turbilhão se desloca como um enxame de abelhas e ataca outro peregrino. Com meu amigo Jean-Jacques Aillagon, ríamos disso, antes do Conselho de Ministros. Quando os famosos "intermitentes do espetáculo"[1] iam para a porta do Ministério da Cultura e, com isso, saíam um pouco

---

[1] Polêmico (por ser difícil controlar os abusos) auxílio desemprego para artistas e técnicos trabalhando por intermitência em empresas de espetáculo (cinema, teatro, televisão etc.). (N.T.)

do meu pé, eu dizia o quanto ficava contente de lhes transferir o abacaxi! Brincávamos, mas outros ministros quase não conseguiam esconder a alegria de nos ver em maus lençóis.

Isso também faz parte do jogo, assim como descobrir uma multidão de grandes amigos que nunca se tinha imaginado... e que desapareçam por meses assim que você deixa o cargo. O essencial é se manter "zen", não fazer disso um caso pessoal, e estou longe de me lamentar. Temos que levar as coisas com distanciamento e até humor, se possível. Foi o que consegui, depois de algum tempo – devo dizer que os problemas dos meus sucessores e antecessores ajudaram: todos puderam perceber *de visu* que o cargo não é fácil para ninguém. Mesmo assim, na hora é difícil aguentar as intrigas e maledicências sem o menor fundamento, nem sequer embrionário, em qualquer realidade fora da fantasia. Nesse quesito, vi de tudo...

A inquisição começou poucas semanas depois da minha chegada ao governo. Num fax surrealista que chegou por volta de meio-dia, o jornal *Le Canard enchaîné* me dizia que justificasse a compra, pelo Ministério, de "acessórios de cama em cetim", "até as 19 horas", impreterivelmente... Os lençóis em questão não eram de cetim, mas de "cetineta", custaram três francos e seis centavos e eram um presente de casamento. Mesmo que fossem em visom-americano, daria no mesmo – só para mostrar a que ponto ia a inquisição! Tive direito a uma quantidade de notinhas no *Canard*, do tipo "os Ferry andam de Rolls-Royce". Mais uma vez, confusão total: tratava-se do carro de um professor de medicina que tinha vindo ser condecorado no Ministério... E assim em diante, diariamente. Caberia perguntar como jornalistas podem sustentar tamanhas idiotices e inverdades tão facilmente verificáveis. Chega a ser preocupante.

O ANTICONFORMISTA

Insisto: em tais circunstâncias, como não ficar furioso ou cair em depressão?

Primeiramente, tive a sorte de estar cercado de pessoas de altíssima qualidade, a começar por minha mulher, Marie-Caroline, que foi uma presença e apoio constante, e também alguns membros da equipe, como Alain Boissinot, atualmente reitor em Versalhes e que, por amizade, aceitou ser meu chefe de gabinete, sem dúvida a pessoa mais competente e fina que já encontrei em questões relativas à Educação. Foi e continua sendo de inigualável e fraternal lealdade. Estávamos na mesma sintonia, apesar de ligeiras nuanças. Sem dúvida, ele é um pouco mais democrata que eu, que sou um pouco mais republicano, retomando uma antiga distinção. Mas estávamos ambos convencidos da necessidade de superar essa oposição estéril. Essas pequenas diferenças nos permitiam, aliás, boas discussões. Sem ele, sem um interlocutor com quem conversar permanentemente, o ministério teria sido um inferno. E havia amigos próximos, como Claude Capelier e Josy Reiffers, este um grande professor de medicina que se ocupava das universidades com real talento. E muitos outros em quem penso com carinho, como a insubstituível Dominique Fillon, que dirigia a secretaria do ministério e continua trabalhando comigo, uma pessoa realmente notável, com quem mantenho conversas quase cotidianas sobre assuntos de fundo. E também meu velho colega Pierre Saget, com quem as coisas eram complicadas, mas nunca inócuas, ou Jérôme Fournel, um orçamentista de gênio, hoje diretor-geral da Alfândega... É claro, havia também, como em toda organização, alguns elementos menos ilustres e, provavelmente, me faltava senso político-politiqueiro, fazendo Jack Lang me acusar de "amadorismo", mas eu não considerava isso ruim. No fim, podia contar com uma equipe excepcional e estava, no fundo, satisfeito de não me tornar um político profissional. Houve também grandes momentos de alegria como, por exemplo, em 2004, após 60 horas de debate na Câmara, quando cheguei ao ministério às 2 horas da manhã e todo o staff me esperava no escritório com garrafas de champanhe, como numa festa-surpresa de aniversário, comemorando a votação da minha lei contra as demonstrações religiosas explícitas na escola... Foram momentos que compensaram, amplamente.

Além disso, já tinha passado por tempestades midiáticas, como as que seguiram a publicação de *Pensamento 68*. Conhecia, ou acreditava conhecer, como funciona a imprensa escrita e a mídia em geral, até por tê-la integrado, como colaborador eventual. Mesmo assim, de início não me dei conta do quanto as coisas eram diferentes naquele nível de responsabilidade, não somente no referente à natureza dos ataques, mas também do ponto de vista quantitativo. Para dar uma ideia, quando deixei o ministério, meu assessor de imprensa me deu os arquivos encadernados com todos os artigos que falavam de mim. Resultado: tenho uma parede inteira de recortes sobre o "ministro Luc Ferry", dezenas de volumes, além dos milhares de fotografias, ou seja, o equivalente a toda uma biblioteca... É incrível, mas esse fenômeno tem a ver também com o extraordinário avanço do gosto pela personalização dos debates políticos e do sucesso das "colunas sociais" nos jornais, que passaram ao patamar de gênero literário.

Incontestavelmente, um dos aspectos mais difíceis dessa superexposição está no assédio, no fato de ser a sua vida inteira que tentam pôr em questão. Minha família era literalmente acossada por paparazzi que não hesitavam em nos perseguir de helicóptero ou em barcos, nos vigiando tão de perto quanto possível em nossa casa de férias. É uma experiência bem particular, pela qual talvez se deva passar pelo menos uma vez na vida. Foi muito difícil, sobretudo, para minha

O ANTICONFORMISTA

mulher, Marie-Caroline, no entanto adorável com o pessoal do ministério e que chegava a nem querer mais ir à rua. Em certo momento, cheguei a ser acusado de dar a ela um carro com dinheiro público, um boato totalmente grotesco. Por semanas a fio, ela foi arrastada na lama com palavras absolutamente imundas na rádio Europe 1, por Laurent Ruquier, coisas do tipo "essa piranha está gastando a nossa grana" e outras delicadezas assim. Essa provação – ferindo o que antigamente se chamava honra – nos abalou seriamente o moral. Nesse caso preciso a que me referi, pelo menos pude torcer o pescoço dessa inverdade tão absurda que não era possível, enfim, ser deixada de pé infinitamente. Mas até hoje encontro quem imagine que montei no ministério uma sala de ginástica para minha mulher ou que dei a ela um carro com dinheiro público...

O que fazer? Depois de certo tempo, acabamos dizendo que, no universo midiático, um caso empurra o outro e o furacão passa do seu campo para o do vizinho, dando continuidade ao avanço cego, em busca de novas vítimas. Por cansaço, nos agarramos à ideia de que tudo passa e nos esquecemos, porque tudo acaba passando, principalmente quando não temos por que nos sentir culpados, como era o meu caso. Além disso, como disse há pouco com relação a Marie-Caroline, pude sair vitorioso em algumas brigas. A respeito, por exemplo, do boato aberrante lançado por *Le Figaro*, dizendo que meu livrinho *Lettre à tous ceux qui aiment l'école* (2003) custara uma fortuna para o governo, quando a metade do preço de capa de cada exemplar vendido era do ministério, sendo a outra metade do editor. Foi a única operação de comunicação sem custo algum, enquanto a menor carta dos meus predecessores – e todos eles fizeram isso – custava, no mínimo, um milhão de euros! No meu caso, não guardei direito autoral nenhum – mas *Libération* preferiu dizer o contrário, o que parecia uma completa maluquice. Essa loucura midiática não deixa de complicar consideravelmente a tarefa de um ministro, tendo que dividir o tempo todo as preocupações de longo prazo com contrariedades do cotidiano invasivo que, de repente, passa a ocupar todo o espaço.

Fiel ao princípio aroniano, segundo o qual se deve convencer antes de agir, você tinha, justamente, resolvido se dirigir diretamente aos pais de alunos, às famílias, aos professores e aos políticos eleitos, escrevendo Lettre à tous ceux qui aiment l'école *[Carta a todos que gostam da escola], um livro pequeno, publicado pela editora Odile Jacob em 2003, elogiado por muitos intelectuais pela coragem. Enquanto nas três últimas décadas a maioria dos seus predecessores tentava nos fazer acreditar que as coisas iam mais ou menos bem, com cada um procurando começar uma "grande reforma" com o próprio nome, você inverteu a lógica. Por um lado, abandonou o mito da chamada grande reforma, explicando ser melhor agir a partir de três assuntos prioritários: o domínio da língua, a luta contra a violência escolar e a revalorização do ensino profissional. Por outro lado, disse pela primeira vez que o sistema ia mal e era cada vez menos eficaz, apesar do orçamento em expansão. Lembro-me de imagens terríveis, passadas na televisão, com professores em fúria, queimando seu livro, durante uma manifestação. Era literalmente um auto de fé, e esse clima de Noite dos Cristais em plena França, em 2004, tinha algo de aterrador. Como passou por isso?*

É verdade, era a primeira vez que se queimava um livro em praça pública desde a Guerra. Confesso que me causou um efeito estranho. Fiquei ainda mais chocado pelo fato de minha carta conter um verdadeiro programa e análises de fundo que se podiam, é claro, discutir, mas não queimar. Além disso, de um extremo a outro o texto vinha impregnado do respeito autêntico que tenho por meus colegas professores: em vez de impor medidas sem os consultar nem dar explicações, propunha uma reflexão conjunta sobre o estado da escola, abrindo um grande debate nacional. Houve duas reações diante desses autos de fé, basicamente organizados pelo sindicato Sud. A primeira, bastante bem-representada por Philippe Sollers e boa parte da esquerda, consistiu, de modo geral, em dizer que era bem-feito para mim, já que nem se tratava de um livro, mas de uma vulgar maçaroca de papel, propaganda de direita etc. A segunda reação foi a de Alain Finkielkraut, por quem guardo, mesmo que fosse só por isso, eterna gratidão. Escandalizado, ele se deu ao trabalho de ler e de constatar que a *Carta* continha verdadeiras análises e verdadeiras propostas, e me convidou a falar na rádio France Culture, um gesto que me levantou o moral. Intelectuais como Philippe Raynaud, Alain-Gérard Slama e outros mais também me apoiaram, e um jornalista, Éric Conan, igualmente se destacou da massa. Sou infinitamente reconhecido a todos eles, além do que provavelmente imaginam, mas foram, devo dizer, exceções... A recepção foi ainda mais decepcionante pelo fato de, no texto, ser abordada a grave questão – que não é de direita nem de esquerda – do iletrismo.

A TRAGÉDIA DO ILETRISMO, UM FENÔMENO SOCIAL GLOBAL

Vamos justamente às suas ideias sobre a refundação da escola. No caso das demonstrações religiosas na escola, você tinha pela frente dois adversários vindicativos: de um lado, os "laicos", que acham ser preciso proibir qualquer tipo de referência religiosa na escola, ostensiva ou não; e de outro, os que apoiam o direito à diferença, dispostos a entregar as escolas à expressão das comunidades. No que se refere à sua abordagem da educação, uma vez mais estava entre os dois lados. À esquerda, descontentava os partidários do pedagogismo, para quem o aluno tem que antes de tudo viver plenamente a sua vida. Reclamavam também do quadro sombrio que fez da escola, dizendo que você procurou apenas desacreditar os professores. À direita, incomodava os neorrepublicanos, apesar de mais próximos de você – penso em pessoas como Jean-Pierre Chevènement, Régis Debray ou Jean-Louis Debré. Na verdade, nesse campo como em outros, você nunca foi a favor de restauração alguma, estava longe de querer de volta a escola dos uniformes cinza e as canetas de pena. O apoio dos neorrepublicanos, no entanto, teria sido útil, no plano midiático-político. Em resumo, você procurou escapar de todos os credos ideológicos que atrapalham a reflexão sobre a escola. Essa situação duplamente desconfortável foi um peso, e como você explica essa escolha? Inabilidade ou alguma razão profunda?

O mais fácil, para o ministro de um governo de direita, é compor com os neorrepublicanos, algo que meu delegado do Ensino Fundamental, Xavier Darcos,[2] tentou fazer. Porém, como você disse, eu não estava de um lado nem de outro. Frequentemente achava justa a crítica dos republicanos contra os pedagogos, mas não concordava com as intenções "restauradoras" que havia por trás. Não estar sempre de um lado ou de outro muitas vezes nos deixa ver as coisas por um ângulo diferente. Dito isso, prefiro me remeter a uma razão de fundo, com todo o problema da educação se resumindo, a meu ver, em saber como escapar desses dois grandes modelos ideológicos – o otimismo democrático, de um lado, e o

---

[2] Xavier Darcos foi, em seguida, ministro da Educação e, mais tarde, do Trabalho. (N.T.)

pessimismo republicano, de outro. Ambos continuam a nos cegar e nos impedem a visão da realidade. É, aliás, interessante constatar o quanto é fácil ser aplaudido ou vaiado numa sala, conforme se manipule o fundo de base da beata "renovação pedagógica" ou da contestação reacionária mais ou menos exaltada. Esse tipo de defesa do retorno da escola dos nossos avós é obviamente inepto, e as consequências do que, depois de Maio de 68, se chamou de "renovação pedagógica" foram mais calamitosas ainda. Em poucas palavras, as duas abordagens me parecem igualmente incapazes de enfrentar o problema maior, que é o do crescimento do iletrismo e, de maneira mais geral, a perda dos "fundamentos". É um fenômeno social global, com que nos deparamos.

Com o almirante Alain Béreau e o Conselho de Análise da Sociedade (CAS), que você preside, publicou-se, aliás, em 2009, um livro coletivo sobre o tema, Combattre l'illetrisme. *O que, precisamente, dizem os números?*

São alarmantes, pois mostram que um terço, pelo menos, dos alunos que entram no ensino fundamental e uma proporção equivalente de jovens de 18 anos têm dificuldade para ler. Essas avaliações, que correspondem a 800.000 pessoas por ano, revelam que 11% ou 12% delas simplesmente não sabem ler aos 18 anos, ou mal conseguem decifrar um texto. Vêm, em seguida, os leitores medíocres, que não compreendem de fato o sentido do que leem e perfazem, no mínimo, mais 10%. Depois temos cerca de 15% de leitores confiáveis, mas lentos e que provavelmente nunca lerão um livro na vida. Esses números, em geral ocultados, mostram que mais de 35% dos nossos filhos têm dificuldade para ler e escrever ao chegar à maioridade! São constatações que vieram de testes feitos para as Jornadas de Convocação de Preparação da Defesa.³

Ao chegar ao ministério, eu estava preparado para essa má notícia, mas não imaginava ser preciso lutar tanto para que simplesmente se admitisse a realidade factual, negada por muitos anos e que, aliás, continua sendo, mas de maneira menos sistemática do que há dez anos. Minha mensagem, nesse sentido, repercutiu bastante e deixou clara a dimensão do problema; provavelmente minha ação mais positiva no ministério. É sempre mais fácil recusar os fatos do que enfrentar a fúria sindical e, mais ainda, ter que tratar o problema, correndo o risco de passar por reacionário de direita, com uma só ideia na cabeça: piorar o quadro.

Na verdade, o problema crucial do iletrismo e do domínio da própria língua se coloca já no ensino fundamental, pelo fato de muitas crianças (cerca de 15%) não aprenderem a ler. Mais grave ainda: de 30% a 40% das crianças, ao entrar no ensino fundamental, se excluem do que se chamaria de leitura por prazer – quando, mesmo que se decifre um texto, não se chega a realmente captar o sentido ou, em todo caso, não suficientemente rápido para que a leitura de um romance se torne um prazer. Vejo nisso algo muito ruim, com consequências frequentemente irreparáveis, ainda mais pelo fato de nosso sistema escolar não conseguir remediar: quando a criança tem dificuldade aos sete anos, no mais das vezes vai se encontrar na mesma situação aos 17! É trágico, pois uma criança que lê e escreve mal inevitavelmente vai ter dificuldade em todas as matérias. Além disso, saltar um degrau no infantil tem consequências dramáticas, em geral, para a criança, que

---

³ Substituiu o antigo serviço militar obrigatório. (N.T.)

fica com a impressão de não ser como as outras, o que, muito facilmente, pode levá-la a se fechar em si mesma. Minha convicção pessoal é a de que o fracasso na aprendizagem da leitura serve de matriz para todos os fracassos posteriores. O laço entre as dificuldades de leitura e os comportamentos agressivos ou violentos, aliás, se comprova. As crianças em risco de serem excluídas daquilo que Hannah Arendt chama de "a vida com o pensamento" tendem, ao mesmo tempo, a perder toda a autoestima, de forma que, detestando e desprezando a si mesmas, passam a detestar e desprezar os outros.

Você falou, a respeito de iletrismo, de "fenômeno social global", que é uma expressão de Durkheim. O que quer dizer com isso?

Primeiramente, observo que o fenômeno do iletrismo não é uma especialidade francesa: ele afeta o conjunto da Europa e do mundo ocidental. E, coisa impressionante, o declínio da língua, da ortografia e da gramática concerne a todos os setores da população, no que se refere às gerações dos anos 1990. Até essa época, o nível escolar vinha sempre melhorando. Desde então, assiste-se a uma regressão generalizada, que vai do aprendizado da língua ao número de alunos saindo do sistema escolar sem qualificação, como também ao aumento da violência nas escolas. O ex-chefe de gabinete de Jack Lang, Christian Forestier, que nomeei presidente do Conselho de Avaliação da Escola, reconhecia que a escola estava "em pane" desde 1994.

Cometem-se hoje mais erros ortográficos em todos os setores da sociedade, e a dificuldade de se exprimir numa linguagem razoável atinge tanto os alunos do ensino básico quanto os do superior – todos os professores universitários sabem disso. Permita-me um exemplo: em 1995, durante a reforma de um prédio, foram por acaso encontradas 9.000 provas corrigidas do diploma do ensino fundamental de 1923-1925. Tinham sido largadas num sótão pelos arquivos departamentais da região de Somme e, com isso, não foram destruídas, como seria normal. Pensou-se então em compará-las com provas de hoje. Segundo as matérias, os resultados são evidentemente desiguais, mas no tocante à língua, a comparação não deixa dúvida alguma e as conclusões chegam a ser arrasadoras: enquanto uma criança dos anos 1920 cometia em média cinco erros por ditado, em 1995, 17 erros eram cometidos!

Da arte de incomodar tanto a esquerda quanto a direita

Para você, quais fatores podem ser culpados por semelhante evolução?

Podemos escolher, entre os mais citados, a televisão, os videogames, o computador, a falta de meios, a má formação dos professores, o método global, a massificação da escola e a presença da população imigrante... Depois de anos de reflexão sobre esse assunto espinhoso, cheguei à conclusão pessoal de que nenhum desses fatores basta para explicar o declínio da língua. Diria até que colocar o foco numa dessas variáveis impede a compreensão do fenômeno.

Acho que o iletrismo deve ser pensado a partir de duas tendências históricas expressivas: a primeira vem do *pedagogismo dos anos 1970*, quando se quis colocar a criança no centro do sistema e acabar com a ideia de que ensinar é, antes de tudo, transmitir um patrimônio, uma herança de saberes e uma maneira de agir. Só que, num ensino bem-sucedido, 90% se deve ao patrimônio e à herança, à transmissão e à tradição, com apenas 10% vindo da espontaneidade. Para dominar essa herança, é preciso manter o tradicional respeito e até a antiga "decoreba", em vez da arrogância da criança-rainha, que pode tudo reinventar. O mesmo se passa com relação às regras de bom comportamento, que também formam uma herança patrimonial. No entanto, há 40 anos todo o nosso ensino se baseia na supervalorização de métodos ativos – supervalorização de que a operação "mãos na massa" constitui um bom exemplo.[4] Dizer isso nada tem de reacionário, sobretudo pelo fato de essa mudança de orientação pedagógica se enraizar numa mutação mais antiga e profunda.

Há uma segunda tendência, afetando nossa relação com as tradições. Penso no *crescimento potencial da globalização liberal* e consumista que, justamente, teve seu apogeu nos anos 1990 e cujo avanço implicou uma desconstrução radical das autoridades e dos princípios tradicionais. Não é de espantar, então, que esse movimento de fundo tenha consequências nefastas sobre a língua e a civilidade, duas áreas que, por excelência, têm a ver com as heranças transmitidas de geração em geração. Não se trata de estigmatizar os progressos do individualismo, mas de constatar – e já evocamos isso, falando do debate entre Alain Finkielkraut e Gilles Lipovetsky, no fim dos anos 1980 – que pagamos extremamente caro, no plano escolar, por essa formidável onda de emancipação com relação às tradições. E, se há duas coisas que nenhum de nós inventou, são a língua e a civilidade. Nesse sentido, tenho a impressão de que uma atitude respeitosa, humilde e até "grata", para falar como Alain Finkielkraut, seria mais importante do que o culto da espontaneidade...

---

[4] Programa lançado em 1996 por Georges Charpak, Nobel de física, e outros, para o ensino de ciências e tecnologia no ensino fundamental. (N.T.)

Alguns professores, como François Bégaudeau, autor do livro (e depois filme de sucesso) Entre les murs, *fazem a objeção de só muito raramente terem que enfrentar casos caracterizados de incivilidade...*

Eles deveriam visitar alguns recantos do nosso belo país... Não deixa de ser verdade que quem der aula em bons liceus ou até em colégios situados em bairros centrais da cidade pode passar ao lado de uma realidade que, na verdade, afeta 10% dos locais de ensino. Nessa minoria, porém, as violências graves e o desacato são cotidianos e, literalmente, impedem o ensino. As estatísticas do ministério são, infelizmente, implacáveis nesse assunto, e uma vantagem de ser ministro é que se vê a realidade global de frente, ao contrário do que a ideologia demagógica da consagração da "prática" nos faz crer. Anualmente, desde que se informatizaram as estatísticas de transgressões na escola, quase 90.000 incidentes graves, às vezes gravíssimos (estupros, agressões com arma, violências antissemitas ou racistas), são assinalados. A dimensão desse fenômeno igualmente se mede pelo efeito que produz: uma dramática crise vocacional no ensino fundamental. Ou seja, deve-se medir com lucidez o avanço das transgressões, tanto quanto o do iletrismo, mesmo que a questão da civilidade precise antes ser tratada no seio das famílias. Para os europeus, três grandes princípios educativos servem globalmente de diretriz: o *amor*, a *lei* e as *obras*. Dito de outro modo: o elemento cristão, o elemento judeu e o elemento grego. Sem o amor, a criança fica privada da capacidade de reação diante dos infortúnios da vida, que Boris Cyrulnik chama de "resiliência". Sem a lei mosaica, ela não tem acesso ao que Lacan denomina "universo do simbólico", isto é, o espaço público e comum da cidade. Mas, sem as obras, ela não conseguirá compreender nem ela mesma nem o mundo que a circunda: estará privada dos esquemas intelectuais graças aos quais podemos nos situar num universo social, político e afetivo que, mais profundamente, permitem também que nos humanizemos.

Isso para dizer que não acredito que a instalação de portões de segurança nas escolas ou a supressão de ajudas sociais às famílias de alunos que faltem às aulas tenham qualquer efeito prático. Se quisermos eliminar a violência nos colégios, algo bem real, é preciso que os alunos – todos os alunos – consigam algum sucesso na escolaridade. Não encarar essa realidade é o mesmo que perpetuar situações intermináveis de fracasso, que acabam tornando esses jovens agressivos e violentos.

Se entendi bem, a direita e a esquerda têm responsabilidades iguais nesse fracasso. O tratamento do iletrismo deve passar por fora das divisões políticas?

Totalmente! Ligar o crescimento do iletrismo ao pedagogismo e à globalização é como observar que a direita liberal, com a defesa a todo custo do universo consumista, está em questão pelo menos tanto quanto a esquerda progressista com sua "renovação pedagógica". Ambas são responsáveis ou até objetivamente cúmplices dos males que gangrenam a escola desde os anos 1990. Por trás da renovação pedagógica havia não somente os herdeiros de 1968, mas também a maioria dos nossos liberais. Nesse ponto, os neorrepublicanos têm razão.

É mais um aspecto que fazia de você um ministro fora da norma, pois, na verdade, incomodava tanto a direita quanto a esquerda. Le Figaro o atacava tanto quanto Libération *ou* L'Humanité. *À esquerda, o chefe de gabinete de Jack Lang admitia ter-lhe deixado uma "granada pronta para explodir", com o caso do programa "empregos para jovens", que seria bastante reduzido já no início do ano administrativo seguinte, sem que se tivesse previsto qualquer alternativa, e com você tentando, então, estabelecer um estatuto real de direito público para os assistentes da educação. Resultado: deputados socialistas inscreveram 3.000 emendas, uma delas propondo proibir que um ministro escrevesse um livro... À direita, seu próprio delegado na pasta do Ensino Fundamental, Xavier Darcos, tentou desacreditá-lo diante de jornalistas, e alguns deputados do partido governamental também não deixaram de claramente manifestar irritação com sua maneira direta de falar. O que acontece em casos assim? A melhor maneira de se garantir a tranquilidade é ficar quieto e nada fazer?*

Sinceramente, como ministro não tive o menor apoio por parte da direita. Com raras exceções, ela em geral tem muita dificuldade de entender o que representa a educação e, aliás, nunca se interessa realmente, exceto no plano estritamente orçamental, para suprimir cargos e horas, como até hoje continua a fazer. Foi o que me pareceu mais constrangedor na experiência política, pois, é verdade, quanto menos se faz, melhor se vive! Parece, aliás, ser o mais indicado no Ministério da Educação, já que 95% do orçamento serve para pagar salários. Pode-se imaginar como é restrito o campo de ação possível, mas não preservá-lo significa contribuir para o desaparecimento do político por trás da contabilidade. À direita, muitos queriam me ver descer por esse caminho, mas como pessoalmente não tinha a menor intenção de fazer carreira na política, acreditei mais na missão ministerial do que os profissionais.

O QUE SIGNIFICA APRENDER E ENSINAR

Professores do fundamental poderiam alegar que um real avanço de qualquer forma se operou, há três décadas, com o pedagogismo, num contexto em que, para muitos alunos vindos de meios desfavorecidos, os métodos tradicionais não funcionavam mais, e que esse avanço veio pela preocupação em ajudar alunos que se sentiam perdidos. Sobre o que significa ensinar, poderiam também dizer que, em sala de aula, não se trata de colocar o aluno no centro das atenções, mas sim de conectá-lo ao curso. Ou seja: se ele não o segue, deve-se buscá-lo. E, para que ele se interesse pelas aulas, é preciso ouvi-lo. O que você responderia a essas objeções?

Nunca disse nem achei os "pedagogos" imbecis. Philippe Meirieu, que é um arquétipo deles, é muito inteligente. Só que a ideologia pedagogista, cheia de boas intenções, está errada. Entendo perfeitamente ser preciso buscar o aluno – com isso, concordo plenamente. Quem gosta dos seus alunos precisa se adaptar e navegar, como se diz, conforme os ventos. Aliás, se puséssemos nossos neorrepublicanos extremados numa sala de aula do ensino fundamental de hoje, posso apostar que a maioria sairia vestindo saiotes de balé! Mesmo assim, pode-se reivindicar o direito de apreciar as aulas dadas por professores e, principalmente, sustentar a ideia de que estão ali para educar os alunos e não para se nivelar a eles; para transmitir saberes e não para ocupar o lugar de assistentes sociais ou de pais incompetentes. Como disse, tive a sorte de ter alguns "grandes professores". E o que eles faziam? Transmitiam com paixão o gosto pelo esforço, pois nos levavam a áreas que nem sequer imaginávamos existir. O grande professor é muito frequentemente o contrário de um democrata: é um indivíduo carismático do qual é possível que não apreciemos os métodos em política...

Quais são exatamente as principais ideias erradas de que acusa o pedagogismo?

Cito quatro. O primeiro grande erro, sobre o qual se elaborou toda a pedagogia moderna, consistiu em *supervalorizar os métodos ditos ativos*, a ideia de que as crianças se autoconstruiriam. Daí toda uma série de métodos em princípio simpáticos, lúdicos e inovadores, motivados pela convicção de os alunos poderem tudo descobrir e reconstruir por conta própria, pois só teriam real domínio sobre o que tivessem "fabricado". Essa pretensa autoconstrução dos saberes (autoditados, trabalho sobre documentos, "mãos à massa" etc.) contém, a meu ver, um imenso perigo, por poder destruir, sem que se perceba, a parte de herança que é tão preciosa quando se estuda a língua ou a história. Pois ninguém inventou a própria língua materna, que eu saiba. Aplique as tão valorizadas criatividade, imaginação e espontaneidade no aprendizado da língua, da civilidade ou da história: vai colher erros ortográficos e gramaticais, grosserias flagrantes e crassa ignorância. As regras da gramática, como as da educação, representam um patrimônio, uma transmissão que pressupõe, por parte das crianças, certa capacidade receptiva e até certa humildade. Quando os alunos mutuamente se tratam de "árabe sujo" ou de "judeu fedorento" no pátio do recreio, com se fossem xingamentos leves, como se chamassem de imbecil ou de cretino, não têm mais um fiapo de consciência do peso histórico dessas expressões. A autoconstrução dos saberes e das normas é uma bonita ideia, mas uma ideia errada.

O segundo erro da renovação pedagógica foi a convicção de ser preciso, de início, seduzir os alunos para que, em seguida, se interessassem; motivá-los num primeiro momento, com diversos enganabobo, para, num segundo momento, eles se aplicarem no estudo. Todos se puseram, então, nos anos 1970, a fabricar uma variedade de anzóis e iscas, para fisgar os alunos como se pescam peixes — o que chamo *pedagogia do anzol*. Para mim, trata-se da ilusão pedagógica por excelência. Tenta-se "motivar" o aluno, abandonando a pedagogia do esforço em prol da pedagogia da brincadeira ou do "despertar". Ainda aí, a ideia não é *a priori* ininteligente, mas não funciona. A verdade está no contrário disso: só interessa aquilo que custou um esforço. Disciplina nenhuma é apaixonante à primeira vista e não conheço meio algum de fazer uma criança estudar que não exija um mínimo de autoridade. Em casa, é a mesma coisa: chega uma hora em que sou obrigado a desligar a televisão e, se necessário, levantar um pouco a voz, para que minhas filhas estudem. Com o tempo é que se começa a compreender e a conhecer história, geografia, biologia e física e só então essas matérias podem se tornar interessantes, e não *a priori*, por teatrinhos feitos para as crianças! A própria ideia republicana é que foi posta em questão com o pedagogismo, pois a noção de esforço é análoga, em pedagogia, ao direito de voto, no plano político. Essa analogia tem uma profundidade abissal. Para esclarecer tudo o que envolve essa discussão, é preciso lembrar que, desde o século XVIII, três grandes modelos pedagógicos já se colocavam filosoficamente, todos ligados a determinada opção política. É, aliás, o que explica a extraordinária agressividade que continua ainda acompanhando os debates sobre a escola.

O primeiro modelo, ligado ao nascimento das primeiras teorias anarquistas, é o da pedagogia do *jogo*, como, por exemplo, o de xadrez, para o ensino da matemática. Segundo modelo: a pedagogia do *amestramento*, que tem sua equivalência política no absolutismo e na monarquia. Terceiro modelo – a pedagogia do *trabalho* – tenta conciliar aquelas duas perspectivas e fazer uma síntese. Esse terceiro modelo ficou ligado à concepção republicana da lei: ao votarmos, somos livres e ativos; uma vez feita a votação, a lei se aplica, e passamos a obedecer passivamente. Esse modelo tem, então, seu equivalente pedagógico na noção-chave de esforço: confrontar-se à necessidade, aplicar-se *livremente* a obstáculos que não vêm da autoridade, mas das coisas e da realidade propriamente. É o sentido dos "problemas" que o mestre-escola coloca aos alunos: obstáculos cabíveis, obstáculos cuja superação se revela produtiva e formadora. É superando livremente esses obstáculos que se aprende, se *educa*[5] e se civiliza. Nesse trabalho, como no voto de uma lei, somos ativos e passivos, livres e coagidos, e é essa tensão que é formadora, que educa e eleva a criança à cidadania. A renovação pedagógica perdeu essa dimensão.

E voltamos ao ideal republicano...

Essa pedagogia do esforço, e não da plenitude prazerosa, é consubstancial a esse ideal. Com a emergência do ideal republicano, viu-se, pela primeira vez, aparecer a ideia de que um homem que não trabalha não é somente um homem pobre por lhe faltarem recursos, é também um pobre homem no sentido de não se cultivar, não se civilizar. Em sua origem, essa concepção emancipadora do trabalho enquanto esforço é inseparavelmente democrática e republicana.

Ora, com o recente e espetacular avanço do individualismo nas sociedades ocidentais, o essencial não está mais em se confrontar a normas coletivas externas a si próprio e, assim sendo, "impositivas", mas em alcançar a expressão de si próprio. *Be yourself!* é, mais ou menos, o único imperativo que subsiste. Com estas duas consequências maiores, bastante dramáticas no plano educativo: por um lado a recusa de toda forma de autoridade, inclusive a do trabalho, em prol do hedonismo, e, por outro lado, o culto da diferença – se o seu

---

[5] Em francês, *s'élever* significa também "se alçar", "se elevar". Mais adiante, L.F. vai se servir ainda dessa ambivalência, sendo "o aluno", "l'élève", "que se alça". (N.T.)

objetivo é ser você mesmo, toda normatividade coletiva, a dos programas também, forçosamente parece uma maneira mais ou menos insidiosa de alienação. O que mostra, uma vez mais, que a renovação pedagógica estava em plena ilusão ideológica.

O terceiro erro está diretamente ligado ao segundo, à ideia de que a motivação ou o interesse devam absolutamente vir antes do esforço. Como disse, é o inverso disso que, em geral, é verdadeiro: nós nos motivamos pelo esforço, e não o contrário. Resumindo, *o esforço precede o interesse*. Ou seja, é o contrário da lógica do anzol, que reza ser preciso antes atrair as crianças, achando que com isso elas vão se esforçar mais tarde, uma vez presas à isca. Por ter sido esquecida, viu-se surgir — terceiro erro — uma nova missão moral, uma visão segundo a qual a meta da escola não é mais a de educar, mas sim a de fazer desabrochar, o que é totalmente diferente. Mais outra vez, pode-se ver como a valorização do esforço é uma ideia republicana e compreender por que a criança, na escola, se chama "aluno",[6] alguém a quem se procura levar ou alçar à realização de ideais superiores. Meta: que todos nos tornemos *outro* além do que éramos anteriormente. E é exatamente o que a ideologia pós-1968 denunciou como alienação: para ela, o objetivo deixava de ser se tornar outro (alienação), para se tornar si mesmo. A revolução pedagógica visava, então, fazer a criança se tornar ela mesma. Daí a explícita preferência por dispositivos cultuando a autoexpressão mais do que a assimilação das heranças transmitidas, o espírito crítico mais do que o respeito pela autoridade, a espontaneidade mais do que a receptividade, a inovação mais do que a tradição. Não que tais qualidades sejam negativas em

---

[6] Cf. nota anterior. (N.T.).

si, longe disso. O problema se cria pelo fato de ser a própria ideia de norma superior ao indivíduo ou de valores comuns que se encontram na berlinda, sem contar que essa abordagem tende a perpetuar as desigualdades sociais, fechando, precisamente, os alunos naquilo que eles são.

O último erro está estreitamente ligado aos três primeiros e reside numa espécie de "juvenismo", uma ideologia funesta, segundo a qual crescer, se tornar "gente grande", para falar como o Pequeno Príncipe, é um desastre. Essa concepção se choca com a própria ideia de educação que, com toda evidência, consiste, antes de tudo, em passar da infância à idade adulta. Na contramão disso, há décadas não paramos de querer prender nossos filhos na infância. Como, nessas condições, se apaixonar por história, por línguas ou por literatura? São entusiasmos que exigem disciplina do corpo e do espírito, um rigor intelectual e esforço de reflexão, de concentração e de pensamento. Sem isso, o universo da alta cultura não pode revelar sua riqueza e seu interesse. Torna-se inacessível ou até pior: torna-se detestável. Que então as crianças se lancem à televisão é bastante compreensível, mas vejo nisso mais um efeito do que a causa da falência do ensino. Deve-se, pelo contrário, incentivar as crianças a deixar o mundo de Peter Pan, o menino que não queria crescer, e compreender que o universo dos adultos é provavelmente mais rico, mais profundo, mais intenso e mais apaixonante do que o dos pequenos. Prova disso: ninguém é grande poeta, grande esportista nem grande artista aos dez anos... O juvenismo constitui a própria negação da educação.

Será que sou um idealista?

Até certo ponto, porém, não se deve deixar expressar essa espontaneidade dos alunos? Assim como à tradição que se expressa através deles, aliás, para que

O ANTICONFORMISTA

ela possa, justamente, ser perturbada, questionada, diferentemente enquadrada ou modificada pelo professor?

Com certeza, você tem toda razão e nem tudo, é claro, está errado na renovação pedagógica. No fundo, é uma simples questão de bom senso: trata-se de saber para onde apontar o cursor. O ensino é uma arte e não uma ciência. Deve-se perceber o momento em que é preciso se adaptar, diminuir o ritmo, eventualmente divertir, mas também educar e pressionar. É a ideologia global que, no caso, soa mal. Jacques Lacan dizia do inconsciente: "isso fala em mim", e, como dissemos, falando do pensamento 68, a expressão vem de *Les Déracinés*, de Maurice Barrès, provavelmente, um dos livros mais marcantes jamais escritos sobre o conflito entre a pedagogia tradicional e a pedagogia republicana. A história contada por Barrès é a de um professor de filosofia da cidade de Nancy, kantiano e robespierrista, que leva alunos a Paris, símbolo da cultura universal, para que se deem conta e percam seus provincianismos mais marcados. Estamos em plena elevação republicana, ou mesmo alienação, uma vez que esse professor propõe que os alunos se tornem "outros", além do que eram inicialmente. Barrès, como bom pensador de extrema direita, era evidentemente contrário à pedagogia republicana e procura, a todo custo, mostrar que os jovens que deixam suas comunidades de origem terão, por isso mesmo, destinos horríveis, exceto aqueles que voltam a seus bons e velhos territórios... No fundo, é o conflito entre o desenraizamento republicano universalista e o enraizamento comunitarista, trazido de volta à cena pelos renovadores que, curiosamente, se veem do lado de Maurice Barrès, do lado do *Be yourself!*, do enraizamento em seu próprio meio ou subjetividade. É isso que me incomoda.

Às vezes o criticam por ser "idealista" demais em sua concepção da educação. Isso o irrita?

Não, de forma alguma, e assumo: a posição idealista, em mim, é uma escolha claramente pensada. É fácil perceber, até na questão da educação, que existem duas grandes tradições filosóficas: a tradição materialista e a tradição idealista, que têm suas referências próprias. Do lado dos materialistas, temos os sofistas e os epicuristas, Gassendi mais do que Descartes, Spinoza mais do que Leibniz, Marx e Nietzsche mais do que Kant e Hegel. Do lado dos idealistas, em contrapartida, encontram-se Platão, Kant, Descartes e Husserl. Se uma dessas duas famílias de pensamento fosse mais verdadeira ou mais "realista" do que a outra, já saberíamos, passado tanto tempo!

Minha intenção, repito, não é a de dar vitória a um Kant revisitado: é a de tentar compreender por que certo número de pessoas de boa fé, e tão inteligentes quanto eu, preferiu se estabelecer nessa tradição materialista, que a mim parece tão estranha. De onde vem tanta paixão por Spinoza, por exemplo, que mal consigo ler de tanto que me parece, a cada frase, atolado em contradições performativas insuperáveis, a começar pela que consiste em negar livremente a liberdade ou confundir o real e o possível? Foi a partir dessa interrogação que tentei contar a história da filosofia de outra forma, como um diálogo incessantemente recomeçado entre essas duas tradições. Daí a noção de "pensamento alargado" *(ver capítulo 10)*, que comecei a elaborar em *Aprender a viver* (2006), livro que publiquei depois de ter passado pelo Ministério. Sempre procurei compreender as ideias que não compartilho, compreender por que uns se estabelecem em determinada tradição e outros não, em vez de dizer: "Vou quebrar a cara dos adversários, demonstrar que tenho razão e que meus argumentos são melhores!"

O ANTICONFORMISTA

Por exemplo, pegue o *amor fati*, em Nietzsche, esse grande tema da reconciliação com o mundo, que domina a sensibilidade materialista e que já se encontrava nos estoicos e em Spinoza: como sair dessas "paixões tristes" que são a culpa e a esperança, que nos estragam o presente e nos levam a condenar a vida em nome de um ideal passado ou futuro? Na verdade, acho que a tradição materialista é uma maravilhosa ilustração desses momentos de graça que todos conhecemos na vida, esses momentos raros em que temos a impressão de ser feliz, em harmonia com a ordem do mundo, de não estar na labuta da sua infinita transformação. À minha filha, expliquei da seguinte maneira: quando mergulhamos no mar para olhar os peixes, estamos mais no *amor fati* e na beatitude spinozista; já como ministro da Educação Nacional, nós nos situamos mais na perspectiva da vontade ou da transformação do mundo.

Esses dois espaços de pensamento, o materialismo e o idealismo, se remetem, creio, a duas experiências humanas, ambas perfeitamente justas. E isso leva a pensar a história da filosofia de maneira nova e a sair das duas abordagens normalmente praticadas: de um lado, a visão sintética e harmônica, *à* Hegel, e, de outro, a visão conflituosa e "contracultural", que consiste em ver, na história da filosofia, algo como a perseguição da luta de classes, por outros meios. Essas duas abordagens não escapam de certa paranoia. A noção de "pensamento alargado", por sua vez, me parece mais justa com relação à experiência filosófica, entendida como experiência humana. É provável que certas angústias ou paixões primeiras nos incitem a habitar determinado universo filosófico e não outro. Parece-me totalmente legítimo. O verdadeiro problema seria o de saber por que essas divergências afetivas desencadeiam tanto ódio...

Para você, se fosse preciso enumerar, em poucos tópicos, quais seriam as áreas prioritárias sobre as quais qualquer ministro da Educação deveria, hoje, se debruçar?

Honestamente, as pastas essenciais que marquei na minha própria agenda nada mudaram, desde então. Há o iletrismo e a cada vez maior falta de civilidade, mas também a reabilitação urgente da profissão, a crise vocacional no ensino fundamental e a luta contra o crescente abandono da escola antes do diploma. Nessas grandes áreas de trabalho, seriam necessários no mínimo cinco anos para começar a realmente entrar no problema. Só que todos os governos, de direita e de esquerda, percebem a educação como uma pedra no sapato: pesa muito no orçamento e comporta um permanente risco político. Daí a ciranda de ministros – quatro, desde que saí em 2004, o que é absurdo e único no mundo! Essa ciranda programada é um desastre: não somente leva à sensação de que o "mamute" é irreformável, mas também impede qualquer ação de fundo. Assim sendo, o ministro que assume em maio (como foi o caso dos cinco últimos) e com o início do ano letivo e administrativo, em setembro, já determinado, nada pode fazer de substancial por mais de um ano e meio. E esse período corresponde à vida média de duração de um ministro da Educação na V República – apenas o tempo necessário de nada fazer!

O outro problema vem do fato de cada ministro inevitavelmente vir com o projeto de executar *a* grande reforma – do ensino básico –, o que é absurdo e impossível. Não é em grande reforma que se deve pensar, mas sim em quatro ou cinco pastas prioritárias, trabalhadas em separado e sem agitar o espectro da mudança geral que, toda vez, levanta oposições sindicais e mobiliza a nação contra o governo. Além disso, seria uma boa coisa não obrigar o ministro da Educação, assim que empossado, a suprimir postos que, na verdade, geram ganhos mínimos, se comparados aos custos que se fazem de maneira insensata, o que, invariavelmente, leva o ministro a um impasse. Como lembrete, saiba que a supressão da publicidade nos canais estatais de televisão custa cem vezes mais do que o Estado economiza com a supressão de postos. Acha isso inteligente? Três meses depois de assumir, fui atropelado, de forma definitiva, pela supressão totalmente absurda de 5.600 cargos de auxiliares nas escolas. Foi uma imposição do primeiro-ministro. Por mais que eu explicasse que a medida era inócua e, aliás, politicamente suicida, nada adiantou: recebi a decisão pelo correio! Hoje, com a direita há anos no poder, os déficits públicos triplicaram, com relação à época em que fui ministro. Quando me lembro de que me acusaram permanentemente de ter vindo da sociedade civil, que era um amador...

E se precisasse formular, hoje, algumas propostas bem concretas?

É preciso urgentemente – como comecei a fazer, em grande escala, para 75.000 alunos – dobrar as turmas de alfabetização em todas as escolas socialmente difíceis na França, aquelas que não conseguem fazer com que pelo menos 50% dos alunos possam razoavelmente ler ao entrar no ensino fundamental. Isso permitiria ao professor diagnosticar a aparição do mal e rapidamente remediar – quando se sabe que 80% das crianças que perdem o curso da alfabetização acabam nunca aprendendo realmente a ler, o resultado bem que vale o esforço. Essa reforma, que eu havia começado, infelizmente foi anulada logo depois que deixei o cargo. É mais do que lamentável – é insensato –, ainda mais porque esses grupos de dez ou 12 alunos podem ser assumidos por assistentes de educação, contratados pelo programa "empregos para jovens" e colocados sob a supervisão dos professores, com a vantagem suplementar de não ter custo algum.

Mais recentemente, fui assistir a uma condecoração de Legião de Honra e encontrei alguns ex-reitores, com mandato nos anos em que fui ministro. Um deles se aproximou e, constrangido, disse ter uma confissão a fazer: "Quando você deu início à duplicação das turmas de alfabetização, foi traído pela tecnoestrutura. Os reitores, eu entre eles, não tínhamos muito tempo para isso nem tanta vontade assim e, então, houve certa manipulação: em vez de dobrar as turmas nas áreas consideradas difíceis, contamos como turmas duplicadas todas que tivessem 12 ou 13 alunos, desfigurando muito o seu projeto, desviando-o das escolas em dificuldade. Com isso, as estatísticas se alteraram, mas a ideia era muito boa." Apesar de me sentir grato ao reitor por contar aquilo, na verdade a confissão me deprimiu. Mas vejo que era mesmo o que se devia fazer e espero que um dos meus sucessores, um pouco mais ambicioso que os outros, se dedique seriamente a esse problema do iletrismo. Até agora, nada rigorosamente se fez nesse sentido, além da confirmação de algumas boas intenções...

Muitos alunos do ensino fundamental, aliás, não estão mais "em dificuldade": estão em completa ruptura com tudo! E, nesse ponto, estou convencido de não ser boa coisa deixar professores à frente de turmas impossíveis de serem controladas, de tanto que são heterogêneas e com tantos níveis diferentes. Diante dessa situação, a solução, é claro, não é a de se restabelecer o aprendizado aos 14 anos – um absurdo, em todos os sentidos –, mas sim criar turmas de alternância, já na segunda série do fundamental, entre colégios e empresas, colégios e liceus profissionalizantes, e dotar esse dispositivo de canais de excelência no encaminhamento profissional – o equivalente das chamadas Grandes Escolas técnicas ou das triagens que se fazem no ensino médio para essas escolas. E isso para todas as carreiras em que a França se sobressai: construção naval, alta-costura, gastronomia, automóveis, programas informáticos de jogos etc. Deixemos de hipocrisia: no momento, frequentemente é por falta de outra opção que os pais matriculam o filho num liceu técnico. Seria bom que um jovem ingressando num grande liceu profissionalizante sinta quase fisicamente poder ir longe, até para ter uma carreira prestigiosa que traga reconhecimento e boas chances para ganhar a vida.

Além de desenvolver esse tutorado, seria preciso, enfim, criar meios de se estabelecer uma fórmula que funciona muito bem na Inglaterra: uma "escola para os pais", abrindo turmas à noite que expliquem como podem ajudar os filhos. Uma coisa é certa: no último relatório sobre a Educação Nacional, publicado em maio de 2010, o Tribunal de Contas diagnosticou uma discrepância assustadora – assustadora, pois aumenta a cada ano – entre os meios investidos e os resultados obtidos.

Uma vez mais, não se trata de retroceder, mas de revalorizar a educação, tanto em seus meios (o gesto educativo consiste em transmitir um patrimônio que é preciso se adquirir pelo esforço) quanto em sua finalidade (o acesso à idade adulta). Em matéria educativa, como em outras, a equação filosófica maior permanece a seguinte: como fazer reviver a promessa de emancipação trazida pela ideia republicana, mas projetando-a no futuro e não entocada na nostalgia de um passado que ficou para trás.

O QUE PODE FAZER UM MINISTRO?

Por todos os motivos que acabamos de mencionar – ausência de continuidade das ações, limitações ligadas à democracia de opinião pública alimentada pela imprensa etc. – você diria que a profissão de político é hoje uma das mais difíceis do mundo? Quais são, aliás, as outras grandes limitações que os deixam de mãos amarradas quando ocupam um cargo e que, consequentemente, fragilizam o que você chama de "governabilidade das democracias"? Ou seja, o que a passagem pela política lhe ensinou sobre o poder real de que dispõe, hoje, um ministro?

Que a profissão de político seja, atualmente, uma das mais difíceis do mundo me parece evidente. Os executivos de empresas, que sempre criticam os políticos por falta de coragem, não se dão conta de se tratar de profissões completamente diferentes. Primeiro por permanentemente ser preciso levar em consideração a opinião pública – estamos num país democrático e não na China. Em seguida, e para me restringir à Educação, mas isso vale para outros setores, não se pode, como numa empresa, "despedir" alguém. O ministro da Educação tem que se preocupar com todos os alunos e contar com todos os professores, mesmo os sindicalizados do Sud, que cospem nele e queimam seus livros. Um executivo pode virar as costas, não o ministro! É preciso contar também com os efeitos causados pela progressiva mutação do Estado em Estado-ibope. Primeira dificuldade: as deformações permanentes veiculadas pela mídia que, muitas vezes, dizem qualquer coisa – nunca, por exemplo, li um artigo do *Libération* sobre o meu orçamento sem, no mínimo, dois ou três erros imperdoáveis –, e não me refiro a divergências de ideias, simplesmente a dados factuais.

Duas outras dificuldades se apresentam ainda nessa área: uma vem do fato de que, quando você é atacado por boatos, em geral é impossível corrigir a situação, sendo o desmentido inútil e, muitas vezes, prejudicial. De fato, divulgar uma nota nesse sentido em geral só serve para ampliar o boato e informar os que ainda não estão a par – e que partem do princípio de que onde há fumaça há fogo. Estabelece-se então o dilema: deixar rolar ou, pelo contrário, ceder ao que dizem as pessoas em volta, que em geral consideram que não responder pode levar a que se pense haver "algo"? É outro aspecto do que eu disse com relação às diferenças entre os setores público e privado. O político não tem o menor controle sobre as "suas" tropas que, de maneira geral, são hostis. Pode-se imaginar um ministro da Educação Nacional botando na rua quem ele, por exemplo, considerar maus professores ou funcionários medíocres? Ao contrário ainda do que se passa no privado, quanto mais clientes se têm, menos a coisa funciona! Não é por termos 12,5 milhões de alunos que o sistema funciona melhor do que se tivéssemos um milhão. Funciona até muito pior, tornando aberrante a comparação que tanto agrada à direita, entre um diretor de liceu e um executivo.

Um ministro superexposto, permanentemente fotografado e obrigado a prestar contas a cada segundo, não pode ter as mãos livres. Para dar uma ideia aproximativa, calculei ter tido em média, durante toda a duração do meu ministério, seis participações públicas por dia. Entendo por isso participações em que a mídia está ou pode estar presente – discursos oficiais, depoimentos na Câmara, entrega de condecorações, programas de rádio ou de televisão, conversa com a imprensa etc. Nesse ritmo, conseguir não dizer uma besteira, pelo menos uma por semana, seria uma façanha. Nessas condições, não é de espantar que certos ministérios funcionem como agências de publicidade e que a vida política tenda a cair na comunicação a ponto de, às vezes, se limitar a isso. O prejuízo é geral: a maioria dos políticos se cerca de uma horda de assessores de imprensa e preferem falar sem dizer nada a ser sincero ou se exprimir sem leitura de notas – o que foi o meu caso –, com o risco de cometer gafes e outras derrapadas que literalmente entusiasmam a mídia e nos lançam na tormenta.

Na verdade, saí do ministério com essa questão que, desde então, não para de me preocupar: o que fazer para que o Estado, visto como auxiliar da sociedade civil, não se transforme – transformação que vivi quase fisicamente durante aqueles dois anos – em Estado-ibope, que formata com antecedência comportamentos e discursos, apaga todas as asperezas e, finalmente, rebaixa a política à encenação de ações mais ou menos fictícias, para não dizer à pura comunicação?

Alguns ministérios, nesse sentido, não são menos expostos que outros?

Sem dúvida. Quando se trata do Ministério das Questões Europeias, por exemplo, ou mesmo o do Exterior, não se tem manifestantes nem sindicatos pressionando e tudo se passa mais ou menos à sombra. Um secretário de Estado do Turismo ou do Esporte pode trabalhar despreocupado, ou só se for procurar complicações ou quiser a todo custo aparecer. No que me concerne, tinha em mãos quatro ministérios num só – Educação, Pesquisa, Ensino Superior e Juventude – e isso num momento particularmente difícil, pois o presidente Jacques Chirac se elegera no segundo turno contra Le Pen, da extrema direita, e a esquerda queria vingança. Alguns dos meus antecessores já haviam recebido juntos a Educação e o Superior, mas sem a Juventude. E esse último ministério cobre todos os centros de educação popular e os centros de férias, um universo com dirigentes e militantes que não têm fama de serem simpatizantes de direita. Observe-se, por exemplo, que o Ministério da Juventude ocupou Martin Hirsch em tempo integral, entre 2007 e 2010.

O ANTICONFORMISTA

Deixando a pressão midiática, voltemos às outras limitações que um ministro enfrenta na prática cotidiana. Penso na experiência dolorosa do pouco que se pode fazer na área pública, por motivos, sobretudo, de restrições orçamentárias...

As restrições orçamentárias são enormes. Na verdade, é o que primeiro paralisa a ação de um ministro, num governo de direita. À esquerda, tudo é diferente. Jack Lang, por exemplo, dispunha de um plano plurianual de criação de cargos que eu adoraria ter: com algo assim, poderia fazer o que quisesse sem que nem por isso se organizassem passeatas na rua. Assim que o primeiro-ministro me avisou que seria preciso suprimir 5.600 postos, vi que estava morto. Tive a escolha entre suprimir cargos de professor (ideia que recusei) e de auxiliares de vigilância (medida absurda num governo que pretendia fazer da segurança e da autoridade seus pontos fortes). Como era de esperar, a partir de julho eu estava na fogueira. Tudo isso para economizar migalhas... Foi totalmente imbecil: uma economia que mal chegava a 150 milhões de euros, num orçamento de 66 bilhões, o que representa muito pouco, e em três ou quarto anos eu poderia gerar uma economia 15 vezes maior, sem prejudicar ninguém nem o sistema. Mas o pensamento a curto prazo e a necessidade de propagandear resultados têm toda primazia. Suprimiram-se "empregos para jovens" indiscriminadamente, por pura ideologia. Cheguei a dizer ao ministro do Planejamento, Alain Lambert: "Você vai ver, posso apostar que em pouco tempo vão voltar atrás" e, é verdade, o "plano Borloo" restabeleceu os "empregos para jovens" que tinham sido suprimidos: centenas de milhares de pessoas foram às ruas e perdi o cargo – tudo isso para nada. Como disse, naquele momento compreendi que os grandes "profissionais" da política podem ser uma nulidade e que tudo se passa na comunicação, na divulgação, na ideologia. Quero deixar claro: todos os déficits públicos explodiram como nunca antes na história da França em tempo de paz; a escola vai pior do que nunca, os subúrbios também, e a direita está no poder há décadas! E com políticos de carreira, profissionais, que não vêm da sociedade civil. No entanto, posso afirmar: é uma pena...

Em poucas palavras, que balanço faz o professor de ciência política que você é desses dois anos de prática real da política? Veria nisso uma experiência quase tão decisiva quanto a da paternidade, no seu itinerário pessoal?

No final, digo isso para me consolar, a título puramente egoísta, deixei o ministério com uma taxa de opiniões favoráveis superior a 50%, o que, considerando as dificuldades por que passei, não é tão mal. Acho que muitas pessoas entenderam que fiz o que podia, mas tive pela frente a resistência dos "grandes profissionais". Se, sob a presidência de Jacques Chirac, houvesse um campeonato mundial da marcha a ré, certamente teríamos ganhado! A covardia e a demagogia eram a regra absoluta de governança, e uma parte do público compreendeu que eu não tinha feito esse jogo. Dito isso, não tenho remorsos nem lamento. Sobre o andar do mundo, acredito que sei hoje mil vezes mais do que quando entrei. Por dois anos, administrei o maior orçamento do Estado, eu que mal era capaz de fazer sozinho minha declaração para o imposto de renda. Aprendi mais sobre globalização e economia do que teria aprendido em 20 anos de estudo. Só que a meta não era a minha formação pessoal nem sair inteiro, mas a de fazer as coisas avançarem e, com relação a isso, foi um fracasso. Aliás, é o caso também para a totalidade dos meus sucessores, que nada fizeram de significativo. É o que mais desola.

O ANTICONFORMISTA

Do ministério a *Aprender a viver* (2006): a travessia do deserto

Entre a sua saída do ministério, em 2004, e o maravilhoso sucesso de Aprender a viver, *em 2006, se passaram dois anos. Como passou esse período? A aterrissagem não deve ter sido fácil. Soube que viveu essa fase como uma "travessia do deserto". E, sabemos, essas travessias são muitas vezes frutuosas...*

Eu tinha, é verdade, perdido quase tudo. Não sendo herdeiro, nem contava com apartamento próprio. Tivemos que conseguir um com toda urgência. Marie-Caroline, bem mais afetada do que eu por tudo aquilo – sendo ministro, eu podia ainda agir e reagir –, foi admirável. É como se descobre que alguém nos ama de verdade. Manteve a família "no braço" com alegria e eficiência sempre distribuídas e onde se mostrassem necessárias. No tocante a mim, estava sem trabalho, sem carro e sem posição, somente a de escritor, mas sem saber se a passagem pelo ministério não teria arruinado não o meu espírito, mas o do público com relação a mim: política e filosofia não dão necessariamente boa combinação. Sentia ter mil coisas a dizer e a escrever, ter até aprendido e progredido muito, mas não sabia se ainda me dariam ouvidos.

De jeito nenhum estou reclamando: quem não gosta de água não deve escolher ser marinheiro. Posso dizer que foi de fato uma experiência quase tão interessante quanto a do ministério. Um dos meus editores, preocupado em esclarecer as coisas, achou que eu estava definitivamente enterrado e marginalizado, sendo impossível voltar atrás, e que eu devia levar isso em conta e me preparar. Muitos dos que vinham a jantares no ministério e diziam me achar o máximo, desapareceram completamente... Apesar das inúmeras cartas de apoio, estávamos completamente sozinhos. Você pode dizer que eu, de qualquer forma, era professor universitário e tinha, então, uma margem de segurança. Na prática, porém, não podia pôr os pés numa faculdade sem ter pela frente o inevitável cortejo do Sud e outros militantes, que queriam a qualquer preço me pôr para fora *manu militari*, com se eu fosse um fascista. Saiba que durante todo o ano de 2005 não pude dar uma única conferência pública: todas foram interrompidas por idiotas com barras de ferro ou pedaços de pau. É incrível, mas é verdade. A filósofa Monique Canto-Sperber, diretora da École Normale Supérieure pode confirmar, assim como livreiros de Rennes, que tiveram que me deixar sair pelas portas dos fundos, para escapar de uma multidão de esquerdoides em delírio. Em Jussieu, minha universidade, não me deixariam andar nem três metros...

Antes do ministério, eu era presidente do Conselho Nacional dos Programas e tinha uma coluna na revista *Point*. Saindo, perdi essas duas funções. Não restava mais nada. Franz-Olivier Gisbert, chefão da *Point*, que havia prometido me reintegrar assim que eu saísse, simplesmente não cumpriu a promessa. Tinha, no entanto, garantido, até na televisão, no programa de Michel Dricker, *Vivement dimanche*, em que estava sendo entrevistado sobre o tema: "Seu lugar está bem-guardado..." Resumindo, não havia mais lugar para mim na cidade. Jean-Pierre Raffarin me propôs um cargo como embaixador, que recusei pela obrigação de censura: não poderia mais escrever ensaios sem ter o *imprimatur*, e isso, para mim, era impossível. Colocou-me então no Conselho Econômico e Social e me nomeou à frente do Conselho de Análise da Sociedade (CAS), um *think tank* que ainda presido e me permitiu ficar distante da universidade. Fiz o melhor que pude nessas duas instituições e voltei a escrever.

O ANTICONFORMISTA

Um editor, Olivier Orban, acreditava ainda em mim e sou-lhe imensamente grato. Mantive-me bem-comportado por dois anos e trabalhei ao máximo nos meus livros. Um dia, Alain Duhamel e Jean-Pierre Elkabbach, que eu mal conhecia, me convidaram para um almoço no Récamier. Queriam que eu falasse um pouco de toda essa história – um almoço simpático e amigável. Acho que foi Alain Duhamel que sugeriu que eu assumisse o lugar de Claude Imbert, no canal LCI, no programa que semanalmente o opunha a Jacques Julliard, com apresentação de Jean-François Rabilloud. Eu ouvira dizer que Claude Imbert queria deixar o programa por motivos pessoais e procurava um substituto. Foi como me vi diante de Jacques Julliard. O convívio não seria dos mais óbvios, longe disso. Foi uma ótima surpresa para mim e acho que para ele também. Acabamos amigos, superando desacordos políticos bem reais. Com seu incomparável talento e a humildade de quem realmente é inteligente, Jean-François Rabilloud ajudou muito. O programa fez sucesso. Rapidamente me trouxe de volta à cena e impediu que eu afundasse.

Ao mesmo tempo, eu trabalhava escrevendo *Aprender a viver*, que começou como um curso que eu tinha preparado para toda a família de Dominique de Villepin, a pedido dele, numas férias que passamos juntos, um ano antes. Provavelmente é um dos meus melhores livros e vendeu, na França, mais de 400.000 exemplares. Isso me deu vida nova e, principalmente, me permitiu manter a independência. Depois, na campanha para a eleição presidencial de 2007, Nicolas Sarkozy gentilmente me propôs, caso vencesse, voltar ao governo como ministro para as Universidades. Mais tarde me propôs, como já disse, figurar na listagem do seu partido, UMP, para as eleições europeias e, mais recentemente, renovar minha posição no Conselho Econômico e Social. Recusei tudo isso: nunca precisei de qualquer tipo de assistência nem faço pedidos, sobretudo de falsos cargos ou de missões "de fachada". Para mim, ser deputado europeu para quase nada serve, afora ser muito bem-pago. É claro, sempre há exceções, parlamentares que trabalham e acreditam. Globalmente, porém, me parece uma gigantesca perda de tempo, fora do pensamento e da ação – só chega a ter mais utilidade que o Conselho Econômico e Social.

No Conselho de Análise da Sociedade, pelo contrário, fizemos um trabalho realmente útil, organizando, a pedido de Nicolas Sarkozy, o serviço cívico voluntário,[7] um pequeno milagre republicano que Martin Hirsch levou adiante. Realizamos também um documento importante sobre os bombeiros voluntários e sobre a representação das associações. Tudo isso se faz com pouco barulho, custando praticamente nada ao Estado, mas tem resultados concretos e operacionais.

---

[7] Ver o livro coletivo, publicado sob a direção de Luc Ferry: *Pour um service civique. Rapport au président de la République*, publicado em 2008 pela editora Odile Jacob, na coleção "Penser la société". Essa coleção publica ensaios e estudos escritos por membros do Conselho de Análise da Sociedade (universitários, pesquisadores, artistas, membros da sociedade civil) ou por autores solicitados, sobre diversos temas em debate, das possibilidades bioéticas aos desafios do desenvolvimento sustentável, da educação ou da globalização, passando pelas transformações da família moderna e as novas tecnologias.

7

A humanidade do homem depois de Auschwitz: o desafio humanista e seus inimigos

ALEXANDRA LAIGNEL-LAVASTINE — *Voltemos à questão que, de livro em livro, atravessa como uma linha vermelha a sua reflexão filosófica. Quer seu olhar se dirija à história do século XX, aos totalitarismos, aos problemas da educação, da democracia ou da laicidade, às questões existenciais ou à "vida boa", há sempre essa interrogação, constantemente retomada, aprofundada e reorganizada sobre o que especifica o ser humano enquanto tal. Como isso se coloca para você e por que, no fundo, é tão importante?*

LUC FERRY — Para isso, permita-me voltar ao contexto intelectual em que comecei minha reflexão. Serei rápido, pois já o evocamos parcialmente. O momento em questão, dos *sixties* na filosofia, era dominado pelo pensamento da desconstrução (na trilha de Heidegger e Nietzsche), que denunciava a ilusão de haver um sujeito livre. Nessa visão, você tinha à disposição toda uma plêiade de discursos nietzschianos, heideggerianos, freud-lacanianos, neomarxistas e até neodarwinianos, explicando ser o livre-arbítrio uma ilusão da consciência ocidental, inerente ao "falo-logocentrismo" (Derrida). Em todos os casos, o humanismo "que bale", como disse Foucault contra Sartre, era considerado uma ideologia pequeno-burguesa ou a suprema ilusão da metafísica ocidental.

Daí esse grande problema de os representantes franceses de duvidosas correntes vindas da Alemanha – que, curiosamente, na França, perdem o vigor, mas ganham radicalismo (é preciso reconhecer que Althusser é menos interessante do que Marx, Foucault do que Nietzsche, Lacan do que Freud etc.) – terem se chocado com a publicação de *Pensamento 68*: qual status dar ao sujeito *depois da sua desconstrução*? Se a ideia de sujeito for um mito e o humanismo um "obstáculo", para retomar um termo de Jean-François Lyotard, o que fazer para pensar e defender os direitos humanos, uma noção da qual aquelas mesmas pessoas, havia mais de duas décadas, proclamavam o caráter ideológico, ilusório e "ultrapassado"?

A situação se tornou ainda mais insustentável pelo fato de, àquela época, em Varsóvia, Praga, Budapeste e até Moscou, os dissidentes clamarem pelos citados direitos humanos, muitas vezes pondo em risco a própria vida. E Derrida, Foucault e Bourdieu (que publicou, em 1986, um número especial de *Actes de la recherche en sciences sociales* dedicado ao Solidariedade) acabaram resolvendo apoiá-los. No entanto, para que a noção de direitos humanos tenha algum sentido e possa exercer sua função crítica diante do poder estabelecido, é preciso que esses direitos sejam pensados em relação a certa ideia do ser humano – que constitui um valor superior a todas as determinações da época, do inconsciente, das pulsões, da história do Ser, da classe social e assim em diante. Enquanto os que saíam do totalitarismo denunciavam os horrores, em nome da sacralidade do ser humano, as estrelas do pensamento francês cantavam à plena voz a canção da "morte do homem". Isso, francamente, não combinava muito. Foucault chegou ao ridículo de apoiar a revolução islamista iraniana, atraente apenas por nada ter a ver com nossa democracia mofada. E acrescentava, para cúmulo do grotesco, que, tendo estudado bem a situação, podíamos estar tranquilos: os acontecimentos em Teerã não afetariam os direitos humanos! Uma coisa é certa: a defasagem era total com o que se passava a Leste, tanto que nossos desconstrutores fizeram de tudo para conseguir uma virada de 180 graus e se apresentar como antiautoritários. Bastava convencer os adversários de que as críticas da metafísica e do totalitarismo são coincidentes, algo que Jacques Derrida conseguiu muito bem transmitir nos países do Leste. Mais uma vez, se tratava de pura impostura: em casa, Derrida era um simpatizante do PC, mas na Polônia, onde as pessoas ignoravam o que se passava na França, era visto como um filósofo da dissidência! Eram intelectuais que conseguiam admiravelmente jogar nos dois campos, e nosso livro, *Pensamento 68*, revelou o truque...

Entre o fim dos anos 1970 e o início da década seguinte, o surgimento de movimentos de oposição democrática na Europa do Leste (Carta 77, na Tchecoslováquia, Comitê de Defesa dos Operários e, depois, o Solidariedade, na Polônia) fez com que diversas revistas, como *Esprit* e *Libre*, dessem início a uma séria reflexão sobre o alcance antitotalitário da referência aos direitos humanos. Em 1980, num artigo que marcou época, precisamente intitulado "Droits de l'homme et politique", Claude Lefort colocou claramente as cartas na mesa. Declarou-se contra a leitura que Marx, em *A questão judaica*, fez dos princípios de 1789, reduzidos a simples ficção formal destinada a disfarçar as realidades da exploração do homem pelo homem. Contra Marx, Claude Lefort, que vinha do trotskismo, explicou os motivos pelos quais os direitos humanos não podem ser reduzidos ao espírito da "sociedade burguesa" e por que esses direitos se revelam, pelo contrário, "constitutivos do espaço social democrático". Mostrou, inspirando-se em Maurice Merleau-Ponty e seu conceito de "afastamento", que o humanismo abstrato pressupõe uma capacidade de abstração com relação aos comunitarismos e que o homem tem direitos, *abstração feita* de suas vinculações comunitárias. O artigo era exato. Combinava em tudo com o que eu próprio pensava havia muito tempo, mas Lefort vinha da extrema esquerda e eu não, o que fazia supor, por parte dele, um belo esforço de honestidade e coerência intelectual. É claro, ninguém, exceto pessoas próximas das revistas *Libre* e *Esprit*, deu a menor atenção a esse texto capital. Preferia-se ir atrás dos malabarismos das estrelas da época...

Se o status político do "sujeito" remete inevitavelmente aos direitos humanos, a que ele remete no plano filosófico? Ou, formulando de outra maneira: em que uma filosofia humanista é necessariamente uma filosofia do sujeito?

Na verdade, você está colocando a imensa questão da autorreflexão. De fato, toda vez que fazemos um julgamento de valor, somos obrigados, queiramos ou não, se pelo menos refletirmos sobre nossos próprios atos de pensamento (autorreflexão), a mobilizar uma referência ao sujeito que não tem absolutamente lugar no universo do anti-humanismo desconstrutivo. Quando desenvolvemos uma argumentação moral, política ou estética, apresentamos nossas escolhas ou nossas ideias como imputáveis à nossa subjetividade livre. Pode-se sempre dizer que se trata de uma ilusão, mas, como ela é inevitável, é preciso, um dia ou outro, procurar explicitar o status dessa necessária ilusão. Outro exemplo: a questão do mal. Só é possível colocá-la numa perspectiva em que se admite a realidade de um sujeito livre, de uma vontade que, de certa maneira, é sua origem e pode "responder" perante o que ela escolhe e decide. Gilles Deleuze, juntando-se ao tema nietzschiano do *amor fati* (do "sim" à vida), afirma que a ética, entendida num sentido normativo e kantiano, é um absurdo: o que há é apenas uma etologia, um estudo de certa forma "objetivo" e não normativo dos costumes humanos, como são estudados os dos leões, dos camundongos e das girafas. No entanto, ao me chamar de "babaca", era um julgamento de valor que estava assumindo. Como qualquer kantiano, dava-se à liberdade de julgar e pressupunha a mesma liberdade em mim. Ninguém chama um leão de filho da puta, mas de Hitler se pode dizer isso.

Por esse motivo, desde aquela época, minha principal interrogação filosófica, a que me parecia mais efervescente, era a seguinte: como repensar um humanismo plausível depois da sua desconstrução ao ácido? É claro que o humanismo tradicional e ingênuo sobreviveu, aquele que fazia metafisicamente do sujeito, do *cogito*, uma entidade fechada, absoluta e sem inconsciente, transparente a si mesma e todo-poderosa, passível de pretender o domínio sobre todas as coisas. É claro, também, que o primeiro humanismo republicano incentivou, com todas as suas forças, a colonização e o desprezo pelos povos julgados "primitivos". Mas essa constatação nos obriga a jogar fora toda referência ao sujeito e, com isso, os direitos humanos e o ideal de autonomia? Não sendo assim, como repensar um humanismo não metafísico? Todo meu esforço filosófico se concentrou, então, em resolver essa equação, e precisei de mais de 20 anos para articular uma autêntica resposta, sobretudo a partir do que chamei, em *La Révolution de l'amour* (2010), de "segundo humanismo".

AS PROMESSAS NÃO CUMPRIDAS DA MODERNIDADE: HANNAH ARENDT

Antes de chegarmos a esse ponto, deixemos um pouco de lado os "filo-sofistas" de 1968 e tomemos alguns pensadores mais substanciais. O que você faz da crítica do subjetivismo moderno – o homem colocado como "senhor e dono da natureza" – tal como formulou Hannah Arendt, em sua crítica da modernidade? Crítica enunciada a partir de um ponto de vista humanista (fiel ao Iluminismo) e, mesmo assim, levando em consideração as catástrofes políticas do século XX, e daí uma dupla afinidade com você. Numa perspectiva democrata e universalista, Arendt realçou o fato de, mesmo com o subjetivismo moderno se apoiando numa afirmação sem precedentes do poder do homem, ele acaba levando a uma desumanização ou a um estiolamento de suas faculdades mais altas, por favorecer a perda do mundo comum, pela tendência ao isolamento (loneliness), ao voltar-se para si mesmo, à perda do senso de realidade e, finalmente, ao mais extremo conformismo.

O humanismo moderno, inseparável, para Arendt, de uma mentalidade tecnicista e utilitária (em sua vertente prática), se revira então pelo avesso. Seja pela forma de sociedade dominada pela mentalidade fabricadora, segundo a qual as coisas não passam de meios em relação a uma meta colocada pelo homem (homo faber), seja sob a forma de sociedade de consumo, que percebe toda coisa como objeto a se consumir (animal laborans). Nos dois casos, insiste Arendt, o homem perde a capacidade de pensar, de agir e de julgar por si mesmo, à medida que você perde a capacidade de se remeter às coisas por elas mesmas e em sua singularidade. Como você assimila essa crítica?

Com Hannah Arendt temos uma crítica *interna* da modernidade. De fato, a sua crítica da sociedade liberal e consumista não se faz em nome de uma externalidade radical e sublime, mas em nome de promessas não cumpridas pelo universo democrático, o que não é o caso em Heidegger, com sua leitura unidimensional dos tempos modernos desembocando numa crítica da democracia como tal. Até aí, concordo plenamente. No entanto, a maneira com que Arendt tende a interpretar o nazismo, como uma espécie de vitória longínqua do *homo faber* ou do *animal laborans* — vitória de uma ideologia que se apoia numa instrumentalização generalizada e numa apreensão da natureza como simples material —, sempre me pareceu falsa. Essa leitura do totalitarismo como cúmulo da metafísica parcialmente se justifica para a descrição do stalinismo, quando algo como o devir-mundo de uma subjetividade enlouquecida se expande, mas não me parece poder se aplicar ao nazismo.

Pois o totalitarismo nazista permanece muito amplamente habitado por uma vontade de restauração. Apesar dos componentes tecnicistas — a mobilização geral, a figura do *Arbeiter*, a dimensão industrial da Shoah etc. —, o nazismo permanece profundamente animado pela vontade romântica de "retorno à" origem, pureza, idade de ouro do germanismo puro. E, sob muitos aspectos, ele é contrário também a uma modernização econômica, vista como destruidora das características étnicas particulares, assim como da natureza original, como perfeitamente comprovou a ecologia nazista dos anos 1930.

A crítica arendtiana da ideia de sujeito, denunciada como origem distante do totalitarismo, incidiria, então, para você, num erro de perspectiva?

Com certeza, até porque, se levarmos sua lógica mais adiante, como não deixaram de fazer alguns discípulos de Heidegger, chegamos à conclusão de que o nazismo só errou por excesso de humanismo, o que seria extravagante. Por isso, também, nunca adorei a tese da "banalidade do mal", desenvolvida por Hannah Arendt, ao tratar do caso Adolf Eichmann. Pelo contrário, sempre tive certeza de aqueles criminosos saberem perfeitamente o que faziam. Sob a aparência de um problema técnico ou burocrático, o extermínio dos judeus aparecia exatamente como o que era para os nazistas: a quintessência do mal absoluto. Com a tendência a tornar o nazismo uma variante da metafísica da subjetividade, mesmo que a pior delas, tenho a impressão de que Arendt paradoxalmente correu o risco de banalizá-lo, mesmo que nunca tenha ido tão longe quanto Heidegger, que brutalmente assimilava, na essência, o totalitarismo stalinista ao liberalismo americano. Hannah Arendt critica justamente as ideologias totalitárias por reificarem o homem, anulando nele qualquer possibilidade de "ação", ao reduzi-lo a simples objeto da natureza (sua raça) ou da história (sua classe).

Enquanto o liberalismo santifica prioritariamente o presente, e o stalinismo, o futuro radioso, o nazismo é claramente embalado por uma vontade de retorno. Heidegger tinha razão ao ver no regime nazista não o cúmulo da técnica, mas, sobretudo, uma reação antitecnicista contra estas duas outras figuras do reino da subjetividade: o bolchevismo e o liberalismo, por ele postas frente a frente. Com frequência, esquecemos que os movimentos reacionários, por definição, são movimentos modernos, sem o que não seriam reacionários. A ideia de "retorno à" – à tradição, à pureza da raça etc. – é eminentemente moderna, pois quem já está na tradição não tem por que voltar a ela! Em poucas palavras, não acho que os supermercados e a polícia política ameaçassem, no mesmo nível, nossa situação no "mundo comum", humano e plural. Não é apenas uma questão de gosto, e Hannah Arendt não se enganou, ao contrário de Heidegger, pois nunca chegou a confundir os malefícios dos totalitarismos e os efeitos perversos de uma sociedade ocidental, cuja extrema complexidade permite espaços de liberdade que nada nos autoriza a considerar resquício de um universo em declínio.

O ANTICONFORMISTA

Da filosofia do sujeito à barbárie? A Escola de Frankfurt

Você é grande conhecedor da Escola de Frankfurt, corrente fundada nos anos 1930 por Max Horkheimer, reunindo intelectuais de inspiração marxista tão diversos quanto Erich Fromm, Herbert Marcuse e Walter Benjamin. Você, aliás, participou da tradução de textos de Théorie critique, *de Horkheimer, para a importante coleção "Critique de la politique", dirigida por Miguel Abensour na editora Payot. Também entre os teóricos da Escola de Frankfurt encontra-se a ideia de que a promoção da subjetividade autônoma e autofundadora contribuiu para lançar a modernidade no que há de pior (o nazismo), garantindo o império de uma racionalidade inteiramente centrada no critério de eficiência, uma racionalidade que considera nada haver de que ela não possa, de fato e por direito, dar conta. Você faz a essa tese as mesmas objeções que à interpretação de Hannah Arendt?*

Incontestavelmente, encontra-se, entre os pensadores da Escola de Frankfurt, sobretudo naquele que eu mais traduzi em francês, Max Horkheimer, a convicção de que o domínio da razão instrumental — essa razão que vê tudo como um meio e nunca se preocupa com "objetivos", com finalidades — há de desembocar, *in fine*, na desumanização e na barbárie, com a convicção de o homem ter passado a ser capaz de tudo, com relação ao outro. Daí a tarefa a que se propõe a teoria crítica, após o trauma da Shoah: compreender como, segundo a "dialética do Iluminismo", a razão, de emancipadora que por essência ela é, pôde se tornar, num mundo totalmente regulado e "administrado", instrumento da alienação (tecnocracia) e da opressão (burocracia). Depois do genocídio dos judeus da Europa pelos nazistas, essa leitura se radicalizou: Adorno e Horkheimer passaram a inscrever a inumanidade e a barbárie na própria racionalidade, como prolongamentos inevitáveis, tendendo a considerar os dois totalitarismos simples exageros abusivos no processo de racionalização total. Por essa perspectiva, é o conjunto do processo de racionalização, qualquer que seja o regime, democrático ou não, que, em sua conclusão, traria em si a morte do indivíduo autônomo, no advento do "mundo administrado" (*Verwaltete Welt*). A eles, então, a opressão não aparece mais como pertencente a uma só figura da razão – a razão instrumental –, a se criticar pela própria razão e a se superar com um acréscimo de razão objetiva, mas sim como *o próprio fato da razão*.

Com isso, a Escola de Frankfurt mantém uma proximidade com a crítica heideggeriana do "mundo da técnica"...

Exatamente. Com o total questionamento do universo racionalizado de um extremo a outro, essa visão é sem dúvida próxima da dos heideggerianos. Só se distancia um pouco pela formulação num tom neomarxista. A leitura de Heidegger, é verdade, leva à denúncia da visão "dominadora" do mundo que, para ele, tem seu apogeu no Iluminismo e na vontade de inspiração cartesiana de posse e de domínio da natureza. Se o universo for calculável e previsível, no plano teórico, podendo, com isso, ser manipulado e explorado à vontade, no plano prático, isso significa que o homem moderno pode considerar que o mundo inteiro lhe pertence, que tudo nele pode se tornar um meio, para fins de uma subjetividade com poder virtualmente ilimitado.

Paradoxalmente, essa maneira de fazer do Iluminismo, do reino do Sujeito e da Razão, a origem distante da opressão totalitária vai aparecer,

O ANTICONFORMISTA

várias décadas depois, nas teses sustentadas por certos protagonistas da Historikerstreit, *"a querela dos historiadores alemães" que tanto o interessou e que, no fim dos anos 1980, cristalizou as perguntas que a Alemanha fazia sobre si mesma e sobre o seu lugar na Europa. Penso principalmente no historiador Michael Stürmer, com sensibilidade que tende mais para o nacionalismo. Paradoxo, portanto, pois a visão "banalizadora" de Stürmer e outros com respeito à Shoah é, evidentemente, oposta à de Adorno ou de Horkheimer. O questionamento do Iluminismo, entretanto, também se encontra no centro de sua argumentação...*

É verdade, e isso é bem revelador nesse sentido, mesmo que, no âmbito da *Historikerstreit*, a controvérsia de 1987 sobre a singularidade do extermínio dos judeus pelo regime nazista, essa argumentação viesse, sobretudo, de uma preocupação estratégica, como mostrei no prefácio que escrevi para *Devant l'Histoire* (1988), a edição francesa dessa polêmica. O que, afinal, sustenta Michael Stürmer, em 1987? Ele sugere ser mesmo a modernidade, naquilo que ela se caracteriza pelo aniquilamento progressivo de toda tradição, que tornou "pensável o impensável", a ponto de fazer da barbárie um sistema de governo. O raciocínio, *grosso modo*, era o seguinte: se Hitler triunfou, se conseguiu se apropriar e corromper a Prússia e o patriotismo, o Estado e as virtudes burguesas, é na filosofia do Iluminismo e na ideologia revolucionária da távola rasa que se deve buscar entender as condições que tornaram possível a catástrofe.

Havia nisso uma dupla mensagem. Em face dos que quisessem hoje retomar certos temas do Iluminismo contra os revisionistas – e era essencialmente Jürgen Habermas o alvo visado –, devia-se sugerir que a *Aufklärung* estava indiretamente ligada à emergência do nazismo. Reciprocamente, Stürmer queria lembrar que a meta de trabalho do historiador não é a pesquisa desinteressada ou a sede abstrata de saber, mas que essa pesquisa se inscreve num contexto político de que depende, dizia ele, a continuidade interna da República alemã e a fiabilidade de sua política externa. Resumindo, era a desculpabilização do nazismo que, com Stürmer, desculpava a si própria. Fazer passar aquele passado que não passava seria, enfim, uma necessidade política e moral para todos os que quisessem evitar novas catástrofes... Esse exemplo é particularmente interessante, pois mostra aonde pode levar a desqualificação do Iluminismo quando se procura ver nele, sem outra forma de nuança, a matriz da opressão totalitária – nazista, no presente caso.

Os teóricos da Escola de Frankfurt influenciaram, de certa maneira, sua reflexão crítica sobre a modernidade?

Apesar de não compartilhar o questionamento globalizante demais do Iluminismo, a que leva o pensamento de Adorno, a leitura dos grandes textos de Frankfurt teve, de qualquer forma, um papel na minha busca de um humanismo desiludido, de uma modernidade que não ponha no centro a ideia do homem como vontade imperiosa e soberana, a quem tudo se permite. Essa busca me pareceu ainda mais necessária por concordar com Adorno, achando ter se tornado rigorosamente impossível, "depois de Auschwitz", escrever hinos ingênuos à grandeza humana. Além disso, e ao contrário de Heidegger, os pensadores da Escola de Frankfurt evitaram qualquer fuga romântica fora dos tempos modernos. Daí eu voltar à minha equação inicial: será possível um humanismo não metafísico, ou trata-se de uma incoerência, um conceito contraditório?

O ANTICONFORMISTA

Apologia do homem sem qualidade

Em que situação se encontra, justamente, esse humanismo posterior à desconstrução, não tirânico e, por assim dizer, desiludido, que você preconiza? Sobre qual concepção do "próprio" do homem propõe fundamentá-lo?

Se olharmos bem através de toda a história da filosofia, poderemos perceber uma filiação de pensadores que em geral passa despercebida, uma linhagem de filósofos que compreenderam e, de certa forma, anteciparam a necessidade de uma visão não metafísica do humano. Creio que isso se esboça pela primeira vez em *Protágoras*, de Platão, que, não por acaso, a atribui a esses desconstrutores *avant la lettre* que foram os sofistas. No mundo grego, aqueles grandes retóricos, de certa maneira, representaram a contracultura, como críticos radicais da cosmologia dominante, que ia de Parmênides aos estoicos, passando por Platão e Aristóteles. Ora, o que dizem os sofistas, segundo Platão? Para Protágoras, um dos mais célebres deles, a diferença entre os homens e os deuses tinha sua origem num episódio da época em que os seres humanos ainda não existiam. Após uma guerra terrível contra os Titãs, as forças do caos, Zeus acabou estabelecendo a ordem cósmica. Dividiu o mundo, atribuindo partes da ordem cósmica às diversas divindades que o ajudaram a ganhar a guerra: a Poseidon o mar, a Urano o céu, a Gaia a terra etc. Foi com essa partilha original, esse *Ur-teil*, como se diz em alemão, que se estabeleceu a paz e o mundo passou, enfim, da guerra à harmonia que a palavra "cosmo" designa. Mas aconteceu um contratempo imprevisto: instalou-se o tédio – o qual, para todos nós, continua a representar um dos grandes problemas da existência, assim que ela se arranja numa rotina tranquila. Por que o tédio? Porque, tendo Zeus atribuído a cada um o seu lugar na ordem cósmica, criou-se um equilíbrio perfeito, quase igual à morte. Com isso, por falta do que fazer, os deuses, para se distrair, para que alguma coisa acontecesse, para que houvesse uma história, vida, movimento, resolveram criar os mortais, animais e homens. Chamaram então Prometeu e Epimeteu, dois irmãos, filhos de Titãs, para que fabricassem arquétipos ou modelos, sob a forma de figurinhas moldadas com terra, água e fogo, e depois organizassem sua coexistência no universo.

Epimeteu era o retardado da família, aquele que pensa *a posteriori*, com um tempo de atraso, ao contrário de Prometeu que, como o nome indica, é inteligente, aquele que "pensa antes", que antecipa e está sempre adiantado. Epimeteu pede ao irmão que o deixe fazer a distribuição das diferentes qualidades entre os animais, de maneira que haja um bom ecossistema, como diríamos hoje, um sistema em que as espécies possam coexistir. Às espécies vulneráveis, os coelhos, por exemplo, ele deu a capacidade de correr rapidamente e se esconder em tocas. Para os leões, em contrapartida, fez de forma que as espécies com que eles se alimentassem fossem em quantidade suficiente. Já a tartaruga, não sendo nada rápida, ganhou uma carapaça, e assim por diante. Todos os animais, então, teriam uma identidade: nesse sentido, são seres metafísicos, são o que são, fiéis a sua essência e se atêm a si mesmos. Distribuídas todas as qualidades, não restava mais nada, e Prometeu disse ao irmão, mais ou menos nesses termos: "Seu imbecil, você distribuiu tudo! O que vamos dar aos humanos?" De fato, os seres humanos estavam nus, sem pelos nem garras nem carapaças e sem correr rápido; resumindo, não somente eram vulneráveis, mas também não tinham identidade clara. Foi para salvá-los que Prometeu resolveu roubar o fogo de Hefesto e as artes e técnicas de Atena.

Dessa maneira, ele deu aos homens a capacidade de *hybris*, de descomedimento, a capacidade de não ser o que eles são, de sempre estar *em excesso com relação a si*, pela expressão de Merleau-Ponty – resumindo, de não serem eles próprios, fechados em determinada natureza. Já temos nisso um primeiro conceito análogo ao do *nada* em Sartre: o próprio do homem é estar sempre em projeto, em projeção, em superação de si, não sendo idêntico a si mesmo. Dito de outra forma: enquanto todos os animais são o que são, *os humanos originariamente nada são*, nada de determinado, pois não restou qualidade alguma a lhes distribuir. Estão à distância deles mesmos, como demonstra a experiência da consciência de si, em que uma distância para sempre irredutível se estabelece, por assim dizer, entre mim e mim mesmo. Não tendo essência, sem destino traçado *a priori* em seus modelos de origem, os humanos vão, então, se definir como seres capazes de inventar a si mesmos, como seres de história – pois essa invenção de si é, precisamente, a história –, uma ideia que se encontrará, mais tarde, em Pico della Mirandola, Rousseau, Kant e Fichte, assim como, é claro, em Husserl, Sartre e Heidegger. Não vou desenvolver aqui esse ponto, cujo percurso retratei em *La Révolution de l'amour* (2010). De um jeito ou de outro, constata-se que, ao contrário das sociedades humanas, as sociedades de abelhas ou de formigas desconhecem a história.

Daí a constatação de já haver, nessa concepção da humanidade do homem como nada, algo que tem a ver com a transcendência ou a liberdade, uma *transcendência do humano com relação a si mesmo*. Essa ideia surgiu desde os sofistas, e Prometeu, aliás, foi punido por Zeus, preocupado com o nascimento de uma espécie que ameaçava a ordem cósmica, na medida em que, por definição, ela não se mantém em seu lugar. E por um bom motivo: não tem identidade alguma precisa nem lugar determinado no seio do cosmo, podendo desafiá-lo a qualquer momento.

Você mencionou uma filiação. Diria que ela vai dos sofistas gregos aos existencialistas e aos grandes pensadores da fenomenologia, como Merleau-Ponty e Husserl, passando por certos humanistas anteriores ao Século das Luzes?

Essa filiação constitui um ponto essencial. É uma história realmente admirável e apaixonante. Na linhagem que você evoca, e, bem antes dos nossos filósofos contemporâneos, é preciso reservar um lugar particular a Pico della Mirandola. Em *Discurso sobre a dignidade do homem* (*De dignitate hominis*), um texto do fim do século XV (1486), ele já enfatiza o quanto o homem está *fora de escala, fora de hierarquia*, sem lugar particular reservado na ordem do mundo, mas também sem arquétipo que servisse de modelo para a sua criação e lhe prescrevesse um destino preconcebido. Como disse Sartre, exatamente no mesmo sentido que Pico, mas sem saber: no homem, "a existência precede a essência". Muito moço, Pico della Mirandola, provavelmente um dos mais talentosos jovens do seu tempo, tomou a iniciativa de organizar um gigantesco colóquio, reunindo todas as competências contemporâneas, em torno da questão da especificidade do homem. Além do italiano, sua língua materna, ele lia o hebraico, o árabe, o grego, o latim, o francês e o alemão. O rapaz, de cultura fora do comum para aquela época e naquela idade, percebia muito bem que no universo da Idade Média, no universo cristão, valorizava-se a dignidade do homem apenas como ser intermediário – meio-anjo e meio-bicho, parodiando Pascal.

A ideia grega de hierarquia aristocrática dos seres, com o homem ocupando o degrau intermediário entre o divino e o animal, perpetuou-se ao longo da Idade Média. É consubstancial ao mundo feudal e ao universo hierarquizado, do qual ela constitui, por assim dizer, o duplo cosmológico. Pico della Mirandola, no entanto, achou isso insatisfatório: se o homem é um intermediário entre os anjos e os animais, não há motivo para não se preferirem os anjos, diz ele, em substância. Mas o homem lhe parece a mais admirável das criaturas, inclusive superior aos anjos que, de certo modo, só podem fazer o bem, enquanto o homem, como ele vai tentar demonstrar, tem a liberdade de inventar o seu destino, ou seja, de também fazer o mal. A linha argumentativa antiga não lhe parece, então, trazer a boa resposta à questão do "próprio" do humano. O que o caracteriza, explica Pico, não é o lugar ocupado na escala entre os deuses e os animais, é o fato de, justamente, ele se encontrar fora de escala, sendo, por assim dizer, como um elétron livre, motivo pelo qual Pico della Mirandola o compara ao camaleão, só que podendo adotar todos os destinos. Pois, se o homem, de início, nada é, sem nenhuma identidade predefinida, sem essência entendida como ideia platônica, sem arquétipo nem modelo, ao contrário de todas as outras criaturas e capaz, assim, de se tornar tanto uma coisa quanto outra, é por se tratar do *ser dos possíveis*. E isso se chama liberdade. É por originalmente nada ser de particular que o homem é arraigadamente livre, razão pela qual não se poder falar de "natureza humana", propriamente – e também nisso Sartre é um herdeiro direto de Pico. Cinco séculos antes dele, Pico dizia: "Não lhe dei um lugar determinado nem rosto próprio nem dom particular, ó Adão, para que esses lugar, rosto e dons você venha a querer, a considerar e a possuir por si mesmo." É no que residem a grandeza e a dignidade do homem. Onde já se encontra, nesse texto de incrível modernidade que é *Discurso sobre a dignidade do homem*, a ideia sartriana segundo a qual o homem, fadado à liberdade, é pura e simplesmente uma exceção na natureza ou, melhor dizendo, no sentido próprio, um ser "sobrenatural".

Luc Ferry

Humanismo abstrato versus biologização da política: em face do sexismo e do racismo

Desde os primeiros livros publicados, você sempre colocou o voluntarismo, o reformismo e, mais ainda, o humanismo abstrato no centro do ideal republicano. Essa maneira de conceber o homem como "o ser dos possíveis" lhe parece também, nesse sentido, uma resposta apropriada às ideologias racistas, antissemitas ou sexistas que, ao longo da história moderna, não pararam de ameaçar ou fragilizar a ideia republicana?

Trata-se mesmo da única resposta que se sustenta, a meu ver. É também uma das razões pelas quais mais vale não ignorar essa figura do homem sem determinação que está na base do que Lefort acertadamente chamava de *humanismo abstrato*. Com efeito, se o homem for fundamentalmente um ser antinatural, se não houver uma essência do homem, não deve haver também raças, no sentido racista, nem categoria geral da qual negros, judeus ou árabes fossem exemplares, fadados a reproduzir supostas propriedades do grupo. O humanismo abstrato implica a ideia da inexistência de essência própria a cada raça ou a cada sexo. Os indivíduos não são prisioneiros de uma natureza que os limita. É essa definição do ser humano que mobiliza Simone de Beauvoir em *O segundo sexo*: quando se impõe à mulher uma essência da feminilidade, quando se nega a ela a possibilidade de transcender a natureza – uma natureza que implica uma predisposição biológica para a criação de filhos, para a vida na cozinha ou na domesticidade –, isso significa não serem elas "homens como os outros". Por isso, um feminismo ao mesmo tempo humanista (recusa de confundir humanidade e animalidade), igualitário (as mulheres não estão, mais do que os homens, presas a suas determinações naturais) e republicano (escapando dessas determinações, torna-se possível se alçar ao universal da cultura e da ética) – feminismo que será desenvolvido por Élisabeth Badinter com notório talento.

    Permita-me, quanto a isso, abrir um parêntese, mostrando que, infelizmente, esse combate ainda não chegou ao fim. Num livro recente, *O conflito: a mulher e a mãe* (2010), Élisabeth Badinter mostra que, com a crise e o crescimento do desemprego na Europa, há uma tendência a empurrar as mulheres de volta à pretensa "condição natural", que é a de mãe, dentro de casa. Nesse ponto, a Alemanha, país por excelência do ecologismo, parece em vias de reabilitar os famosos três "K" da cultura protestante tradicional: *Kinder, Kirche, Küche*, filhos, igreja, cozinha! São inúmeros os avisos dos "especialistas" incitando as mães a pararem de trabalhar para amamentar filhos. Até os ecologistas se juntam a isso, pedindo que deixem de lado as fraldas descartáveis, para "salvar o planeta"...

Promover essa visão do humano como "ser dos possíveis" lhe parece também a melhor maneira de se combater o racismo?

    No plano intelectual, sim, mesmo que o combate político passe também por outros caminhos. Pois a lógica é a mesma, com o racismo consistindo na pretensão de que os diferentes grupos humanos possuem características insuperáveis, uma vez que inscritas em seu conceito original. Para o racista ou para o antissemita, está na essência do negro ser preguiçoso, na essência do judeu gostar de dinheiro, ou na essência do árabe ser ladrão. Na visão do humanismo não metafísico, essa maneira de reduzir os homens a uma essência imutável, como se tivessem sido programados, não faz o menor sentido. Pico della Mirandola continua, aliás, o seu discurso, explicando que se os animais são guiados por sua natureza, "tu [homem], sem nada a limitar, pelo próprio arbítrio, nas mãos do qual te coloquei, defines a ti mesmo". Os homens se tornam então o que eles são na chegada, no fim do trajeto, sem que nada os prenda, de saída, a qualquer identidade. É também a ideia que aparece neste trecho: "não te fiz celeste nem terrestre nem mortal nem imortal para que, soberano de ti mesmo, livremente concluas tua forma, como um pintor ou escultor. Poderás degenerar em formas inferiores, como a das bestas ou, regenerado, atingir formas superiores, que são divinas" — uma ideia que voltaremos a encontrar na fenomenologia, pela distinção entre existência inautêntica (nossa tendência a nos afundar nas coisas e suas preocupações próprias: o que Sartre chama de "má-fé") ou autêntica (nossa capacidade de acesso ao pensamento, a transcender o universo reificante ou alienante da preocupação imediata).

Recapitulando, Pico della Mirandola traça uma linha entre três elementos, ou três momentos: 1. O homem não é o exemplar de uma essência ou de uma ideia platônica. Ao contrário do que afirma o anti-humanismo do pensamento 68, o humanismo se assinala pela recusa de fechar o homem em qualquer definição histórica, familial, social ou natural — insisto: para ele, "a existência precede a essência", como sustenta Sartre em *O existencialismo é um humanismo* (1970), uma conferência que ele, infelizmente, mais ou menos renegou, mais tarde. Já nos animais, é a essência que precede a existência. Assim, quando um fiel se confessa ao padre: "Sou guloso, mentiroso, egoísta", o "eu" que afirma isso está evidentemente em defasagem com o eu guloso, mentiroso e egoísta: confessando ser guloso, deixo de ser totalmente guloso. Ali onde as coisas e os animais são o que são, nós, humanos, não somos o que somos. 2. É esse *não ser* que Sartre chama de Nada. Se não houver natureza humana, o homem, de fato, é nada: impossível, para ele, coincidir com qualquer código natural, histórico ou biológico. 3. Uma vez que ele é nada, sem determinação nem programa iniciais; uma vez, então, que ele precisa se inventar, o ser humano é um ser de liberdade, entendida como capacidade para escapar de qualquer desígnio de uma essência, como aptidão a se emancipar das múltiplas determinações particulares que constantemente ameaçam aprisioná-lo. Isso, aliás, apresenta de maneira admirável o problema do envelhecimento, que nos leva sempre a sentir uma identificação com um papel, um caráter, a ser "alguém", quer dizer, como diz Rousseau, a "voltar a ser imbecil". Significa também que a ideia de universalidade – a intersubjetividade, a deliberação, a comunicação com o outro – obrigatoriamente está no âmbito desse desenraizamento. Se eu seguir sempre minha natureza e minhas inclinações particulares, é provável que o bem comum ou o interesse geral tenham que esperar muito tempo até que eu simplesmente aceite considerar a sua eventual existência.

É essa definição de a especificidade do homem ser a de não ter uma especificidade, como ente sem identidade *a priori*, que começa a fazer vacilarem as categorias da metafísica clássica. Na verdade, esses dois momentos pré-modernos – expostos em *Protágoras*, de Platão, e em *Discurso sobre a dignidade do homem*, de Pico della Mirandola – me parecem, hoje, dois momentos cruciais da história do pensamento.

A PAUSA DO ILUMINISMO: A LIBERDADE SEGUNDO ROUSSEAU E KANT

Até que ponto a filosofia do Iluminismo, em sua concepção de humanitas *do homem, é herdeira desses dois momentos?*

Essa ideia do homem como "ser antinatural" seria retomada por toda uma parte da filosofia moderna, a começar por Rousseau e

Kant. Que eu saiba, porém, nunca se traçou realmente a história e a "genealogia", se posso assim dizer, dessa filiação intelectual. Alexis Philonenko começou, em seu formidável prefácio para *Reflexões sobre a educação*, de Kant, mas não deu continuidade ao filão. A ideia, no entanto, é bem revolucionária. No século XVIII, pode ser vista em Rousseau, referindo-se à diferença entre o ser humano e o animal, uma reflexão cujos ecos ainda podem ser ouvidos e sem a qual nosso universo intelectual não seria o que é. Enquanto o animal é programado pelo instinto, pela natureza, na medida em que não pode se emancipar da regra que rege seu comportamento, é inversa a situação do ser humano: ele, por excelência, é indeterminação e é tão pouco programado pela natureza que dela pode escapar, tanto para o bem quanto para o mal. A natureza do homem consiste em não ter uma natureza, no sentido de essência, de ideia platônica (não no sentido biológico, é claro, mas no sentido em que um matemático fala da "natureza do círculo", de sua definição essencial), tanto que, nele, "a vontade fala, mesmo quando a natureza cala", escreve magnificamente Rousseau em *Discurso sobre a origem e os fundamentos da desigualdade entre os homens*, frase fundadora, em certo sentido, de toda a política moderna.

Também aí, temos os primeiros delineamentos de um pensamento não metafísico da subjetividade. Vercors,[1] num livro surpreendente, *Les Animaux dénaturés*, igualmente aborda esse tema. Enquanto o animal é uno com a natureza, o homem não, pois pode se distanciar por julgamentos de valor, impossíveis ao animal: ele tem em seu poder a possibilidade de se voltar contra o real para criticá-lo e criar distância com relação ao mundo e a si mesmo.

---

[1] Pseudônimo de Jean Bruller, herói da Resistência francesa, da Segunda Guerra, escritor e cofundador da editora Minuit. (N.T.)

O ANTICONFORMISTA

Onde você situa a contribuição de Kant nesse dispositivo ou nessa filiação?

O fato de nossa abertura para o universal estar diretamente em função da capacidade que temos para nos afastar da natureza *particular* ou dela nos desenraizar é certamente algo a que a moral kantiana se aplica. Da nova definição rousseauísta do homem, pela liberdade, configurada como "perfectibilidade", como capacidade para entrar da historicidade, Kant tira duas consequências maiores, no plano ético. Primeira dedução: a virtude ética reside, antes de tudo, no desinteresse e, a partir daí, a ação moral será aquela que comprova essa especificidade do homem que é a liberdade, compreendida como faculdade de, pela lógica, se libertar de suas inclinações naturais. Segunda dedução: uma ação autenticamente moral deve ser orientada para o universal, para o interesse geral (para aquilo que não vale apenas para mim, valendo também para todos os outros) e não para o exclusivo interesse particular. Valoriza-se, no caso, o bem comum ou a exigência de universalidade: a ação moral deve levar em conta os interesses do outro, quando não da humanidade inteira.

Entretanto, o que mais interessa aqui é sobretudo a reflexão extremamente esclarecedora, desenvolvida por Kant, sobre a diferença entre verdade e significação. Em *Crítica da faculdade de julgar*, Kant explica haver três categorias de entendimento que possibilitam um discurso metafísico: a causalidade (que dá a ideia de causa primeira, isto é, de Deus), a substância (que desemboca na ideia de *cogito*, de Sujeito Absoluto) e a ação recíproca (na origem da ideia de Sistema).

Tomemos a causalidade. Ela tem, para Kant, uma dupla função ou, digamos, um duplo uso possível. O primeiro, absolutamente legítimo, se remete à causalidade em suas aplicações científicas, quer dizer, ao método experimental que consiste em isolar variáveis para determinar a causa de um fenômeno. Para descobrir a existência de açúcar no sangue dos coelhos, Claude Bernard isolou variáveis e, por eliminação, procurou determinar a causa: o açúcar viria dos alimentos ou do organismo e, vindo do organismo, qual órgão o fabricava? Mas o conceito de causalidade se presta também a um uso ilegítimo ou metafísico, segundo Kant, quando nos dedicamos a buscar a causa da causa e assim em diante, infinitamente, até chegar, como Leibniz, a uma eventual causa primeira (Deus). Que a ciência conduz à metafísica é o que também dirão Nietzsche e Heidegger: querendo tudo explicar pela biologia, o biologista muitas vezes acaba cometendo biologismo, e o mesmo se passa com relação ao sociólogo ou também o físico, quando ele começa a acreditar que, com a infraestrutura, ele detém a causa dos comportamentos, ou, com o big bang, a causa do universo.

Uma vez desconstruídas ou criticadas essas más utilizações, Kant mostra que, ainda assim, subsiste um resto, uma *perspectiva de sentidos*, um uso legítimo das categorias desconstruídas. Isso pode ser visto com o exemplo da causalidade: mesmo sem ser crente e sem nenhuma disposição para fazer de Deus uma causa primeira, resta essa ideia de Deus que evoca, por assim dizer, o ideal de uma reconciliação entre o sensível e o inteligível. Sendo onisciente, pois tudo sabe e tudo vê, até o menor grão de areia numa ilha da Polinésia, Deus seria aquele para quem o sensível deixa de ser um obstáculo ao inteligível. Essa ideia, evidentemente delirante – é o delírio metafísico por excelência! –, vai, mesmo assim, servir para pensar o progresso científico como um movimento que se aproxima desse ideal de saber absoluto que se atribui a Deus, ou também para pensar a obra de arte como reconciliação fortuita e gratuita do sensível com o inteligível. Quando ouvimos um prelúdio de Bach, é como se nos contassem uma história com início, desenvolvimento, progressão e fim. Essa história, puramente sensível, não deixa também de ser portadora de todo tipo de significações inteligíveis. Como já dizia Alexander Gottlieb Baumgarten (1714-1762), o autor da primeira *Estética* publicada (1750) – que Kant leu –, uma suíte de Bach é como um *analogon rationis*, análogo a um desenvolvimento lógico ou racional, com tudo se passando como se o sensível tivesse sentido, fizesse sinal ao inteligível. Também em música há uma lógica do fraseado e da interpretação e, no entanto, não há palavras na frase musical nem conceitos, como numa demonstração matemática – são apenas vibrações sonoras. Em Kant, pode-se então considerar que essa reconciliação funciona à maneira de um símbolo ou de uma apresentação sensível da ideia de Deus. Apesar de essa ideia ser, para ele, uma ilusão da metafísica, ela nem por isso deixa de conservar uma significação para se pensar certo número de fenômenos, como, por exemplo, o da beleza ou o do progresso dos conhecimentos que, assim como o prazer estético, provoca satisfações a seu criador... Veja a profundidade abissal dessa ideia, o modo como permite pensar certos aspectos da subjetividade, sem cair no dogmatismo metafísico...

Mas por que o homem e o sujeito (ideia de substância) estariam na mesma situação que a arte (ideia de causalidade)?

Por uma razão bem simples: mesmo que não nos engane mais, a ideia metafísica de sujeito, apesar de ilusória, conserva um sentido, assim como a ideia de onisciência, mesmo que não acreditemos mais em saber absoluto. Podemos perceber isso com o exemplo da psicanálise. Todo analisando sabe que jamais se tornará um sujeito integralmente transparente a si mesmo, mas nem por isso deixa de se esforçar nesse sentido, entendido como *ideal regulador*: mesmo sabendo pertinentemente que a cura total é um engodo, ela é indispensável como ideal para quem quiser progredir na direção de maior consciência, ou seja, maior subjetividade. Se essa perspectiva não se apresentasse no universo da cura, nunca faríamos o esforço para ir bater à porta de um psicanalista.

Trazendo esse exemplo para a filosofia, podemos imaginar três interpretações da cura analítica: uma interpretação metafísica, digamos hegeliana ou cartesiana, segundo a qual se trata de chegar ao *cogito* absoluto, a uma saúde mental perfeita, o que é, naturalmente, um puro fantasma; uma interpretação entre Heidegger e Lacan, igualmente fantasmática, a meu ver, pretendendo que a própria intenção de se aproximar da consciência é um engodo, sendo o sujeito irremediavelmente "partido"; e uma terceira interpretação, kantiana, consistindo em pensar a análise como prática que só ganha sentido à luz de um ideal regulador ou um foco de sentido — que permanece, apesar de tudo, sendo o da subjetividade metafísica. E é exatamente o que fazemos quando nos esforçamos, no divã, a recuperar a consciência e o controle de processos psíquicos ou comportamentais que nos escapam. Se não houvesse uso legítimo possível da metafísica desconstruída, a própria psicanálise cairia na falta de sentido.

Justamente, você recebe críticas com frequência, já falamos disso, por ser um ardente adepto de um "retorno a Kant". O que responderia a essa crítica?

Agradeço por ter, enfim, a oportunidade de rasgar esse rótulo absurdo que tem a exclusiva finalidade de desqualificar meu trabalho, sugerindo não ser inovador e, com isso, sem interesse. De início, foi justamente um golpe dos... lacanianos da revista *Ornicar*. Nos anos

1980, eles pediram um artigo a Alain Renaut e a mim e deram esse título, sem nos consultar.

Considero esse rótulo de "kantiano" absurdo, por dois motivos. Primeiro porque você pode ver que estamos falando de uma visão do homem que já se encontra, em estado embrionário, em Platão e em Pico della Mirandola, bem anteriores a Kant. Em seguida, porque me inscrevo numa problemática pós-heideggeriana e pós-nietzschiana. O conjunto da minha reflexão sobre um humanismo pós-metafísico leva em consideração a desconstrução. Nunca, de maneira alguma, fui a favor de qualquer volta, a ponto de também não compartilhar do ponto de vista de Jürgen Habermas, por exemplo, que sugere uma volta ao Iluminismo. De maneira geral, o neokantismo de Habermas, com sua "ética da comunicação", ou o de John Rawls, com a famosa "teoria da justiça", não me empolgam. Ambos são, é claro, notáveis inteligências, com trabalhos profundamente respeitáveis e, aliás, não vejo como contestar os grandes princípios que Rawls põe no centro de sua teoria. Quanto a Habermas, ele evidentemente tem razão ao dizer que se deve argumentar no espaço público, privilegiar o diálogo sobre a violência, respeitar a lei do melhor argumento e se sensibilizar com as pretensões à universalidade que se manifestam nos jogos de linguagem. Mas, sem querer parecer irreverente, acho que já estava de acordo com eles... antes de os ler! Segundo ponto: esse segundo humanismo que tento hoje em dia pensar, ligado ao que chamo de revolução do amor, é em tudo distinto do humanismo de Kant e de Voltaire. Além disso, Kant praticamente nunca fala de amor, e o amor está no centro da minha reflexão.

Mais um passo: apesar do interesse que tenho pela definição do homem como nada, essa concepção me parece ainda carregar em si a ideologia colonial. Se o próprio do homem é o ingresso na historicidade, como resistir à tentação de identificar as "sociedades sem história" a sociedades animais, semelhantes aos formigueiros, cupinzeiros ou colmeias que, regidas pela natureza, não são afetadas pela historicidade? O primeiro humanismo comporta um vício de forma: por um lado, ele certamente permite lutar contra o racismo, mas, por outro, leva a considerar que o africano, "por não ter entrado na história", deve a ela ser levado a partir de fora... Não por acaso Jules Ferry foi um grande republicano, um grande educador e um grande colonizador: as três coisas andam na mesma marcha, e é isso que o segundo humanismo permite ultrapassar – sendo, por isso, também pós-kantiano.

Fechemos o parêntese do Zurück zu Kant *(retorno a Kant) e continuemos nossa interessante excursão de Platão a Pico della Mirandola, Rousseau e Kant, até os fenomenólogos. Estes últimos, justamente, de que maneira revisitam esse enfoque do homem como desenraizamento da natureza, como um ser cuja natureza é não ter natureza?*

No século XX, foi realmente à fenomenologia que coube aprofundar essa visão do homem como transcendência. Vemos isso em Husserl, para quem o homem originalmente está apto a romper os laços de familiaridade que o unem às coisas, sem estar fixado no naturalismo. Temos essa sensibilidade em Hannah Arendt, para quem a humanidade do homem está em poder transcender os processos que tendem a se impor como processos naturais – como a alienação consumista (viver para consumir e não consumir para viver), o que ela chama de "ciclo da vida", pelo qual o homem moderno, se não tomar cuidado, pode também cair num processo tão alienante quanto a ordem repetitiva e fechada da tradição. Já Emmanuel Levinas

O ANTICONFORMISTA

(1906-1995) apresenta, por sua vez, o homem como um ser antinatural. É verdade que para a filosofia crítica partindo de Kant, como para o judaísmo – donde, aliás, suas afinidades eletivas –, o homem é o ser-para-a-lei, o que explicita muito bem este trecho tirado de *Difficile liberté* (1963): "O homem judeu descobre o homem antes de descobrir as paisagens e as cidades. Sente-se à vontade numa sociedade, antes mesmo de assim se sentir numa casa. Compreende o mundo a partir do outro, mais do que compreende a totalidade do ser a partir da terra. [...] Essa liberdade nada tem de doentia, de crispada e de dilacerante." E Levinas ainda sublinha que essa liberdade "põe em segundo plano os valores de enraizamento e institui outras formas de fidelidade e de responsabilidade". Ainda aí, o homem é definido como transcendência.

É claro, essa concepção vem diretamente de Heidegger e de sua definição da "ek-sistência" como transcendência ou como liberdade. De maneira geral, a fenomenologia talvez tenha sido mais sensível do que qualquer outra filosofia contemporânea ao fato de, nas possibilidades do homem, também se incluir a queda na inautenticidade, ou seja, no esquecimento de sua própria transcendência, de sua própria liberdade, naquilo que Sartre denomina "má-fé" e Heidegger "derrelicção".

A OBJEÇÃO COMUNITARISTA

Assiste-se, há alguns anos, ao crescimento exponencial do pensamento "comunitarista" ou multiculturalista; penso sobretudo em seus representantes moderados e universalistas como Michael Walzer nos Estados Unidos ou Charles Taylor no Quebec, mas também no filósofo alemão Axel Honneth, com sua filosofia do reconhecimento. Essa corrente tende a apontar os malefícios do individualismo liberal e se coloca a favor de uma crescente valorização das identidades culturais, uma vez que os indivíduos estão sempre/já inseridos em determinada cultura. A finalidade é a de refletir sobre os contornos que deveria assumir uma sociedade buscando garantir a seus membros as condições para uma "vida boa", uma problemática que coincide com a sua. Ora, para chegar a essa meta, os homens precisam poder se beneficiar de um reconhecimento jurídico-político, mas devem também gozar de uma consideração moral que lhes permita se referir positivamente às qualidades que derivam de sua identidade cultural específica, como argumenta Axel Honneth, que substituiu Habermas à frente da Escola de Frankfurt. Daí a ideia da necessidade, em nossas sociedades, de maior atenção com relação aos efeitos negativos engendrados pela depreciação de certos modelos culturais de autorrealização quando, é claro, não entram em conflito com os valores comuns. Você se sente próximo dessa argumentação?

O debate que opõe liberais e "comunitaristas" realmente levanta importantes questões ligadas ao recente avanço das identidades culturais. No estabelecimento desse conjunto de questões, assim como nos argumentos articulados por ambos os lados, creio que duas correntes interlocutoras já os haviam precedido bem anteriormente: a dos românticos e a dos *Aufklärer* (os filósofos iluministas). Para os românticos, o ser humano só é propriamente humano como integrante de uma comunidade (*Gemeinshaft*), de um corpo social concebido a partir do modelo do organismo. Contra as ilusões da tábula rasa que instituem o sujeito, o indivíduo ou o povo como fundamento, os românticos pensam os diversos aspectos da cultura como emanações da Vida. O romantismo inteiro repousa na ideia de que o homem só é homem entre os homens porque pertence a um mundo comum. É essa visão do homem como ser-em-comunidade que domina ainda o pensamento de Maurice Barrès sobre o desenraizamento ou o de Joseph de Maistre (1753-1821) em *Considérations sur la France* (1797), que diz: "Em minha vida, vi franceses, italianos, russos etc. – graças a Montesquieu sei até *haver quem seja persa* – quanto ao *homem*, porém, declaro nunca, que eu saiba, ter encontrado um na vida. Caso exista, é sem meu conhecimento." Essa crítica do humanismo abstrato se tornaria o traço fundamental da contrarrevolução. Por estranha ironia da história, essa ideia propriamente reacionária acabou, nas últimas décadas, ganhando ares eminentemente "progressistas", para se identificar com a inspiração dos colonizados a uma singularidade atropelada pelo imperialismo eurocentrista, ou ainda com as posições diferencialistas de uma parte da extrema esquerda e da ecologia radical.

Para o Iluminismo, pelo contrário, a *humanitas* do homem não se define pelo *enraizamento*, mas pelo *desenraizar-se*: é por sua capacidade a não se deixar fechar numa determinação particular (donde sua capacidade a se tornar consciência e vontade) que o homem acede à sua humanidade. É porque ele pode se distanciar de sua história ou de sua natureza, para considerá-las, por assim dizer, de fora, que o ser humano, homem ou mulher, pode pretender uma vida autenticamente humana – uma visão que está na base mesmo do espírito crítico. Encontra-se nisso o gesto, republicano por excelência, de abstração com relação à comunidade de origem, daí a noção de humanismo abstrato.

Michael Walzer e Charles Taylor, mais próximos dos românticos, cometem, a meu ver, um erro factual, que é o de sua crítica visar, antes de tudo, à ideologia republicana à francesa. Para esta, no entanto, não se trata mais de excluir vinculações culturais: há algum tempo, a República as autoriza, a ponto de garantir não somente sua possibilidade, mas também a coexistência pacífica. Não estamos mais na Guerra da Vendeia!² A República pacificada – e essa noção tem sua importância – aceita os comunitarismos: somos todos um pouco românticos e membros de uma ou de várias comunidades, quer se trate de uma comunidade sexual, religiosa, uma associação de militantes, de motoqueiros ou de jogadores de boliche... Tais vinculações são perfeitamente garantidas pela República, que, entretanto, considera que o ser humano deva ser respeitado não como membro de determinada comunidade (sexual, étnica, religiosa ou linguística) – nesse sentido ele é apenas protegido –, mas como representante do gênero humano.

É o mesmo sentido da Declaração dos Direitos Humanos de 1789...

Exatamente, e essa Declaração é que se encontra no princípio do ideal republicano, pois estipula que o ser humano tem direitos, dignidade e merece ser respeitado, *abstração feita* de qualquer vinculação comunitária, religiosa, cultural, linguística e até nacional. Com isso, qualquer indivíduo, na República, merece a proteção da lei, seja ele estrangeiro, clandestino ou sem documentos.

Em sua crítica do humanismo abstrato, Hannah Arendt evoca essas hordas de apátridas e de deslocados territoriais que ela considera a categoria mais representativa do século XX. Segundo a autora, o drama desses refugiados mostra que o homem não conquista sua humanidade com a liquidação do seu passado e da sua cultura. Pelo contrário, segue ela explicando, o homem que perde a proteção

---

² Guerra Civil pós-Revolução de 1789, no oeste da França, que começou como rebelião camponesa, assumindo, em seguida, forma de movimento antirrevolucionário, violentamente reprimido. (N.T.)

de seu Estado-nação, o homem que nada mais é senão um homem (uma pura consciência sem vínculo nem residência) deixa de ser, em certo sentido, um homem: ele é *desumanizado*. Parece-me, no entanto, que essa argumentação se articula em defesa, principalmente, do Estado e de seu poder protetor. O Estado republicano, insisto, protege quem se encontra em seu território, mesmo que ilegalmente. Até as expulsões devem, pelo menos em princípio – o que não é pouco –, seguir regras de justiça. Isso para dizer o quanto o "humanismo abstrato" – que consiste em proteger os homens enquanto homens – nada tem de abstrato e, aliás, custa muito caro, se pensarmos que todos que se encontram em nosso solo podem, por exemplo, se beneficiar de cuidados hospitalares se estiverem doentes. Os americanos insistem em ver, no modelo republicano, uma espécie de jacobinismo hiperbólico, ou mesmo uma forma de totalitarismo hostil ao respeito das diferenças, o que de forma alguma corresponde à realidade. Os comunitaristas, mesmo abertos, tendem a inventar um adversário republicano totalmente imaginário.

Para os comunitaristas ou multiculturalistas moderados, a principal dificuldade tem a ver, na verdade, com a representação ou reconhecimento das identidades culturais no espaço público. Isso nos remete também à questão que levantei ainda há pouco, de saber em que medida esse reconhecimento político é necessário à dignidade dos indivíduos e à própria autoestima. Qual a sua opinião sobre isso?

A dificuldade vem do fato de o comunitarismo, mesmo universalista e de esquerda, obrigatoriamente levar, de qualquer maneira que se revire o problema, a uma política de "direitos coletivos" e até de discriminação positiva, quer dizer, *in fine*, a um sistema de cotas.

É precisamente o que os americanos chamam de *Affirmative Action*, um dispositivo que visa sempre, mais ou menos, a reservar lugares (nas empresas, câmaras ou universidades) a pessoas selecionadas por suas vinculações a determinada categoria (mulheres, negros, jovens oriundos da imigração), sendo o objetivo propagado o de suspender provisoriamente a igualdade real das chances. Com o regime de cotas, não pensamos mais em termos de direitos individuais, mas em termos de direitos coletivos. Isso me parece eminentemente injusto e até perigoso, pois saindo do âmbito republicano, fabricam-se "mulheres por cota" ou "negros por cota", ou seja, indivíduos dos quais, por toda vida, se vai desconfiar do eventual sucesso, conseguido não por seus talentos ou méritos, mas graças a uma discriminação invertida. Por motivos que vêm da trajetória histórica deles, os canadenses e os americanos têm dificuldade para compreender que, no país da revolução de 1789, instaurar cotas e, com isso, transformar o *direito à diferença* em *diferença de direitos* significa restabelecer privilégios – privilégios com certeza invertidos, pois consentidos a minorias, mas isso nada muda com relação aos princípios. Seria voltar a discutir a noite do 4 de agosto.[3] Além disso, observo que, durante a segunda metade do século XX, o anti-humanismo frequentemente foi alimentado pela luta das identidades oprimidas (pense-se, por exemplo, no terceiro-mundismo) para dar origem a uma ideologia do "direito à diferença" que fere o ideal republicano.

Na prática, existem na França apenas duas leis estabelecendo a discriminação positiva: a lei sobre os portadores de deficiência física e a lei sobre a paridade na representação das mulheres na Câmara

---

[3] De 1789, quando a Assembleia Constituinte da Revolução deu fim ao sistema feudal, acabando com os direitos senhoriais. (N.T.)

e, mais amplamente, nas eleições locais. Antes, em 1958, o general De Gaulle havia assinado dois decretos, pedindo a integração de certo números de "muçulmanos" no serviço público francês. Quando o presidente Nicolas Sarkozy mencionou em discurso a ideia de "alto funcionário muçulmano", foi evidentemente pouco hábil, mas se referia precisamente a esses dois decretos, empregando o vocabulário de uma época em que 90% dos franceses se declaravam cristãos e que, de fato, quando se dizia "muçulmanos", a referência era aos argelinos franceses, sem imaginar que pudessem ser ateus ou convertidos a outra religião.

Assim como um sistema de cotas me parece perfeitamente se justificar para ajudar a integração dos portadores de deficiência física, a aplicação às mulheres me dá a impressão, na verdade, de um insulto, pois parece assimilar a feminidade a uma deficiência irreversível. Por esse motivo, entre outros, muitas feministas, com Élisabeth Badinter, Catherine Kintzler e Évelyne Pisier muito justamente combateram a lei sobre a paridade. Pelos mesmos motivos sou contra, pois essa lei sugere que as mulheres precisam ser protegidas como "sexo fraco", incapazes de sucesso por si mesmas, o que, paradoxalmente, repete um dos piores clichês machistas. Foi por terem sido consideradas menores que foram protegidas constitucionalmente; e a paridade, com isso, em vez de apoiar a ideia de que as mulheres, em política, são "homens como os outros", tende a limitá-las novamente num gueto de clichês essencialistas, dos mais ultrapassados.

Note-se, além disso, que essa lei, que é a mais extremista do mundo, não mudou estritamente nada com relação à presença das mulheres no Parlamento, que não avançou em absolutamente nada, desde então – e sou o primeiro a deplorar esse fato. Estou plenamente de acordo que se recuperem os atrasos historicamente acumulados à custa de certo voluntarismo. Mas inscrever essa recuperação na lei me parece profundamente antidemocrático e antirrepublicano. Fundar a diferença de direitos numa *definição biológica* do ser humano, mesmo que limitada a um caso único, contraria todas as tradições democráticas modernas.

Na Suécia, a instauração de cotas provisórias conseguiu que a presença de mulheres executivas nos conselhos dirigentes das empresas passasse de 6% a 44%...

Terá sido mesmo a lei das cotas que deu esse resultado? Não seria, antes, a evolução dos costumes? Não vejo muito como responder. Uma vez mais, não esqueça que a condição feminina, independente de qualquer política de cotas, evoluiu na Europa em 50 anos mais do que nos cinco últimos séculos. A verdade é que, com a discriminação positiva, corre-se em busca do resultado. Mas admitamos que você esteja certa, essas cotas, como você mesma disse, são provisórias, na Suécia (o que não é o caso da lei sobre a paridade). Se por acaso se devesse decidir por políticas desse tipo, sempre fui favorável a que partam então de uma moratória e não de uma lei intangível, instalando a feminidade no registro de uma espécie de deficiência definitiva.

Seu raciocínio seria o mesmo se tratando de minorias étnicas ou culturais?

Claro que sim: cada um tem todo direito de reivindicar uma identidade cultural própria, mas não o de representá-la no plano jurídico e constitucional. Não se poderia fazer da vinculação a uma comunidade, ou pseudocomunidade de origem, um direito a ser representado na Câmara ou a obter um lugar na universidade. Seria profundamente antimeritocrático. Além disso, você pode muito bem ver que a lei sobre a paridade causa problema com relação a todas as outras comunidades, que podem também reivindicar o direito de se beneficiar de um empurrãozinho de recuperação histórica. Você acha mesmo que as mulheres tenham sido mais excluídas do que as classes populares ou que os imigrantes? Levar a discussão para esse terreno é como abrir a caixa de Pandora. Num plano pragmático, o remédio se revela, além de tudo, pior do que o mal que se pretendia reparar, pois acaba, infalivelmente, se voltando contra os favorecidos, sob a eterna suspeita de não terem mérito para a função que ocupam. Concluindo, não é a diferença, mas a semelhança humana que cria o valor do outro.

Como você explica o recente crescimento das lógicas comunitárias, na França?

Acho que os problemas da integração à francesa se devem menos ao fracasso da lógica republicana do que ao fato de ela ter sido insuficientemente aplicada — o que, amplamente, está ligado à vitória, após 1968, da "segunda esquerda" sobre a primeira, dos democratas sobre os republicanos, tanto na escola (vitória do pedagogismo, nos anos 1980) quanto na questão das comunidades. O recente crescimento dos comunitarismos me parece em boa parte vir do que amplamente abandonamos desde 1968. Com os olhos voltados para o modelo americano, multiplicamos erros, como aulas dadas aos imigrantes em suas línguas de origem e outras medidas do mesmo tipo. Por motivos tanto econômicos quanto ideológicos, liberais e libertários se associaram objetivamente, permitindo que se constituíssem guetos. No entanto, quando se atravessa o Bronx ou os bairros negros de Chicago, tem-se a impressão de os Estados Unidos não terem muito o que ensinar...

Resta um último ponto, difícil de negar e diante do qual creio não podermos fechar os olhos: a multiplicação, na França, dos atos de violência ligados a confrontos intercomunitários. Assiste-se, em certos centros escolares, a uma insustentável banalização de atos e de dizeres racistas ou antissemitas. Essa perda do sentido das palavras e essa banalização dos próprios fundamentos do crime contra a humanidade me parecem extremamente preocupantes. E em nada depõem a favor de um incentivo maior aos isolamentos comunitaristas.

Você chegou a discutir essas questões com o presidente da República, Nicolas Sarkozy?

Tivemos várias conversas a esse respeito, tendo sido uma delas publicada num relatório do Conselho de Análise da Sociedade. É um claro ponto de desacordo. O presidente Sarkozy quer "fazer mais por quem tem menos", coisa com que concordo perfeitamente, mas sem recorrer ao sistema de cotas: criar uma zona de educação prioritária (ZEP), por exemplo, não significa praticar a discriminação positiva, mas sim dirigir maiores verbas na direção das áreas pobres. Não há política de cotas alguma nisso. A política republicana de serviço público sempre consistiu em fazer mais pelos que têm menos, uma filosofia que nossa política fiscal e nosso sistema escolar refletem. Mesmo assim, o jogo de conceitos implicado nisso é sutil, e as confusões são frequentes, até entre os responsáveis políticos.

O ANTICONFORMISTA

E para as grandes escolas?[4] *Acha aceitável o desejo que formulou o atual ministro da Educação Nacional, de ter nelas 30% de alunos oriundos dos meios desfavorecidos, recorrendo, se preciso for, ao sistema de lugares reservados nas provas?*

Como ser contra a matrícula, nesses locais da excelência que são as grandes escolas, de estudantes vindos dos meios populares? Apesar disso, me mantenho, também nesse aspecto, absolutamente contrário à instauração de uma discriminação positiva no plano das provas, como muitos pediram, logo depois desse anúncio do ministro da Educação. Como disse com relação às mulheres, acho que quem se beneficia de algo assim vai sempre ser visto como "estudante por cota". Deve-se elevar o nível e não abaixar a altura do obstáculo. Fui estudante bolsista; qualquer coisa teria sido melhor do que ter conseguido o *capes* ou a *agrégation* graças ao empurrão das cotas. Consideraria uma vergonha indelével. As pessoas não se dão conta do insulto que se faz aos estudantes vindos de ambiente pobre ou problemático quando, implicitamente, os consideram deficientes demais para ter sucesso por conta própria. Pode-se imaginar Charles Péguy ou Léopold Senghor como *agrégés* ou *normaliens* por cota? Teriam certamente detestado essa ideia.

Resta saber por qual tipo de iniciativa substituir as cotas, se quisermos lutar contra as discriminações. O tempo todo propus que se pedisse às grandes escolas que estabelecessem sistemas de tutorado nos dois últimos anos do fundamental, como Pierre Tapie fez na

---

[4] As *grandes écoles* são "estabelecimentos de alto ensino superior", segundo o Ministério da Educação. São atualmente sete: Administração, Estudos Territoriais, Meteorologia, Saúde Pública, Obras Públicas do Estado, Aviação Civil e Altos Estudos em Ciências Sociais. (N.T.)

Escola Superior de Ciências Econômicas e Comerciais (Essec). Seria uma maneira de, por um lado, caçar bons alunos vindos dos meios populares e, por outro lado, prepará-los nesse caminho difícil, principalmente (mas não apenas) abrindo acesso às formações linguísticas mais "classificadoras". Por último, e para que esses dispositivos sejam eficientes, seria imperativo aumentar substancialmente, como fiz, o número de bolsas por mérito, de maneira a que os alunos mais talentosos possam continuar os estudos. Seria uma solução republicana e eficaz, sem se render absolutamente a essa facilidade, para não dizer covardia política que a *Affirmative Action* à americana representa...

Alguns sociólogos dizem que, para poder adequadamente se integrar e participar de maneira mais satisfatória na sociedade francesa, os imigrados e seus filhos precisam, antes de tudo, conhecer sua cultura de origem, para melhor saberem quem são e de onde vêm. Como você vê esse tipo de raciocínio, atualmente em voga, sobretudo entre os trabalhadores sociais?

Principalmente acho que os filhos de imigrados têm não somente necessidade, mas também vontade de ser como todo mundo, e isso o mais rapidamente possível! O culto das raízes não leva a nada! Estou convencido de que as pessoas só se fecham em comunidades ou culturas de origem por se sentir mal-integradas na sociedade que as recebe, por sentir dificuldade com os costumes em vigor ou com a língua. Como ministro da Educação Nacional, fiquei impressionado com os estragos psicológicos provocados pelo pouco domínio da língua, que gera uma perda de autoestima e, consequentemente, abala o respeito dos outros. Ou seja, a retirada comunitarista quase sempre ocorre por desespero de causa. Na verdade, a mesma lógica se aplica a franceses há várias gerações. Veja como nos sentimos constrangidos quando vimos de um meio modesto e entramos, como se diz, no "grande mundo", pouco à vontade, no início, com pouca distinção...

Fala por experiência própria?...

Se você soubesse a energia que precisei despender para causar um efeito mais ou menos normal! É verdade, posso falar por experiência própria e sei que essa passagem de um mundo a outro pode se revelar bem violenta, a ponto de se sentir quase fisicamente o peso da inadaptação social. Mas o que se quer, nessa situação, é dominar os códigos o mais rapidamente possível e não continuar a se comportar como um "jeca" ou sustentar contra o mundo a identidade de caipira grosseirão...

O imigrado argelino que chegava à França nos anos 1960 sofria um permanente sentimento de humilhação e de ferimento narcísico. E um homem ferido pode facilmente se voltar para falsas soluções. Dou-me conta disso ainda hoje em dia, quando participo como orientador de tese de algum estudante originário do norte da África. Quando a família chega à faculdade com roupas tradicionais para assistir à defesa, o doutorando muitas vezes vem dizer, meio sem jeito, que os parentes não falam muito bem francês, sem saber ler nem escrever. Sente-se perfeitamente a grande carga afetiva e a humilhação em potencial que pesam sobre essas situações. O menor gesto descabido por parte dos membros da banca ou qualquer descuido podem ter consequências dramáticas. É preciso muita delicadeza para não entrar em choque, mas isso não é motivo para se recusar à integração.

Você falou dos sociólogos. Alguns sustentam também que se algumas jovens cobrem o rosto com o véu é por verem nisso uma maneira de afirmar ou "soltar" a própria subjetividade, com esse gesto representando, para elas, uma dimensão emancipadora. Ouviu-se mil vezes esse argumento, durante os debates em torno da lei sobre as expressões religiosas na escola e, nem por um segundo, acredito nisso. Essas moças são frequentemente muito infelizes, e a lei de 2004 sem dúvida facilita a integração. Por esse motivo, aliás, as militantes do *Ni putes ni soumises*[5] escolheram, muito acertadamente, manter um discurso leigo e republicano, dos mais diretos.

O FUTURO DA HUMANIDADE EUROPEIA

Em Crítica da modernidade, *um livro publicado em 1992, o sociólogo Alain Touraine formulou o seguinte alerta: "Se não conseguirmos estabelecer outro conceito da modernidade, menos orgulhoso que o do Iluminismo, mas capaz de resistir à absoluta diversidade das culturas e dos indivíduos, vamos passar por tempestades ainda mais violentas do que as que acompanharam a queda dos antigos regimes e a industrialização." Compartilha dessa preocupação?*

Como não concordar com a preocupação em superar a dialética do global e do local? Mas o que fazer para isso? É onde está a dificuldade. Não podemos nos contentar, como em geral fazem os programas políticos, em designar os temas de cada capítulo, brandindo a perpétua busca de um "grande projeto" abrindo uma terceira via entre isso e aquilo, ou, no caso, entre um neoliberalismo dominante e um neocomunitarismo intolerante. A filosofia e a sociologia não se resumem a colocar questões: é preciso também trazer respostas. Afirmar que

---

[5] "Nem putas nem submissas", movimento feminista fundado em 2003. (N.T.)

somos contra a arrogância republicana e contra a perspectiva de uma fragmentação etnoidentitária, tudo bem, mas o que isso significa, exatamente? Deve-se perguntar a Alain Touraine. No que me concerne, proponho uma evolução que conserve o que o primeiro humanismo, o humanismo abstrato e republicano, tem de grandioso, mas prolongando-o até um segundo humanismo, não mais apenas dos direitos, da razão e da colonização, mas um humanismo da preocupação com o outro, ou até um humanismo do amor, já que foi profundamente afetado e modificado pela invenção da família moderna, fundada na livre escolha e não mais no casamento programado. Dito isso, não estigmatizemos demasiadamente o primeiro humanismo, o da ideia republicana. Não vamos esquecer que, ao contrário da imagem que se faz, carregada de sombria ignorância, a lei de 1905 sobre a separação da Igreja e do Estado é uma lei bem moderada e mais tolerante com relação às identidades religiosas do que imaginam as pessoas.

Para outros, com sensibilidade mais soberanista, o lugar ideal de reconciliação entre o universal e o particular seria o Estado-nação, já que a prática da democracia e do debate contraditório requerem uma língua e referências comuns, argumenta, por exemplo, Paul Thibaud, ex-diretor da revista Esprit. *Graças a uma conjunção que alia liberdade e identidade, a comunidade nacional é então pensada como local privilegiado para a luta contra a decadência do cidadão, transformado em consumidor (demissão ultraliberal), mas também como local de problematização das identidades e das heranças culturais submetidas, com isso, à ação da razão e da política (demissão ultracomunitarista). Qual a sua opinião a respeito?*

Paul Thibaud e Marcel Gauchet estão próximos nesse ponto e têm razão ao destacar que a solidariedade entre os homens se realiza antes de tudo, independentemente da União Europeia, no âmbito nacional. É simples questão de bom-senso: os orçamentos para a Saúde, para o seguro-desemprego ou para a Educação são orçamentos nacionais e assim vão continuar. A essa visão soberanista e antieuropeia, que se deve não só escutar, mas também ouvir, faria a objeção de que nossa entrada recente na globalização muda totalmente os dados do problema. Por quê? Porque o modelo do Estado-nação passou a ser o lugar do inexorável crescimento potencial... da impotência pública, que constitui a característica maior da política moderna. Num universo globalizado, queira-se ou não, os motores da política nacional – é algo que se observa cotidianamente – não movem mais grandes coisas. Para garantir um Estado em vias de falir diante dos mercados financeiros – como a Grécia ou a Irlanda, nos últimos tempos –, é preciso a união de muitos: sozinho, o esforço nacional é insuficiente, e isso agora vale para todos os países da Europa. Basta pensar por três segundos para ver: se nossos responsáveis políticos nacionais pudessem realmente agir, não teríamos recessão nem desemprego nem déficit orçamentário. No entanto, temos os três em consideráveis proporções, o que significa que, em boa parte, é mais além que a coisa se passa. Em si e para si, o âmbito do Estado-nação é provavelmente o melhor, quando se trata de reconciliar a universalidade da cidadania e o respeito pelas origens culturais. Mas hoje é preciso que, no mínimo, esses Estados-nação se reagrupem. É a condição *sine qua non* para que possamos *voltar a ter controle sobre o curso do mundo* que, desde os anos 1990, nos escapa. É aconselhável, então, que se construam entidades mais amplas e mais fortes. E isso se denomina, apesar de todos os defeitos, que são grandes e reconheço, União Europeia. Não se trata de deixá-la, mas sim de melhorá-la. É difícil, lento, trabalhoso e, às vezes, insatisfatório, mas não temos outra escolha.

O ANTICONFORMISTA

Se entendi direito, a Europa, nesse início de século XXI, constitui também uma maneira de se aceitar o desafio humanista, num momento em que a globalização pode roubar dos indivíduos o domínio do próprio destino, pondo em perigo uma das grandes promessas do Iluminismo?

Exatamente, é uma maneira de se formular a questão. Com toda evidência, é em escala europeia e não mais em escala nacional que nossos velhos Estados-nação podem esperar reassumir o controle. Paradoxalmente, quanto mais soberanista e mais se desejar que o Estado tenha peso, mais se deve ser pró-europeu. Uma nação europeia isolada está fadada à morte: nela, a política não teria mais peso algum. É preciso uma absoluta ignorância orçamentária, por exemplo, para imaginar que um país isolado na Europa possa praticar sozinho o rigor se os demais não fizerem o mesmo. A globalização que teve início nos anos 1990, com a instantaneidade que a Internet trouxe aos mercados, está unindo nossos destinos.

No entanto, a União Europeia é vista por nossos concidadãos menos como um fator de resistência à globalização e mais como o braço armado da adaptação dos nossos velhos países à barbárie globalizadora e tecnicista, como um instrumento encarregado de entregá-los de pés e mãos amarrados à flexibilidade, à precariedade e ao *dumping* social. As pesquisas comprovam: mais de 60% dos europeus acham que a Europa não os protege da globalização. Entendo tais preocupações, ligadas ao fato de, com o pacto de estabilidade e de crescimento, a União Europeia ter mais pedido esforços do que trazido ajuda – pelo menos para o cidadão médio. Uma proteção sem protecionismo está longe de ser inventada, e a diplomacia europeia não é brilhante, é o mínimo que se pode dizer. Escolheu-se colocar na presidência das diversas instâncias europeias zumbis de nomes desconhecidos e dos quais ignoramos mais ou menos tudo, até as ações. Isso é uma calamidade, e sou o primeiro a insistir. Como ministro, fui a todas as reuniões ministeriais europeias e, francamente, se você entrar pró-europeu numa dessas reuniões, em 15 minutos sai soberanista, de tanto que são — só se fala para nada dizer, nada se decide e tudo parece já determinado por assessores vindos de não se sabe onde — derrisórias. Mas essa infeliz União é a única ferramenta de que dispõem nossos velhos Estados para se inscrever mais eficazmente nas relações de força que se confrontam no plano mundial e para evitar que mergulhemos em ainda maior impotência.

A luta contra o *dumping* social, por exemplo, passa pela instauração de relações de força mais do que pelos belos discursos sobre direitos sociais. Por um paradoxo que é apenas aparente, é em direção à integração europeia que se deve ir se quisermos voltar a atribuir maior capacidade política à nação. No contexto da globalização e da interdependência, a quase totalidade das disputas econômicas, financeiras, ecológicas e até de sociedade escapa, de fato, do domínio dos Estados europeus tomados em separado. Digo "de sociedade" com conhecimento de causa: para que proibir a triagem de embriões, a inseminação artificial por casais homossexuais ou a clonagem terapêutica na França, se forem autorizadas em Bruxelas? Para nada serve, é um tiro no pé. Dainte da globalização, sobretudo do "G2", a aliança entre a América e a China, é evidente que a França sozinha, a Alemanha sozinha, a Itália ou a Grã-Bretanha sozinhas não dão conta. Para que uma política de rigor na França se outros países europeus não fizerem o mesmo? Para que uma legislação francesa sobre os transgênicos ou uma taxa de CO_2 à francesa se nenhum dos vizinhos a adotarem? Podem-se multiplicar os exemplos. Eles demonstram, em todo caso, a urgência de se construir uma verdadeira Europa política que, por enquanto, é preciso admitir, não chega a ser convincente e menos ainda entusiasmante. A União Europeia mais parece uma grande Suíça, um espaço de direito, paz e relativa prosperidade, mas não uma entidade política capaz de se colocar à altura dos desafios que nos impõe a globalização. Se os europeus pretendem ter influência sobre o avançar do mundo, sem permitir que ela encolha, é urgente que comecem a se exprimir por uma só voz.

Muitos intelectuais franceses, mesmo assim, votaram "não" no plebiscito de 2005...

Partindo do ponto de vista a que me refiro, votar "não" no plebiscito de 2005 era um gesto totalmente sem sentido, expressão de uma irritação, de um reflexo passional de rejeição. Ainda mais por esse voto negativo não nos fazer de modo algum sair da União, apenas nos limitando ao Tratado de Nice, o pior de todos, e indo contra o Tratado de Lisboa, que pelo menos tinha o mérito de democratizar o funcionamento das instituições europeias e criar um embrião de Europa política. Antes, com a regra da unanimidade, não se podia tomar decisão alguma sobre qualquer coisa: havia sempre um inglês, um tcheco ou um polonês para levantar o dedo e dizer não. A principal virtude do Tratado de Lisboa era a de instaurar o voto por maioria qualificada em cerca de 40 áreas de competência, de maneira a recuperar uma margem vital de ação. É justamente o que pode esperar quem é a favor do Estado-nação. Denegrir a União Europeia por ser antissocial, antidemocrática e não sei mais o que, como fizeram tantos neorrepublicanos de direita e de esquerda, me parece demonstrar que mesmo os melhores intelectuais se desnorteiam. Deve-se lembrar de que a maioria deles ignora por completo as questões econômicas e orçamentárias que sustentam a realidade da política moderna. Insisto, então, que é por ser soberanista que sou pró-europeu.

Edmund Husserl, em suas famosas conferências de Viena e Praga, em 1935, sobre "a crise do humanismo europeu", e já proibido de falar em público pelo regime nazista, previu apenas duas soluções para a crise europeia, nos seguintes termos: "a Europa vai mergulhar na barbárie e no ódio contra a inteligência ou haverá de renascer a partir do espírito da filosofia." E concluía: "O maior perigo que ameaça a Europa é a lassidão." Que conteúdo os europeus desse início de século XXI podem tirar dessa proposta, que todos sentem justa e urgente?

Acho que se deve incansavelmente lembrar – pois não parece ocorrer naturalmente – que essa criação única e insubstituível, indissociavelmente histórica, social e cultural que é a Europa (e não me refiro apenas à União Europeia, mas, mais amplamente, a esse admirável misto de proteção social e liberdade que nossos velhos países da Europa Ocidental conseguiram inventar) sofre hoje ameaças generalizadas, inclusive no plano demográfico. É como a chama, infinitamente frágil, de uma vela exposta aos ventos. Só que, em vez de protegê-la com as mãos em concha e todo cuidado, ainda sopramos em cima. Se persistirmos nisso, como previu Husserl, corremos sério risco de colher o ódio contra a inteligência e o eventual retorno à barbárie.

8

A nova desordem ecológica

ALEXANDRA LAIGNEL-LAVASTINE – *Em seu ensaio* A nova ordem ecológica *(1992), você põe em dúvida a capacidade do humanismo não metafísico de assumir as questões ambientais. No mesmo espírito, apontava as derivas anti-humanistas da ecologia profunda (*deep ecology*) entre outras atitudes menos extremistas, mas que também não deixam de fazer da natureza um elemento de direito pleno. Sob essa visão radical, não é mais o homem, considerado centro do mundo, que se deve antes de tudo proteger, inclusive de si mesmo (posição humanista), mas o próprio cosmo como tal. O ecossistema se vê, com isso, investido de valor intrínseco bem superior ao da espécie humana. Segundo suas palavras, para essa ecologia fundamentalista, o essencial – ou seja, a alma do diagnóstico – é que a modernidade antropocentrista se revelou um desastre, sem falar da herança vergonhosa do Iluminismo. Poderia voltar, em poucas palavras, a essa crítica de fundo?*

LUC FERRY – Com prazer, pois, se há tanto tempo insisto em ter uma visão crítica com relação ao que denomino "ecologismo", sempre me esforcei também em pensar a possibilidade de uma ecologia que se inscreva no âmbito da democracia e de um humanismo não metafísico. Como demonstrei, aliás, no final daquele livro (acho que ninguém, ou quase ninguém, o leu até o fim), isso de forma alguma exclui a ideia de um valor intrínseco da natureza: por exemplo por sua beleza, que sabemos destruir, mas não poderíamos inventar nem sequer reproduzir. O que deixa claro que eu já escapava dos limites estreitos do humanismo clássico. Com relação a isso, a emergência de uma consciência mundial sobre os problemas ambientais – que se comprova, entre outras demonstrações, pela Conferência de Copenhague, por mais decepcionante que tenha sido não somente pelos resultados, mas mais ainda pelos objetivos afinal anunciados – me parece, é claro, uma boa notícia, mesmo que o tema trazido à ordem do dia (essencialmente o aquecimento global) não me pareça o mais urgente.

DUAS ECOLOGIAS

Mas a pergunta me permite imediatamente desfazer um dos mal-entendidos suscitados pela leitura apressada e incompleta de *A nova ordem ecológica*. O livro, publicado em 1992, não pretendia desqualificar a ecologia pela polêmica, enfocando a ecologia nazista. Simplesmente tentei mostrar que a valorização da natureza como natureza original, silvestre e virgem (como *Urnatur*) – tal como existia antes do homem e independente dele (uma valorização que acompanha a das culturas tradicionais) – está historicamente ligada ao romantismo alemão e ao ódio pela civilização a que o Iluminismo deu origem. Por um lado, o nazismo era realmente animado pelo gesto romântico, rejeitando o racionalismo e o classicismo francês em prol de uma sacralização da natureza original e pura, a ser protegida contra a natureza artificial e domesticada pelo homem. Dito isso, o autêntico interesse

O ANTICONFORMISTA

do nazismo pela ecologia – comprovado pelas primeiras grandes legislações promulgadas para a proteção dos animais (1933) e da natureza em geral (1935) – não constitui, é claro, nenhuma objeção pertinente contra a ecologia contemporânea. Tratava-se, para mim, de enfatizar o caráter potencialmente anti-humanista de uma ecologia ainda marcada pela crítica radical do mundo moderno, venha ela de uma inspiração neoconservadora ou anticapitalista. Mas não vou me prolongar nesse ponto, já que defendia outra ecologia. Minha posição não mudou desde então: continuo convencido da necessidade de se escolher entre a ideologia anti-humanista da ecologia profunda e uma ecologia reconciliada com o humanismo democrático. São duas ecologias incompatíveis entre si.

Quais seriam justamente as principais críticas que você faria hoje à ecologia política, numa configuração que não é exatamente a mesma dos anos 1990?

Sejamos claros: hoje em dia, somos todos ecologistas e não vejo como alguém poderia ser a favor do desenvolvimento não sustentável ou de algum princípio de "imprecaução". O assunto então é indiscutível, só que há um detalhe: qual ecologia queremos defender? Além disso, com a emergência desses dois gigantes que são a China – que acaba de assumir o posto de segunda potência mundial – e a Índia, temos pela frente uma situação totalmente inédita. A entrada desses países na lógica da produção e do consumismo à moda ocidental, sem que tenhamos nenhum poder sobre isso, coloca um gigantesco problema: se os seus habitantes alcançarem nosso mesmo nível de vida, é claro que o conjunto dos recursos do planeta (petróleo, aço, matérias-primas etc.) não vai bastar! Precisaríamos de, pelo menos, mais dois ou três planetas iguais ao nosso, ou mesmo mais. Ou seja:

mesmo querendo, não temos estritamente meio algum – nenhum! – de impor qualquer regra a esse desenvolvimento. E é óbvio também que esses dois gigantes não estão nem aí para nossas preocupações de bobôs ecológicos satisfeitos, parisienses ou berlinenses. O pouco que a eles a ecologia pode interessar é por saberem que a crise das matérias-primas vai se abater de maneira maciça antes de 2020 e que também eles serão afetados por isso.

A ECOLOGIA DO MEDO E DA URGÊNCIA: UMA MISTURA EXPLOSIVA

A partir disso, a onipresença das ideologias que procuram criar medo, como se estivéssemos à beira do apocalipse, me parece calamitosa. Veja o personagem que Nicolas Hulot pouco a pouco criou para si mesmo.[1] Um sujeito talentoso e simpático que encarna o que se poderia chamar de ecologia popular, cujo primeiro representante foi o comandante Cousteau. O que não funciona é o seu lado "quero-tudo", ora favorável ao crescimento, ora ao decrescimento, encarnando esse ecologismo que pisa no freio e pretende limitar, taxar e proibir, em nome do princípio de precaução, enquanto, mais do que nunca, precisamos é de audácia e inovação. Conheço Nicolas Hulot por termos trabalhado juntos, no final dos anos 1990, época em que ele era claramente a favor de Jacques Chirac, na verdade bem mais do que eu. Elaboramos, a pedido do primeiro-ministro Alain Juppé, um projeto visando estabelecer um comitê de ética ambiental à imagem do comitê de ética para

---

[1] Repórter e apresentador de televisão. Considerado favorito como candidato verde para disputar a presidência da França em 2012, acabou sendo derrotado (em 2011). (N.T.)

as ciências da vida. A ideia era submeter à apreciação e à discussão de especialistas científicos das mais diferentes filiações as três perguntas seguintes: o que há de verdadeiro nos riscos que corremos? O que há de falso? E o que resta ainda de indeterminado no estado atual dos nossos conhecimentos? O texto para a criação desse comitê tinha sido redigido por assessores jurídicos do primeiro-ministro, que o aprovou, apesar da dura oposição de Corine Lepage, então ministra da Ecologia, preocupadíssima em não perder uma parte das suas prerrogativas. O documento ia entrar em vigor quando a dissolução da Câmara e a demissão de Alain Juppé interromperam a iniciativa.

O projeto não perdeu em nada sua pertinência. Como os fundos não podem ser indefinidamente estendidos, acho que para levar adiante uma boa política ecológica o problema número um é a hierarquização das prioridades. Deve-se começar pela salvação das baleias do Oceano Ártico? Não creio. Lutar contra o aquecimento global? Talvez, mas o debate não está encerrado: as variáveis do clima são incertas e de infinita complexidade, tornando extremamente difícil prever com toda segurança os efeitos das possíveis mutações do clima, na escala de 50 anos. A despoluição das águas e dos lençóis freáticos me parece, porém, um problema maior que seria preciso enfrentar com seriedade. Como não sou cientista nem especialista nessas questões, senti o quanto era necessário um debate esclarecido e esclarecedor, vantajoso para os políticos e para os cidadãos. Nesse ponto, Nicolas Hulot e eu estávamos totalmente de acordo.

E depois?

Depois, Nicolas Hulot mudou muito, se radicalizou a ponto de parecer, às vezes, ter passado para o lado dos teóricos do decrescimento.

Seu último filme merece, nesse sentido, a palma de ouro da ambiguidade. Por um lado (para estar bem com a esquerda), faz um discurso em defesa do anticapitalismo; por outro (pois também não quer estar mal com a direita), o apresentador de *Ushuaïa*, no canal TF1, jura por todos os deuses que de forma alguma seria contra o mundo empresarial. Mas parece secretamente encantado em demonstrar que os povos naturais – seu programa na televisão o tempo todo mostra isso – são um modelo de sabedoria, enquanto o abominável homem moderno responde pelo aquecimento global e, junto a isso, por todas as catástrofes futuras. Os seres humanos então terão que pagar pelo descomedimento e orgulho, e serão punidos com taxações, restrições e proibições...

Além da corrente representada por Nicolas Hulot, outras sensibilidades parecem emergir, mais responsáveis ou mais de acordo com a preocupação humanista que o interessa? Com a pergunta, estou pensando sobretudo em Europe Écologie.[2]

De modo geral, eu faria a distinção, na ecologia de hoje, entre duas grandes correntes de inspirações bem diferentes. A primeira, com uma lógica midiática de sucesso, à qual Nicolas Hulot parece ter aderido e querer dirigir – mas será que ele sabe onde está e para onde quer ir? – se apoia em três bases: o *medo*, a *urgência* e o *decrescimento*

---

[2] Europe Écologie começou como iniciativa política para listagem suprapartidária de simpatizantes e visando às eleições para o Parlamento europeu de 2009. Mais recentemente se tornou partido, no lugar daquele que já existia (Les Verts), apresentando como candidata para a próxima eleição presidencial na França a juíza Eva Joly, depois da derrota de Nicolas Hulot. (N.T.)

O ANTICONFORMISTA

O *medo*, que se tornou uma das paixões dominantes do universo democrático, deixa de ser uma paixão triste, infantil e vergonhosa – temos medo de tudo, dos transgênicos, da costela de boi, do telefone celular, do sexo, do álcool, do fumo, da velocidade, da nanotecnologia, do efeito estufa, do aquecimento global, das aves, de Claude Allegre[3] etc. Segundo essa ecologia, o medo se torna, pelo contrário, o primeiro passo para a sabedoria, pois nos conscientiza das ameaças que o desenvolvimento industrial impõe ao planeta. Daí a estratégia apresentada na maioria dos filmes de horror ecocatastrófico que nos últimos tempos nos impõem Nicolas Hulot ou Al Gore, sem esquecer Yann Arthus-Bertrand. Sua mensagem nos leva ao oposto de toda a tradição filosófica que, de Epicuro a Nietzsche, mostrava que o medo é o principal obstáculo para a sabedoria, impedindo que os seres humanos vivam bem, livres, lúcidos e generosos, que pensem, ajam e amem. Além disso, essa "heurística do medo", como denomina o filósofo Hans Jonas, autor de *O princípio responsabilidade*, tem horror à contestação democrática e, justamente por isso, para se livrar, precisa surfar na onda da angústia em que afunda nossa sociedade. Resultado: um novo medo se acrescenta, todo mês, aos anteriores.

A segunda base é a *urgência*: "Chega de falar, que a palavra passe à ação! O planeta está em chamas, acabemos com a ética da discussão." E por que não, já que é assim, com a democracia? Até Daniel Cohn-Bendit criticou Nicolas Hulot nesse ponto, comparando-o a Olivier Besancenot.[4] Essa ideologia da urgência tem desagradáveis

---

[3] Controvertido geoquímico, ex-ministro da Educação e autor de vários livros de vulgarização científica. Polemista, frequentemente vai contra teses bem-aceitas em matéria de aquecimento global etc. (N.T.)

[4] Carteiro de profissão, foi candidato de uma "Liga Comunista Revolucionária", nas eleições presidenciais de 2007. (N.T.)

conotações autoritárias. Ela já oferece aos khmers verdes a felicidade de fechar as vias expressas à beira do Sena, em Paris, e de tratar os automobilistas como delinquentes, mesmo que os engarrafamentos assim provocados aumentem a poluição e transformem em pesadelo a vida cotidiana de milhares de pessoas.

Terceira base: submeter a economia à ecologia (e não o contrário), o que, apesar de todas as negativas, significa ir rumo ao *decrescimento*. Os teóricos desta última, no entanto, são absolutamente incapazes de assumir as consequências humanas e sociais da solução que defendem: agravamento inelutável do desemprego e da miséria, falência de empresas e aumento do déficit público que tornaria a próxima crise inadministrável, além do retorno provável de grandes conflitos mundiais. O decrescimento é defendido por nosso ex-ministro do Meio-Ambiente, Yves Cochet, alguém com quem não concordo no plano das ideias, mas que estimo e em quem reconheço grande inteligência e real probidade intelectual. Tenho sempre prazer em ouvi-lo. Ele, porém, acha que o desenvolvimento sustentável e o crescimento verde são imposturas, com a crise das matérias-primas sendo, ao mesmo tempo, inelutável e próxima (o que é incontestável). Encaminhamo-nos, segundo ele, à catástrofe (do que não se tem tanta certeza), tornando inevitável a lógica do decrescimento. Yves Cochet propõe então programá-la consciente e politicamente, em vez de passivamente deixar que nos atropele, posição que, é claro, implica abdicação do projeto ilusório do consumismo. Além das consequências dramáticas que isso acarretaria no plano humano, em termos de desemprego e de falências empresariais, essa perspectiva me parece não ter eficácia por outro motivo, que vem do fato, volto a isso, de não termos absolutamente como impor qualquer coisa à China ou à Índia, dois países de mais de um bilhão de habitantes, ao mesmo tempo autoritários e ultraliberais. O medo e a urgência, com o decrescimento, formam uma mistura na verdade explosiva. O próprio Yves Cochet, aliás, o reconhece: não se pode montar um programa político partindo do decrescimento. Ele espera então que a catástrofe nos leve a tomar consciência e, se for o caso, que reajamos. Não chega a ser muito animador...

Mas essa ecologia se apresenta, apesar de tudo, como humanista...

Exatamente. A ecologia profunda, tal como existiu no início dos anos 1990, no momento em que escrevi *A nova ordem ecológica,* afinal teve o mesmo destino que o esquerdismo dos anos 1970: foi tragada pela história. Entretanto, assim como este último recupera algum ânimo sob forma de altermundialismo, ela também se refaz. A teoria atual do decrescimento não se confunde totalmente com a ecologia profunda, mas se encaixa, meio disfarçadamente, nos discursos mais virulentos do altermundialismo, com a sistemática demonização de tudo o que se remeta, de perto ou de longe, à lógica empresarial, ao mundo dos negócios, ao capitalismo e ao mercado financeiro. Comparadas a isso, as posições defendidas pelos militantes do Europe Écologie me parecem mais razoáveis, se excetuarmos a oposição que fazem ao nuclear. Daniel Cohn-Bendit é um democrata declaradamente contrário ao decrescimento. É claramente favorável à ética da discussão e, como ex-porta-voz do famoso "Gozar sem entraves" e do não menos célebre "É proibido proibir", seria difícil para Dany defender a ideia de que pela proibição e pelas obrigações faríamos as coisas progredirem. Ao contrário de outros, que passaram do vermelho ao verde para continuar a denunciar a abominação das sociedades liberais, ele me dá a impressão de ter evoluído bem de 1968 para cá.

Luc Ferry

POR UMA ECOLOGIA DA INTELIGÊNCIA COMPATÍVEL COM A DEMOCRACIA

Você mesmo enfatiza que a civilização do desenraizamento e da inovação, que é a nossa, não é incompatível com a preocupação de maior proteção à natureza. Em A nova ordem ecológica, *chega, aliás, a dizer que a ecologia coloca um grave desafio ao humanismo moderno. Daí a importância que atribui, também nessa área, à elaboração de uma ecologia fundada na crítica interna, ou seja, reformista, da modernidade – uma ecologia animada por paixões tão democráticas quanto a preocupação consigo mesmo, o respeito pelo indivíduo ou a busca de boas condições de vida aqui na Terra. Essa ecologia humanista representa, para você, a segunda grande corrente de que falou ainda há pouco?*

Penso não haver um sem-número de soluções: ou optamos pelo decrescimento, assumindo as consequências que acabo de evocar, mas não vejo bem como Yves Cochet e seus amigos vão convencer os indianos, os brasileiros ou os chineses a apoiá-los, sem falar dos próprios franceses!, ou escolhemos apostar na inteligência humana, na inovação científica e na integração da ecologia à economia, sob a forma do crescimento verde. Para isso, seria preciso parar de estigmatizar a pesquisa científica, os transgênicos em particular, mas parar também de inventar complicações absurdas como a "taxa sobre carbono", aplicável num único país. Essa medida estritamente francesa não servia para absolutamente nada no plano ecológico – vista da China ou do Brasil, essa iniciativa solitária (e por isso ineficaz) era francamente ridícula. Ao conceber a taxa, o governo francês certamente quis dar exemplo, na queda de braço que se disputa com os Estados Unidos: tratava-se de um belo "tema G20". Uma ecologia da inteligência e da inovação me parece amplamente preferível. É verdade, como vamos fazer para duplicar a produção agrícola nos próximos 50 anos, se quisermos alimentar o planeta? Acha-se, seriamente, que se chega a isso instaurando novos impostos, desistindo do progresso científico e proibindo a pesquisa sobre os transgênicos?

Deve-se, então, apostar na ciência?

É investindo maciçamente na pesquisa e atuando sobre as variáveis que vamos poder dominar e dispor de alguma (pequena) possibilidade para escapar. Digo "pequena" porque nada está decidido e não se pode ter certeza de que a China, com um crescimento de dois dígitos, não imponha problemas insuperáveis, muito rapidamente. Por enquanto, para os europeus, é a única estratégia possível. O átomo e a engenharia genética mostram que a ciência pode, em certos casos, permitir que se imagine um desenvolvimento infinito: uma fonte de energia infinita (com a energia atômica), medicamentos ou alimentos em quantidade potencialmente infinita (com a genética). Será propondo soluções novas e criativas, tecnologias limpas e menos devastadoras do que as antigas – do carro elétrico ao nuclear confiável, passando pelas residências de baixo consumo – que teremos alguma chance de escapar. Mais uma vez, não sendo cientista, é possível que meus exemplos não sejam bons. Em todo caso, não temos outra escolha. Quanto à crise das matérias-primas que se prepara para amanhã, o mercado vai se encarregar, em futuro próximo, de nos chamar a atenção e nos fazer sermos mais razoáveis. Se quisermos seguir em frente, vai ser preciso investir na pesquisa – e maciçamente. Quando os militantes do ecologismo destroem campos de transgênicos, aniquilam anos de trabalho científico, o que evidencia o quanto erram de alvo.

Luc Ferry

Natureza admirável, ciência maléfica: uma mudança histórica de paradigma

A pouca confiança que parecemos ter na ciência, hoje em dia, não constitui um obstáculo para o estabelecimento dessa ecologia da inteligência e da inovação a que você aspira?

A dificuldade vem de que, tomados que estamos pelas ideologias de segurança e suas litanias fanaticamente ansiosas – e, nesse ponto, os adeptos do "aquecismo" nas discussões climáticas têm grande responsabilidade –, é a natureza que hoje nos parece admirável e a ciência maléfica. Pelo que sei, tal clima intelectual não tem precedente algum na história. Com isso, esquecemos que a mãe natureza, longe de ser sempre uma companheira harmoniosa e fiel, muitas vezes se revela um tremendo adversário. O que há de mais "natural" que o vírus da Aids (centenas de milhares de mortos), o tsunami na Ásia (300.000 vítimas), o terremoto no Haiti (250.000), a erupção do vulcão islandês, os incêndios na Rússia ou as inundações catastróficas do verão de 2010 na China e no Paquistão? A natureza nem sempre é boa mãe...

A lógica que se impõe, se quisermos garantir a sobrevivência da espécie humana, se situa nos antípodas da sacralização da natureza acoplada à rejeição da ciência. Em vez de desconfiarmos das 1001 inovações que nos reservam os supostos aprendizes de feiticeiro da tecnociência globalizada, melhor faríamos apostando nos avanços do conhecimento. Ainda mais porque, por trás de todos esses discursos, há no fundo a ideia da necessidade de drástica redução da população mundial, se possível de alguns bilhões de indivíduos, uma ideia que o comandante Cousteau não deixou de enunciar em voz alta... Resumindo, essas pretensas soluções nada solucionam. É mais ou menos como os Verdes em Paris que, para acabar com os carros e desencorajar o uso, abrem abusivamente calçadões e colocam obstáculos nos bulevares, para provocar engarrafamentos. Insisto que tais medidas só servem para a implantação de uma ideologia da urgência basicamente antidemocrática. E, infelizmente, isso funciona! Funciona porque esse raciocínio se banha na superstição (a ciência diabólica) e, principalmente, no medo que impera. Como Maquiavel aconselhava ao príncipe: se quiser conservar o poder, apoie-se nos ricos, na polícia e no exército, e apoie-se na mais poderosa e difundida paixão: o medo. Temos, hoje em dia, uma quantidade de pequenos Maquiavel que não sabem o que fazem e nunca, aliás, leram *O príncipe*...

A ecologia profunda (deep ecology), cujas divagações extremistas que você há quase 20 anos denunciou, numa época em que tinha tudo para se tornar a ideologia dominante dos movimentos alternativos na Alemanha e nos Estados Unidos, lhe parece voltar a ganhar importância nessa primeira década do século XXI?

Se você tivesse feito a mesma pergunta há três anos, eu teria dito que a *deep ecology* estava completamente desacreditada e enterrada. E não é mais o caso. A ecologia profunda se recompôs mais do que desapareceu e hoje se apresenta de duas maneiras: pelo viés da crise, que dá força aos teóricos do decrescimento, e pela voga altermundialista e anticapitalista. Como antigamente a ecologia profunda, que ele recupera em sua quase totalidade, o altermundialismo recicla, num mesmo movimento, temas tradicionais da extrema direita, incluindo o antissemitismo disfarçado em antissionismo, e temas ainda ontem futuristas da extrema esquerda. Que não são forçosamente incompatíveis, sobretudo no campo ecológico.

Como já disse, na Europa coube à Alemanha nazista a elaboração das primeiras grandes leis para a proteção da natureza e dos animais selvagens (em explícita oposição à tradição francesa da lei Grammont, que só protege os animais domésticos). Esse mesmo *pathos* dos anos 1930 se encontra na ecologia profunda, com a ideia de não haver qualquer negociação possível com o mundo ocidental. Contra a uniformidade, o consenso, as pretensões à universalidade, o ecologismo valoriza a diversidade, o enraizamento e a singularidade – tanto local (em sua versão de esquerda), quanto nacional (na versão de direita). Na França, com relação à questão da proteção aos animais, o Front National (FN)[5] sempre esteve à frente – Brigitte Bardot é um bom exemplo, e Jean-Marie Le Pen recentemente lembrou: "A ecologia é invenção do Front National!" Repito não ser um acaso: dar preferência à natureza e não aos seres humanos é um dos lugares-comuns da extrema direita. Não se trata de acusar a ecologia em geral de intrinsicamente ser "pró-nazista" ou "esquerdista": seria delirante e marcaria, além disso, o sentido do maremoto que ameaça hoje em dia as sociedades democráticas. É justamente por dever ser levada a sério que não se pode dar o monopólio da ecologia aos ecologistas profundos. Daí a necessidade de se integrar a ecologia à economia, num âmbito democrático. É nesse sentido que se deve agir e certamente não no sentido de "retorno à natureza", que Voltaire já previa querer nos fazer voltar a andar de quatro...[6]

---

[5] Partido nacionalista e de extrema direita, fundado por Jean-Marie Le Pen, tendo para 2012, como candidata à disputa presidencial da França, a sua filha Marine Le Pen. Em 2002, o partido chegou ao segundo turno das eleições, provocando verdadeiro trauma na esquerda francesa, obrigada a fazer campanha para o candidato "menos à direita", Jacques Chirac. (N.T.)

[6] Em carta a Rousseau, agradecendo ironicamente o envio de Discurso sobre a origem da desigualdade entre os homens. (N.T.)

O ANTICONFORMISTA

Se permitir que reformule de maneira mais sistemática o que acabo de dizer, vejo as coisas da seguinte maneira: o problema ecológico fundamental atualmente toma a forma de verdadeira antinomia, de contradição absoluta entre duas propostas, com solução que se torna ainda mais difícil pelo fato de tese e antítese parecerem igualmente justas. A formulação mais simples pode mais ou menos ser a seguinte:

Tese: nossas economias precisam crescer, sem o que, evidentemente, assistiremos a falências empresariais e, com isso, ao aumento do desemprego e da miséria, acrescentando-se ainda um maior déficit público, o que tornará impossível o controle das próximas crises econômicas.

Antítese: no atual estado dos nossos conhecimentos, é claro que o crescimento mundial é totalmente insustentável, e isso por uma razão que ninguém pode, seriamente, negar: a Índia e a China entraram plenamente na lógica da produção e do consumo à ocidental, e, se os dois bilhões e meio de habitantes desses dois países vierem a ter nível de vida igual ao dos europeus ou dos americanos – por exemplo, o mesmo número de automóveis por habitante –, os recursos do planeta não serão suficientes.

O crescimento, então, é igualmente necessário e insustentável. Como resolver a antinomia? Temos apenas duas respostas possíveis. A primeira descende diretamente do Clube de Roma e consiste em optar pelo decrescimento. Sendo ele inevitável, é urgente que seja politicamente programado, pois é preferível assumi-lo, em vez de passivamente esperar – atitude que, no plano filosófico e moral, pressupõe sair da visão de mundo dominada pela ambição ilusória e mercantil do exclusivo consumismo. Não faltam dimensão nem atrativos a esse projeto pelo menos para quem não faça tanta questão da liberdade individual nem do consumo.

Essa opção, no entanto, se choca com duas objeções implacáveis. Uma já se inclui na tese da nossa antinomia: sem crescimento, inelutavelmente assistiremos ao aumento do desemprego e da miséria, talvez até à falência de certos Estados e, provavelmente, à volta de grandes conflitos mundiais. Mas, se o ecologista empedernido achar que tudo bem, pois o risco vale a pena, pode-se mostrar que a segunda objeção se mantém de pé, mesmo que se conteste a primeira: de qualquer maneira, não temos como, repito, por meio *nenhum*, impor qualquer coisa à Índia e à China, sendo, sobretudo esta última, ao mesmo tempo autoritária, natalista e ultraliberal, não ligando a mínima às nossas recomendações. Os imperativos do desenvolvimento econômico e do crescimento são absolutamente prioritários para o governo e, provavelmente, também para o povo chinês, de modo que os europeus nada vão poder mudar nisso, queiram ou façam o que for. Nisso se situa o verdadeiro problema, e não em outro aspecto. Limitados à França ou mesmo à Europa, nossos princípios verdes fazem tanto sentido quanto o socialismo num só país. Mas o problema vai além: não temos, além de tudo, como dar qualquer lição a esses povos, que nos acusam de nos termos desenvolvido sem a menor preocupação com o mundo nem com os povos que colonizamos e exploramos enquanto pudemos.

É preciso, então, usar as variáveis de que podemos dispor e, por qualquer ângulo que encaremos o problema, só nos resta apostar na inovação e na ciência. É o nosso verdadeiro papel, nossa única área de ação, pelo menos enquanto nosso avanço histórico nesse ponto ainda for real – razão pela qual, diga-se de passagem, a crise vocacional científica que hoje invade a maioria dos países ocidentais se torna extremamente preocupante. Será inventando e propondo ao resto do mundo soluções novas que talvez, pois nada garante, possamos "salvar o planeta". Isso pressupõe uma aceleração, que se assumam os riscos e se valorize a pesquisa, em vez de insistir no funesto princípio de precaução.

Cada um dos argumentos ou contra-argumentos esboçados anteriormente poderia ser desenvolvido e, provavelmente, nuançado. Mas não é isso o essencial. O que é notável, no caso da ecologia, vem da maneira como se ligam, hoje em dia, três preocupações fundamentais da política moderna: a globalização que nos tira a posse dos meios tradicionais e nacionais de ação política; a obrigação de se construírem, consequentemente, entidades supranacionais para que se volte a ter um campo mínimo de ação; mas também, e talvez principalmente, o imperativo de enfim se estabelecer uma consciência clara das finalidades e dos objetivos almejados pelos povos democráticos, na ocorrência, a proteção das gerações futuras, a começar pela de nossos filhos e netos. Também nisso estou convencido de que apenas o amor que nasce na esfera privada pode se constituir, ao mesmo tempo, como motor e combustível da ação pública. Sem forte motivação, nada vai mudar em matéria de ecologia e, de maneira mais geral, na organização do mundo.

O HOMEM COMO SER CAPAZ DE AMOR E DE ÓDIO: OS LIMITES DA SOCIOBIOLOGIA

Por falar em "andar de quatro", citando Voltaire, uma parte do seu esforço filosófico sobre a questão ecológica visa também tornar compreensível que o mundo humano e o mundo animal pertencem a duas ordens para sempre irredutíveis. Você afirma, por exemplo, que a questão do humano reveste, no fundo, duas faces complementares. Há, como vimos, o homem como ser de transcendência, como capacidade de se libertar até certo ponto dos códigos que o limitam. E há o homem, que é o mesmo, como ser capaz de amor e de ódio, capaz de assumir o mal como projeto. Para você, destacar isso é também uma maneira de enfrentar essa nova ideologia anti-humanista e bastante invasiva que a sociobiologia constitui, agora que o marxismo saiu relativamente de moda?

Essas duas dimensões são inseparáveis. A primeira, como evocamos no capítulo anterior, é que o homem é um ser de transcendência que escapa de toda limitação em categorias. Essa antropologia, que vimos como se origina nos sofistas e em Pico, é a base da discussão que há anos desenvolvo com alguns pensadores materialistas e, em particular, com André Comte-Sponville. Para esses meus interlocutores, o ser humano não tem um corpo e uma história, ele *é* seu corpo e sua história, o que, para mim, constitui o próprio princípio das visões metafísicas tradicionais do homem, com as quais o humanismo rompeu. Segunda dimensão: é precisamente essa transcendência — essa capacidade que nos é própria de, justamente, não nos limitarmos a nosso corpo e a nossa história — que, diz Fichte, depois de Pico e Rousseau, torna o olho humano diferente do da lagosta e do pombo. O olho da lagosta é totalmente opaco — nele nada se vê —, enquanto o olho humano é o famoso "espelho da alma", em que se reflete toda a gama dos seus sentimentos e, daí, tudo aquilo que, nele, excede com relação aos seus códigos históricos ou naturais. Se pensarmos em termos de afetos, esse excesso se remete a duas paixões especificamente humanas e, por assim dizer, pré-morais, que são o amor e o ódio. Como mostrei em *A sabedoria dos modernos* (1998), um livro de conversas com André Comte-Sponville, os sociobiólogos não têm muita dificuldade para explicar o amor, mas o ódio e a maldade lhes colocam um problema mais difícil, pois parecem não ter nenhum outro equivalente na natureza. No reino animal, veem-se, é claro, animais maltratando outros, gatos, por exemplo, que comem camundongos, mas não um gato que tome explicitamente o mal como projeto. Há uma grande diferença entre maltratar e fazer *o* mal...

De certa maneira, voltamos à reflexão sobre a diferença entre humanidade e naturalidade, que você desenvolveu em diversos livros, sobretudo na antologia intitulada Des animaux et des hommes *(1994)...*

As duas problemáticas de fato se aproximam, já que os animais são o que são – incapazes de excessos nesse sentido –, e provavelmente não suscetíveis a amar ou odiar: têm impulsos evidentes, podem se apegar a seus donos ou demonstrar contentamento, mas não chegam a essas duas paixões tipicamente humanas, uma vez que ambas pressupõem um excesso com relação à exclusiva lógica da natureza. Para retomar o mesmo exemplo, quando um gato come um camundongo vivo, ele lhe faz mal, ao contrário do que disse Descartes. Mas o gato não é mau e, menos ainda, demoníaco: ele caça e come o camundongo, só isso. E, quando "brincam" com eles, como fazem os filhotes, é para se aperfeiçoar no aprendizado da caça, prática que, aliás, desaparece quase completamente com a idade. O homem, pelo contrário, é capaz de maldade e de perversidade: apenas ele pode assumir o mal como projeto, pois só ele é um ser livre, no sentido de poder se afastar das regras da natureza que dominam a lógica do instinto animal. O que define o sadismo é o prazer gratuito de transgredir o proibido e infligir ao outro um sofrimento desnecessário. O homem tem prazer com o mal que inflige, precisamente por saber (o que não é o caso do gato) que sua presa sofre. O mesmo se passa com relação à generosidade ou às atitudes altruístas: somente o homem é generoso, capaz de assumir o bem como projeto ou de se alegrar pela existência do outro, de maneira desinteressada. O animal protege seus filhotes por instinto.

Não estou dizendo isso ao acaso, sem ter seriamente estudado a etologia contemporânea. Ann Premack, uma das mais eminentes especialistas dos grandes símios, assinala, por exemplo, que já na idade de dois anos as crianças são capazes de compartilhar emoções com seus próximos, levá-los a uma janela para ver fogos de artifício ou qualquer outro espetáculo atraente. Quando um macaco adquire a linguagem humana — sabe-se que alguns bonobos chegam a dominar diversas dezenas de palavras no computador —, ele jamais a utiliza para compartilhar emoções, mas apenas para pedir ou obedecer. Os mais variados e inteligentes chimpanzés não dominam essa relação com o sentido que torna possível a *reciprocidade* — que simultaneamente permite que nos compreendam e que compreendamos os outros de forma suficientemente profunda para discernir intenções, captar o que se quer dizer e, com isso, ter prazer em compartilhar uma história, uma experiência ou conhecimentos.

Mesmo assim, é difícil fazer com que certos biólogos materialistas, como Jared Diamond, admitam isso, entregues que estão em demonstrar que alguns animais têm embriões de cultura ou de história que os aproximam de nós. Frequentemente, no que se refere à inclinação para o bem, os cientistas explicam que, se protegemos nossos filhos é porque, desde sempre, os animais que somos cuidam instintivamente dos seus genes. No sentido contrário, na direção do mal, temos trabalhos neodarwinianos buscando localizar no animal alguma inclinação para a tortura. Tive muitas discussões com estudiosos sobre os grandes símios. Quando acham ter descoberto que quatro bonobos torturaram um quinto, ficam no auge da felicidade: para eles, isso parece provar que a maldade "excessiva" existe no mundo animal. Vai saber! Até prova em contrário, pessoalmente continuo a achar que a prática da maldade, ou da perversidade propriamente demoníaca, constitui um argumento maior a favor da diferença entre humanidade e animalidade. É o que chamo de "prova pelo mal". O homem pratica a tortura com todo o requinte para infligir sofrimento ao outro, sem equivalente algum na natureza, nem mesmo entre os bonobos. É por se encontrar além, ou em excesso, com relação à realidade material, que o homem pode ter uma visão sobre o bem e o mal.

Quando, por metáfora, você fala do "divino" no homem — "o homem-Deus" — não é, no fundo, essa faculdade de ir ao excesso que você procura designar, imagem que foi tão malcompreendida em seus escritos?

É bem evidente. Quando falo do "divino" no homem, de jeito nenhum imagino nele certos atributos divinos como a onipotência ou a onisciência, como, menos ainda, digo que seja admirável, extraordinário e sem defeitos. É a essa disposição *meta-física* que viso, essa distância, essa capacidade de desenraizamento ou de não coincidência, enfim, essa capacidade de excesso com relação à natureza que acabamos de amplamente evocar e que também está na origem da disposição moral. É ela que abre um abismo entre o mundo humano e o mundo animal, entre a cultura e a natureza. Os argumentos que levanto aqui são obviamente embrionários, mas foram mais bem-desenvolvidos em *Qu'est-ce que l'homme?* (2000), diálogo com Jean-Didier Vincent, um dos nossos grandes biólogos.

9

Globalização, liquidação do sentido e nascimento de um segundo humanismo

ALEXANDRA LAIGNEL-LAVASTINE — *Em vários dos seus livros recentes, você levanta a ideia de que assistimos hoje à emergência de um novo humanismo. Refere-se, nesse sentido, a uma "sagração" sem precedentes do humano. Ao mesmo tempo, desenvolve uma crítica sem concessões à lógica contemporânea da globalização liberal, esse estágio último do capitalismo que você não hesita dizer que nos faz entrar num mundo totalmente despido de sentido. Você deplora, então, os feitos anti-humanistas da sociedade de hiperconsumo, no centro da qual nada mais, ou quase, transcende o domínio do mercado. Poderia explicitar esse paradoxo?*

LUC FERRY — Na verdade, o paradoxo é apenas aparente. Dois movimentos ou duas dinâmicas contraditórias e, no entanto, inseparáveis perpassam o tempo presente. Pelo lado da globalização liberal, que alcançou a maturidade nos anos 1990, no momento em que a Internet tornou os mercados financeiros instantâneos e que tende, como nunca antes na época moderna, a despossuir os homens do sentido e do controle do seu destino. Por outro lado, e apesar do século XX ter enormemente contribuído para aumentar a distância que nos separa do humanismo do Século das Luzes, assiste-se à emergência de *novas figuras do sentido*, que ganham o coletivo, mas a partir de outro terreno – o da intimidade, da vida privada, da família –, sem que já nos tenhamos verdadeiramente dado conta nem compreendido os impactos que essa revolução da vida privada teve na esfera pública e política. Enquanto discursos nostálgicos ou reacionários continuam a fazer furor, há décadas vivemos o advento de uma nova idade do humanismo: um humanismo menos centrado na razão e nos direitos, como na época do Iluminismo, e mais no sentimento e na *relação com o outro*. Para compreender como esse segundo humanismo emerge e o que o caracteriza, permita-me voltar um pouco atrás na história. Para isso, temos que distinguir duas idades do humanismo e duas idades da globalização, colocando-as em correlação.

AS DUAS IDADES DA GLOBALIZAÇÃO

Mas por favor... Você mesmo escreveu, em Aprender a viver *(2006), que "pensar a passagem de uma época para outra, de uma visão de mundo para outra, se tornou parte da própria filosofia". Além disso, sinto que, outra vez, vai irritar tanto os que só veem decadência quanto os progressistas de plantão!*

Não faz mal... Indo ao essencial, pode-se dizer que o Século das Luzes inaugurou uma primeira era da globalização – uma *globalização otimista*, apoiada na perspectiva de melhora lenta, mas inelutável, do destino da humanidade, graças às ciências e à política. Com a descoberta do princípio de inércia e da gravidade universal, a revolução científica estabeleceu, pela primeira vez na história da humanidade, um discurso que valia para todos os seres humanos e atravessava todas as fronteiras. Antes, de certa maneira estávamos na coleção "Historinhas para dormir": os discursos anteriores (mitologias, cosmologias, filosofias) tinham apenas um alcance regional. A primeira figura da globalização se formou ligada ao humanismo do Século das Luzes – de Kant, de Voltaire e dos enciclopedistas franceses, mas também dos utilitaristas ingleses – que se apresenta como um humanismo fundado na universalidade dos direitos e da razão humana. Esse humanismo, como vimos, se acomodava perfeitamente com a colonização, o imperialismo e até o racismo, ficando claro que, nesse sentido, algo mudou profundamente, desde então, na Europa. Sobretudo depois da Segunda Guerra Mundial e dos movimentos de descolonização, assistimos ao nascimento progressivo de um segundo humanismo, ao mesmo tempo pós-colonial, pós-desconstrucionista e, possivelmente, pós-metafísico. Sob muitos aspectos, vejo nele elementos que me interessam ainda mais por me parecerem eventualmente corresponder ao que, desde o início, constitui o essencial da minha busca filosófica *(ver capítulos 4 e 7)*. A história dos séculos XIX e XX, é verdade, nos deixa ver a transição de um humanismo jurídico e racionalista para um humanismo que foi dando um lugar cada vez maior ao amor e à preocupação com o outro, esse humanismo amplamente ligado à invenção, na Europa, do casamento livremente escolhido, por afinidade eletiva. Foi, aliás, essa crescente preocupação com os outros que alimentou a crítica cada vez mais virulenta do capitalismo selvagem e do individualismo moderno, ajudando a fortemente animar os movimentos sociais que estão na origem da criação dos Estados-providência.

É este o paradoxo do qual acho que se deve partir para a compreensão do século que terminou: o crescimento do capitalismo e o vasto processo de desconstrução dos valores tradicionais que dominaram o século XX certamente desembocaram no florescimento do consumismo ilimitado e no aumento exponencial de uma sensação de falta de sentido, como se o curso da história viesse a transcorrer externamente à vontade dos homens (segunda globalização). Mas esse paradoxo também marcou a história da família moderna e, através dela, induziu uma *consagração do humano* que não para mais de nos incitar à fraternidade e à solidariedade, sendo prova disso o nascimento dos movimentos humanitários e, mais amplamente, caritativos. É algo que pode até vir a constituir a base de um reencantamento da política. E é esse duplo movimento que devemos pensar, pois ele explica a estranha sensação que frequentemente nos invade, sem que possamos esclarecê-la, de o mundo estar ficando, como nunca, mais brutal ou sem sentido e, mesmo assim, mais crítico e mais preocupado com os outros, sendo igualmente verdadeiros os dois momentos desse pensamento.

Você poderia entrar mais em detalhes no tocante a essa passagem da primeira à segunda globalização, de uma modernidade otimista (do Iluminismo) à segunda vaga, a nossa, mais pessimista e inquieta, mas que, como disse, ao mesmo tempo dá conteúdo à ideia de algo sagrado no coração da humanidade, e não mais, como anteriormente, às diversas superficialidades metafísicas?

A primeira era da globalização simplesmente se confunde com a grande revolução científica que tem início no século XVI e chega ao esplendor no XVIII. De fato, a ciência moderna encarna, como sugeri ainda há pouco, a primeira forma de discurso com *vocação global*, um discurso que se pretende válido para todos os homens, de todos os tempos e lugares, para ricos e pobres, aristocracia e plebe. A lei da gravidade não se reserva a uma minoria, a uma elite: ela é universal e democrática. Até então, nada era assim: fosse na mitologia, na religião, nas artes ou nas literaturas, tudo se dirigia a culturas particulares. É preciso toda a arrogância europeia para imaginar o catolicismo universal: no século XVIII, nas profundezas da China, ninguém sabia quem era Cristo.

Para você, o que distingue essa primeira globalização da nossa?

Primeiro o fato de ela vir dentro de um extraordinário *projeto de civilização*, ao mesmo tempo prático e político – algo capaz de fazer o presidente Nicolas Sarkozy sonhar. Pois devemos reconhecer que esse discurso racionalista e científico não trazia apenas um projeto de conhecimento, não visava unicamente esclarecer as leis da natureza. Tratava-se, embutida tanto no plano moral quanto no político, da edificação de uma civilização nova capaz de tornar a humanidade mais livre e feliz. A *liberdade* e a *felicidade* enfim acessíveis a todos: eram esses os dois objetivos. Citando Saint-Just, a felicidade iluminista era uma "ideia nova na Europa" (algo discutível, sem dúvida, mas significativo, mesmo assim). A ciência da época não se interessava pelos *meios* de dominação do mundo apenas para dominar, por puro fascínio narcísico pelo próprio poder, mas pelos *fins* a que tal domínio permitiria chegar. Tinha, nesse sentido, uma intenção emancipadora que implicava, por um lado, a libertação da humanidade das cadeias da superstição e do obscurantismo medieval e, por outro lado, que se escapasse da tirania da natureza brutal e indomável – lembremos, por exemplo, o terrível terremoto de Lisboa, que tanto impressionou a todos, em 1755. A própria colonização paradoxalmente se inscreve nessa visão que focava, no espírito dos que a imaginaram, a emancipação dos povos, até pela força e pela violência. A primeira globalização tinha, com isso, um objetivo transcendente, uma *finalidade superior*, tanto com relação à ciência quanto à história.

Até quando acha que perdurou essa primeira era da globalização, marcada pela ideia de a história ter um sentido?

Diria que, na Europa, esse "grande projeto" se mantém, de maneira geral, até a Segunda Grande Guerra ou até mesmo os anos 1970. O nazismo, e com ele a imagem do SS culto torturando um judeu ao som de Beethoven, já colocava um imenso problema ao primeiro humanismo. Como sustentar, depois de Auschwitz, que o progresso do Iluminismo e das ciências acompanha o progresso da civilização? Depois da guerra, a ideologia do progresso, apesar de tudo, conseguiu por algum tempo sobreviver a si mesma. Era ainda o que animava o chanceler Adenauer ou o general De Gaulle, declarando que a "dona de casa" gostaria de ter uma geladeira, uma máquina de lavar e "por que não um carro?": continuava-se achando que o progresso das ciências e das técnicas ia "libertar a mulher" das tarefas domésticas e, de forma mais geral, trazer liberdade e bem-estar à humanidade. Depois da guerra, nos anos chamados de os "Trinta Gloriosos", muitos continuaram a alimentar a esperança, mesmo enfraquecida, de que o curso da história nos levaria ao melhor, graças ao "progresso da indústria". Trate-se do combate ao iletrismo, do trabalho pela melhoria do conforto moderno ou do aprofundamento da democracia e dos direitos humanos, a movimentação da sociedade se manteve dentro da representação de um ideal ou de um mundo melhor. De Voltaire até De Gaulle, continuamos, direita republicana e esquerda democrática misturadas, a evoluir no humanismo do progresso em sua "forma inicial". Uma evolução certamente pontilhada de acidentes de percurso, menores ou maiores – como o nazismo –, mas cujo decorrer parece globalmente traçado, apesar dos pesares...

A QUEDA DO ILUMINISMO NO *BENCHMARKING*

Para você, em que momento se produziu a virada para a globalização que conhecemos hoje? Em Famílias, amo vocês: política e vida privada na época da globalização *(2007), você traça um quadro bem sombrio, podendo seriamente criar dúvidas em quem quiser ver em você um liberal: "No mundo tecnicista, quer dizer, agora no mundo inteiro, pois a técnica, como acertadamente disse Heidegger, é um fenômeno sem limites, planetário, não se trata mais de dominar a natureza ou a sociedade para ser mais livre e mais feliz, mas de controlar por controlar, dominar por dominar. Por quê? Por nada, justamente, ou, melhor dizendo, por simplesmente ser impossível fazer de outra forma..." Devemos entender essa passagem de uma globalização para outra como uma ruptura radical?*

A segunda globalização se apresenta tanto como produto da primeira quanto como total ruptura. Seria plausível dizer, em termos mais filosóficos, que a primeira fase da globalização engendrou a segunda de maneira dialética, no sentido de Hegel, isto é, no sentido em que o primeiro termo engendra seu contrário, sem, necessariamente, querer nem saber. Interpreto então essa passagem como um *reviramento dialético*. A primeira modernidade, do Século das Luzes, deu origem à nossa por filiação quase forçosa, mas esta última entrou ponto a ponto em ruptura. Esse movimento não se fez pelo fato de os europeus subitamente terem se inspirado num modelo novo de sociedade: foi se voltando contra si mesma, ao fio de um aprofundamento dos seus próprios princípios, que a primeira globalização engendrou a segunda. Exprimindo isso de outra forma, foi por movimento próprio que o Iluminismo parcialmente produziu o contrário das promessas originalmente feitas. Dou um exemplo: a República prometia que faríamos a nossa história e dominaríamos nosso destino; na segunda globalização, porém, tal programa nos escapa como nunca, com a máquina econômico-financeira funcionando quase que por si mesma.

Como sugeri ainda há pouco, essa segunda globalização só se completa realmente com a expansão da Internet e as novas tecnologias da informação. Podemos, então, remetê-la aos anos 1990, que marcaram, com relação a isso, um verdadeiro salto qualitativo. Pois, ao contrário de uma crença que ainda circula muito, a globalização não decorre apenas da irrupção, no universo das nações, destas duas superpotências que são hoje a China e a Índia. Não se reduz também à "americanização do mundo", com nosso ingresso na lógica americana de produção e consumo. A globalização progressivamente se estabeleceu a partir do século XVIII, com o florescimento do capitalismo, mas a revolução digital dos anos 1990 nos lançou num outro patamar. De um lado, tornou instantânea a comunicação nos mercados financeiros, por outro, pôs cada um em relação com todos, de forma que as empresas passaram a se abrir mais amplamente, até as pequenas, pelo viés dos sistemas fiscais. Essa revolução, que trouxe consigo um aniquilamento totalmente inédito do espaço e do tempo, teve como efeito, além disso, nos colocar num mesmo mundo, enquanto até pouco antes evoluíamos em ritmos de desenvolvimento bem diferentes. De repente, as sociedades europeias se viram na mesma temporalidade que o Irã, a África ou a Ásia.

Você frequentemente emprega "queda" como metáfora caracterizando o mundo contemporâneo. Em que sentido?

O ANTICONFORMISTA

O que mais caracteriza essa segunda globalização – não sei se meus contemporâneos se dão suficientemente conta disso – é o fato de que o grande projeto de civilização que evocamos é vítima de uma *queda*, por assim dizer, no sentido bíblico ou platônico do termo: em vez de se inspirar em ideais transcendentes, de finalidades externas e suscetíveis de constituir elementos para um "grande projeto" – o progresso, a liberdade, a felicidade, a ideia republicana, os direitos humanos etc. –, a revolução científica *cai*, por assim dizer, na estrutura da competição generalizada, de tal forma que o movimento dominante em nossas sociedades progressivamente se reduz a ser apenas o resultado mecânico da livre concorrência entre seus diferentes componentes. Os fins se tornam os meios, e os meios se tornam os fins. Ninguém mais sabe aonde pode nos levar o correr de um mundo mecanicamente engendrado pela competição e não mais dirigido, mesmo que apenas idealmente ou em princípio, pela vontade dos homens coletivamente agrupados em torno de uma causa comum (princípio que, por exemplo, uma instituição como o *Commissariat au plan*[1] encarnava). É a essa queda que chamamos "globalização" ou "mundialização", um termo que surgiu – e não por acaso – nos anos 1980.

Com isso, o ponto essencial consiste no fato de o projeto do Iluminismo "cair", por assim dizer, na estrutura da concorrência generalizada – concorrência entre indivíduos, empresas, povos, culturas, universidades, laboratórios científicos. Esse estado de *benchmarking* e de competição incessante, em que passam a se encontrar todas as atividades humanas, muda tudo no projeto da modernidade e, junto a isso, na natureza desse humanismo dos direitos e da razão, característico

---

[1] Existiu na França entre 1946 e 2006, encarregado de definir a planificação quinquenal econômica. (N.T.)

da primeira era da globalização. Por quê? Não só porque o correr do mundo nos escapa cada vez mais, como também porque, sem sentido, isto é, de significação e de direção, ele parece se submeter apenas à lógica adaptativa da necessidade e da urgência.

Para bem apreender essa ruptura radical, pensemos de novo no que as escolas de administração chamam *benchmarking*, ou seja, a necessidade, para as empresas, de incessantemente se comparar ao vizinho, permanentemente inovar, aumentar a produtividade e desenvolver a aplicação dos seus conhecimentos ao consumo. A empresa que fabrica telefones celulares tem como *benchmark* esta ou aquela firma rival. Seu executivo, no fundo, sabe apenas uma e única coisa (no restante, ele pode ter todo tipo de dúvida): se não lançar em três meses um *smart phone* mais bonito, mais potente, que se conecte melhor, enfim, mais inovador do que o que temos no bolso, ele está perdido! Não se trata de um projeto, mas de uma obrigação. É essa lógica que muda tudo no primeiro humanismo. Com a inovação se tornando a regra absoluta para o mundo, a história deixa de avançar movida, nem mesmo parcialmente ou como ideia, pela representação de uma finalidade, de um grande projeto, de um ideal; ela passa, em vez disso, a ser "empurrada" pela obrigação mecânica, anônima e cega que se impõe a toda empresa e qualquer país: inove ou morra.

Com isso, você assume uma visão que, à primeira vista, parece aderir à dos críticos mais radicais do capitalismo globalizado e das suas consequências para o homem contemporâneo. Ao ouvi-lo, não me sinto tão longe da seleção natural de Darwin, o que constitui, diga-se, uma tremenda regressão...

Sim e não. Regressão com relação ao projeto republicano, mas regressão que engendra também fantásticos progressos no plano técnico e, eventualmente, até humano. Se tivermos que ir ao hospital, ficamos evidentemente contentes de dispor de aparelhagem e medicamentos avançadíssimos, se comparados aos dos anos 1930. Mas é verdade que em termos de sentido da política, é um desastre – é preciso reconhecer, e não é por ser um liberal ou um republicano de direita que sou obrigado a ser idiota. Com certeza, a economia contemporânea funciona de maneira análoga à evolução descrita por Darwin, com a diferença de ir mil vezes mais rápido: uma espécie que não se adapta acaba desaparecendo ao fim de décadas ou de séculos; uma empresa que não inova diariamente está fadada à morte rápida. Adaptar-se, no universo da globalização, significa inovar, inovar incessantemente, e, com isso, a noção de "sentido da história" se vê integralmente revirada, pois só avançamos, uma vez mais, pressionados pela necessidade de sobrevivência, pela lógica quase automática de uma competição ainda mais incontrolável porque se encontra disseminada por toda a superfície do globo. As causas eficientes substituíram as causas finais. Contrariamente ao ideal de civilização herdado do Iluminismo, a globalização liberal aparece como um processo *desfinalizado* – despido de finalidade, de sentido e de objetivo definido. Pode-se, é claro, achar isso desesperador, mas essa obrigação de se adaptar não deixa de ser irrepressível. Não se trata de questão de gosto: não temos pela frente uma escolha entre outras, trata-se de um imperativo.

O ECLIPSE DO SENTIDO

Daí essa imagem do giroscópio que se encontra no que escreveu? É interessante, pois Zygmunt Bauman, sociólogo e filósofo de origem polonesa – um neomarxista dos mais inteligentes –, também gosta dessa figura e a utiliza muito refletindo sobre a educação, de maneira bem próxima da sua, realçando que a tarefa de educar, atualmente, enfrenta desafios inéditos. Diz, por exemplo, que ali onde a memória era considerada uma vantagem, ela aparece como potencialmente incapacitada. O mesmo com relação aos valores estáveis, às formas cognitivas e aos laços de lealdade: tudo isso, explica Bauman, passa a ser percebido como impedimentos ou obstáculos que devem ser afastados do caminho. A própria maneira como ele analisa nossa passagem de uma modernidade "sólida" a uma modernidade "fluida" ou "líquida" é, no fundo, bem próxima da sua. Na verdade, nos encontramos numa situação há muito tempo descrita por Emerson: com patins de gelo nos pés, a salvação está na velocidade... É como você também entende?

Ignorava que Zygmunt Bauman utilizasse a mesma metáfora, mas é claro que minha análise, no caso, tem inspiração marxiana: consiste, no fundo, em dizer, como Marx perfeitamente viu, que o capitalismo revoluciona permanentemente as forças produtivas e as relações de produção. A diferença com relação a Marx vem do fato de o sentido da história ter desaparecido, pois sabemos bem que esse movimento permanente de ruptura e inovação – movimento que considero ser também o da arte moderna e do qual, de maneira mais geral, toda a cultura de vanguarda é um reflexo superestrutural – não leva ao comunismo, entendido como fim da história. Outra diferença com relação aos marxistas é que não me sinto particularmente "contra" a globalização, uma posição que, a meu ver, não faz o menor sentido. Primeiro por ser algo incontornável, e o problema não está tanto em combatê-la, mas em *regulamentá-la*; e depois por trazer incontestáveis vantagens, a começar pelo fato de abrir universos até então isolados e fechados uns aos outros, além de que, mesmo com o crescimento da desigualdade entre ricos e pobres, todas as análises econômicas mostram que a globalização, também e apesar de tudo, é vantajosa a quem tem menos: é inegável, por exemplo, que chineses e indianos saem da miséria. E a África, certamente, também sairá.

A segunda globalização igualmente não deixa de colocar um enorme problema, que pura e simplesmente me parece ser o principal desafio para a política moderna: não somente o do sentido, mas, mais ainda, o da eficiência da política que, em nível nacional, cai a cada dia na impotência ou mesmo na insignificância, diante das enormes máquinas econômico-financeiras internacionais. Alguns neomarxistas, tendo passado pela Escola de Frankfurt, podem, evidentemente, ter a mesma opinião, com a diferença, porém, de sempre imaginarem haver, por trás dos processos visíveis, forças ocultas que manipulam os cordéis, algo de que radicalmente duvido. O jogo dos mercados financeiros é bem mais mecânico, anônimo e cego do que se imagina. Além disso, não creio que estejamos de acordo quanto aos remédios...

A imagem do giroscópio para caracterizar o tempo presente me parece, em todo caso, bastante apropriada. De fato, assim como um giroscópio tem que permanentemente girar no próprio eixo para não cair, um ciclista pedalar para não ir ao chão, ou alguém que desce uma escada fazer isso cada vez mais rápido para manter o equilíbrio – e me remeto também ao patinador de Emerson –, precisamos o tempo todo "progredir", mesmo que não avancemos rumo a um grande projeto, mas dentro de uma lógica tão obrigatória quanto cega, com a inovação passando a fazer parte da rotina. Ao mesmo tempo, temos a vantagem, é claro, de certo número de melhorias tecnológicas úteis, a começar pelo campo da saúde e do prolongamento da vida etc. Mas quem, seriamente, pode achar que será mais livre e feliz por ter, dentro de três meses, um celular de quarta geração? Ninguém é idiota para acreditar nisso, mas, mesmo assim, vamos todos, ou quase todos, acabar comprando.

É esse o mundo em que vivemos: um mundo abalado pelo que Daniel Halévy já chamava "aceleração da história" – uma história em que tudo dá a impressão de passar a uma velocidade vertiginosa, mas cuja finalidade parece ter se obscurecido completamente. A globalização constitui o cumprimento do projeto nietzschiano de "liquidação do sentido" e se remete à vontade de poder, definida como vontade de vontade, como vontade que nada quer senão sua própria intensificação infinita. Pois a globalização pode ser descrita como encarnação de três estruturas: a vontade de poder, o "mundo da técnica", no sentido de Heidegger, ou ainda o "processo sem sujeito" de Althusser (um processo que ninguém, de fato, controla mais), o que, outra vez, coloca de maneira crucial o problema da regulação ou do governo mundial.

Nesse sentido, poderíamos então falar de uma "traição do Iluminismo"?

Podemos e, aliás, desenvolvi essa ideia já nos anos 1980, num artigo publicado em *Le Débat*, pedindo uma crítica interna da modernidade, uma crítica que encampe a consideração das promessas não cumpridas pelo mundo democrático. Por exemplo, a promessa republicana por excelência residia na ideia de que, acabando com o Antigo Regime, anterior à Revolução, finalmente construiríamos juntos nossa história, participando coletivamente de sua elaboração. Hoje, essa promessa manifestamente foi traída ao extremo, tendo a ação dos homens sobre o mundo ultrapassado em muito o âmbito das vontades individuais conscientes. Ainda nisso, a fórmula de Marx, ao dizer que os homens fazem a história, mas sem saber a história que fazem, se aplica perfeitamente. Nunca a história foi tão opaca quanto hoje. Avançamos a toda velocidade, pelo menos no plano técnico, mas sem saber exatamente para que nem por quê. Evidentemente, é o que preocupa na globalização e seria bom que os liberais compreendessem isso, em vez de ironizar a covardia de nossos concidadãos.

Avançamos no mais denso nevoeiro. Acho que os altermundialistas deliram completamente quando imaginam, por trás dos mercados financeiros, "grandes" ou poderosos, voltando, de certa maneira, a um tema famoso, caro à extrema direita nos anos 1930, o das "200 famílias"...[2] Fosse esse o caso, deviam-se já apontar os responsáveis para que urgentemente sejam enforcados, como nos bons tempos, com as tripas do último cura. Deixo esse belo e nobre projeto para Olivier Besancenot e Alain Badiou... No que me concerne, temo que a realidade seja bem mais complexa. No tocante aos mercados financeiros e à mídia, nada nem ninguém está por trás, sem haver também complô nenhum, somente a exclusiva e poderosa lógica das pesquisas de opinião ou, retomando o vocabulário da extrema esquerda, da "mercantilização do mundo". Os mercados, assim como os jornais, são como os grandes cardumes que aparecem dos filmes do comandante Cousteau: os peixes seguem numa direção e, de repente, vão todos noutra direção, só que sem regente algum... Se o presidente Nicolas Sarkozy controlasse a imprensa, como tantos paranoicos

---

[2] Duzentas famílias que, até 1936, controlavam o conselho administrativo do Banco da França, por serem seus maiores acionistas. Por antissemitismo, a extrema direita via com maus olhos esse sistema, que era também criticado pela esquerda, inclusive por Trotsky, em *Aonde vai a França?* (N.T.)

acreditam, posso garantir que saberíamos e veríamos – e ele não teria tanta surpresa ruim toda manhã!

Passando de uma queda a outra, acha que a do Muro de Berlim, em 1989, favoreceu a "queda" do Iluminismo na competição generalizada?

A globalização liberal coincidiu, é verdade, com o naufrágio do bloco comunista na Europa Oriental. E as duas ocorrências estão ligadas, posto que foi precisamente pelo fato de a economia comunista abandonar a corrida, como Mikhail Gorbatchev muito bem viu, que esses regimes acabaram implodindo. Depois disso, passou a haver um só mundo, situação que Francis Fukuyama resumiu, num livro tornado célebre e publicado no fim de 1992, referindo-se ao "fim da história". Todos os intelectuais franceses, ou quase todos, acorreram, não sem eventuais invejas, para gritar alto e em bom som que a tese era absurda e o autor um cretino. A verdade é que, na maior parte do tempo, não entenderam grandes coisas. Fukuyama, que consegui encontrar e ouvir nos Estados Unidos, é alguém de rara inteligência e, ao contrário dos nossos cabeças-moles, não falava à toa nem sem ter pensado.

Afirmar que entramos no fim da história não significa dizer que não haverá mais acontecimentos históricos, o que seria absurdo, mas apenas observar que, com a queda do comunismo no Leste europeu, restava apenas um único princípio de legitimidade: a legitimidade democrático-liberal dos regimes representativos. De fato, simplesmente deixamos de ser capazes até mesmo de imaginar outro regime legítimo, além da democracia. Por quê? É a questão colocada por Francis Fukuyama que, como bom leitor de Hegel, sugere que os princípios de legitimidade foram todos mais ou menos explorados ao longo da história, até que o mais conforme às exigências fundamentais da humanidade se impusesse. A tese também não significa que entramos num mundo pós-conflituoso nem que o islamismo radical, por exemplo, não possa fazer milhares, senão milhões, de vítimas, sobretudo no mundo árabe-muçulmano. Mesmo que o colosso islamista represente, porém, um dos últimos "blocos" a resistir a essa unificação do mundo, o integrismo nunca vai gozar da mesma legitimidade que o comunismo. Este último podia se pensar como alternativa universal para o capitalismo, potencialmente válido para a humanidade inteira, enquanto o islamismo integrista não tem como propriamente alimentar tal pretensão.

Não há, então, "segunda" nem "terceira via"?

Não, e por um motivo básico: o humanismo democrático é a forma política que corresponde a uma humanidade que chegou à idade adulta. Querendo, pode-se regredir, voltar ao despotismo asiático ou às teocracias, mas sem nenhuma novidade. Podemos divergir quanto à forma de liberalismo que desejamos ou nos imaginar mais ou menos social-democratas, mais ou menos favoráveis à intervenção do Estado, mas a ideia de existir uma "terceira via", teorizada na Inglaterra pelo sociólogo Anthony Giddens, me parece basicamente demagógica. A terceira via de Giddens é a social-democracia, a visão política necessária a Tony Blair para chegar ao poder, e não há muito mais o que se extrair disso. Pode-se, concordo, refinar as coisas, inventar juris populares, novas formas de recurso em Corte Suprema, defensores do povo, votação por Internet e tudo o mais que se quiser para aperfeiçoar a democracia liberal, mas, sem regressão, nada vai se conseguir, já que a própria "hipótese comunista" constituiria uma terrível regressão entre tantas outras. Veja, por exemplo, como os países do ex-bloco soviético se precipitaram na globalização e alguns, como os tchecos, se tornaram mais liberais do que os nossos ultraliberais. Ao mesmo tempo, com demonstram todas as pesquisas, os europeus, tanto ocidentais quanto os orientais, conjuntamente veem a globalização como uma ameaça e um perigo, um processo que tende a esvaziar o homem e a subjetividade. Pode-se achar que, com tudo isso, estamos longe de um novo humanismo e que, falando de revolução do amor, corro o risco de passar por louco furioso...

O SÉCULO XX OU A LIQUIDAÇÃO DOS VALORES TRADICIONAIS

Ainda vamos chegar lá! Enquanto isso, porém, estamos no anti-humanismo e não vemos ainda como o seu "segundo humanismo" vai surgir nessa época em que, como você mesmo sinalizou, a adaptação econômica, a inovação tecnológica e o consumo se tornaram finalidades, propriamente. Mas essa mesma lógica da inovação e da tábula rasa, liquidando as velhas transcendências de antigamente, teria, no caso, aberto espaço para outra coisa, uma verdadeira revolução da vida privada que, em sua opinião, traz muitas promessas – quem sabe até mesmo um novo projeto de civilização. Ou seja, outra dinâmica parece vir contrariar a tendência niilista em que estamos embarcados. Como, exatamente, essas duas inclinações se articulam em sua análise?

Esse seu resumo é muito pertinente, mas antes de comentá-lo e desenvolvê-lo seria preciso insistir um pouco no fato de estarmos tão habituados com inovações e mudanças que esquecemos, às vezes, a que ponto, no século XX, o florescimento do capitalismo teve um efeito corrosivo sobre os valores e as autoridades tradicionais, como nunca antes a humanidade havia visto. Lembremos as reviravoltas incríveis a que o continente europeu assistiu em menos de um século. Podemos até deixar de lado as inovações tecnológicas ou científicas com que convivemos cotidianamente – televisão, Internet, revolução digital, celulares, evoluções da genética e da medicina etc. – e simplesmente observar o estado de nossas cidades e campos: frequentemente mudaram mais de aspecto em 50 anos do que em vários séculos. No plano artístico, desconstruíram-se a tonalidade e a harmonia na música, o figurativo na pintura, libertou-se o romance das obrigações cronológicas e psicológicas, as regras do teatro, da dança e do cinema foram reviradas. Os princípios da cultura clássica, em geral, que para muitos eram válidos havia séculos, afundaram num lapso de tempo incrivelmente curto. E, se tomamos as figuras tradicionais do "superego", das morais convencionais, religiosas ou leigas, "burguesas" como se dizia em 1968, é impressionante a revolução dos costumes. Os valores ainda recentemente vistos como quase sagrados pela maioria dos nossos concidadãos hoje nos fazem sorrir. Pense, por exemplo, na evolução da condição feminina ou na maneira como lidamos com a homossexualidade. Essas evoluções estão longe de ser unívocas: algumas – como as relativas às mulheres e aos homossexuais, principalmente – são infinitamente positivas, outras menos (como o estado da escola).

Essas observações não são em nada nostálgicas. Como disse, não tenho a menor simpatia pelos discursos pedindo a "volta dos bons tempos da III República". Quero chegar a dois pontos. Primeiro, há a constatação de que o século que terminou funcionou como um fortíssimo ácido derramado sobre a maioria das normas, das autoridades e dos ideais tradicionais, nas áreas dos costumes, da ética, da estética ou da cultura. Uma erosão tamanha que nem sempre nos damos conta dessas mutações. A tomada de consciência, no entanto, parece se impor e deveria igualmente ter influência sobre nossa maneira de repensar o humanismo: querer voltar ao humanismo leigo ou cristão dos nossos avós, à velha república e às entonações soberanistas à francesa seria tão inútil quanto querer compor, pintar ou pensar como se Schönberg, Picasso e Nietzsche não tivessem existido.

Segundo ponto: a desconstrução acompanhou o início da globalização, contribuindo com a liquidação das antigas figuras estáticas do "sentido transcendente" – de maneira a tudo poder se tornar fluido e se submeter às exigências do consumo –, mas acompanhou também, paralelamente, o *início da vida privada* ou da família moderna, fundada no amor e na consagração da pessoa. Libertando uma quantidade de dimensões até então excluídas ou ausentes da alta cultura – o afetivo, a sexualidade, o irracional, o absurdo, as pulsões, o corpo, o inconsciente –, a subversão em todas as direções fez explodirem as forças da vida privada e deu estofo ao culto da intimidade que constitui outra faceta do liberalismo – o termo não sendo, no presente caso, de forma alguma pejorativo. Por isso, esse novo humanismo, que vejo despontar, é historicamente pós-desconstrucionista, ou, pelo menos, contemporâneo de uma desconstrução que ele, sem dúvida alguma, leva em consideração. As revoluções capitalista e desconstrucionista desembocam então numa concepção totalmente original do indivíduo, no fundo da qual me parece possível repensar o coletivo ou mesmo conceber, partindo do zero, o que Nietzsche chamava de "a grande política". É esse, pelo menos, o programa filosófico a que me dedico há cerca de 15 anos.

Antes de abordar de frente o que caracteriza esse segundo humanismo, o que acontece se olharmos as reviravoltas do século XX, a partir do ponto de vista de quem as provocou? Não encontramos os protagonistas de Maio de 68 e, mais além, as vanguardas do século XIX e da primeira metade do século XX? É isso que você tem em mente ao observar que, contribuindo para abolir as últimas resistências capazes de frear a "mercantilização do mundo", os "boêmios" paradoxalmente se tornaram o "braço armado dos burgueses"?[3]

Aparentemente, tudo opõe o gesto boêmio, vanguardista e contestatário ao mundo burguês do capitalismo e do dinheiro. No entanto, vistos de perto, eles estão ligados como os dois lados da mesma moeda, o que, para mim, constitui uma das principais chaves para a compreensão do século XX. Vou resumir em poucas palavras: foi preciso que jovens revolucionários e utopistas, boêmios, contestatários e agitadores de 1968 *avant la lettre* desconstruíssem os valores tradicionais (com relação a alguns, como não se alegrar com isso?) para que nós, e sobretudo nossos filhos, pudéssemos entrar na era do hiperconsumismo, sem o qual a expansão do capitalismo globalizado é impossível. A meu ver, essa é uma das imagens mais fortes para a compreensão do século XX europeu e do século que iniciamos. Fazendo tábula rasa das tradições, o gesto subversivo contribuiu como nenhum outro para nos mergulhar no mundo do vício consumista, cujo primeiro efeito é o de nos deixar em permanente estado de carência, para seguirmos consumindo cada vez mais.

Com relação a isso, os ativistas e os pensadores de 1968 foram inocentes úteis: longe de inventar uma ordem nova no plano econômico e político, e longe de acabar com o mundo burguês, eles apenas – sem saber nem, é claro, querer – o reforçaram e alimentaram a renovação. Quer uma prova? Na França mesmo, a Constituição

---

[3] Sobre "boêmios" e "burgueses", ver nota 4 do capítulo 4 (p. 109). (N.T.)

de 1958, que eu saiba, continua em vigor, nossas instituições liberais estão intactas, e, quanto ao capitalismo, o mínimo que se pode dizer é que se mantém, mais arrogante do que nunca. Ou seja, não tivemos nenhuma revolução política, segundo Tocqueville, nem revolução econômica, segundo Marx, mas revoluções "societais" que seguem todas na mesma direção: a da liberdade e do gozo. Os famosos slogans de Maio de 68, assim revistos, hoje aparecem claramente como o que são, isto é, convites ao consumo e ao hedonismo. "Gozar sem entraves", "Sob os paralelepípedos, a praia": aproveitem e só obedeçam a si mesmos, ou seja, consumam! Convite ao reino exclusivo do individualismo liberal-libertário...

Os desconstrutores de todo tipo foram os maridos traídos da história. E incluo nesse movimento a desconstrução filosófica que acompanhou a explosão da sociedade de consumo nos Estados Unidos. O pensamento de Jacques Derrida é basicamente a superestrutura do capitalismo globalizado. O sujeito "partido", quebrado, é também o que quer "botar para quebrar". Quanto à diferença e à crítica do "falologocentrismo", elas magnificamente acompanharam o despontar do politicamente correto que literalmente devastou as universidades americanas e que o escritor Philip Roth explicitou em seus romances, de forma tão inteligente. Daí o advento da figura – crucial – do bobô, do "burguês-boêmio". É um fato: a desconstrução da visão tradicional do mundo nos livrou das velharias que freavam o consumo, de maneira a podermos nos entregar a isso de maneira mais solta. Coube então, muito paradoxalmente, à boemia cumprir a promessa do capitalismo moderno, até em seus aspectos anti-humanistas que evocamos pouco antes. Não estou dizendo que a desconstrução não teve efeitos positivos, principalmente a tomada em consideração, na arte e na literatura, de dimensões do ser humano que os academistas recalcavam.

O ANTICONFORMISTA

E isso corresponde maravilhosamente ao adágio de Marx: os homens fazem a história sem saber qual história fazem. É nesse sentido que os boêmios serviram a sopa aos burgueses e que estes, que detestavam aqueles um século antes, passaram a adorá-los. São os grandes financistas e grandes industriais que hoje se apaixonam pela arte contemporânea, raramente os camponeses e os operários...

Qual, exatamente, é o status dessa sua análise? Sugerindo que os boêmios de 1968 "fizeram a história sem saber qual história faziam" você não estaria aplicando essa abordagem "genealógica" que tanto criticou?

Você tem toda razão: nunca devemos deixar de questionar nosso próprio discurso. Frequentemente penso nisso, mas não o menciono propriamente, para deixar mais fluidos os argumentos. Mas já que propõe, fico contente e aproveito a oportunidade para acrescentar alguma precisão às coisas. A crítica que faço da genealogia fere, nesse caso, minha análise? Não, e digo por que: sempre afirmei que a maneira genealógica, que consiste em olhar de fora os agentes da história como seres determinados, ou até manipulados, comporta usos legítimos e usos ilegítimos. Ela é legítima sempre que a lógica da história, seja com "h" ou com "H", escapa dos indivíduos. O mesmo se passa no plano pessoal: quando você comete um lapso marcante, um ato falho particularmente claro, por assim dizer, é obrigado a reconhecer que Freud está certo e que a abordagem genealógica, no caso, foi legítima. Em contrapartida, quando se trata de testar uma hipótese científica, de praticar o que o filósofo Karl Popper (1902-1994) chama de "falseabilidade", ela se torna totalmente fora de propósito: quando Einstein previu um eclipse e descreveu *a priori* as observações possíveis de serem feitas a partir de determinado ponto da África (experiência de Edington, em 1910), a questão de saber qual parte do seu inconsciente tem a ver com isso deixa de ter qualquer pertinência. Só o que vale é saber se suas previsões se confirmam ou não pela experiência. Por outro lado, quando os boêmios servem a sopa aos burgueses, parecem absurdamente quem comete um lapso: não estão fazendo o que querem, os efeitos do que dizem e praticam lhes escapam. Nesse caso, a genealogia volta a ter pertinência e pode perfeitamente ser utilizada.

O essencial é que se compreenda que a genealogia, legítima em certos casos, não é em todos: seria preciso elaborar uma teoria da legitimidade da rede de leitura genealógica, cujo princípio seria que, quando a história, individual ou coletiva, nos escapa, temos que nos questionar sobre os motivos disso, motivos que sempre se situam fora da clara consciência. Trata-se, insisto, de uma rede de leitura que de modo algum restrinjo aos outros, mas que aplico também a mim.

Tanto rigor contra os boêmios comporta, apesar de tudo, um paradoxo, pois você admite que a contracultura contribuiu, liquidando "velhos ídolos", para o crescimento dos valores da intimidade e facilitando, com isso, o advento do segundo humanismo. Além do mais, tenho a impressão de que você se apropria em parte da crítica nietzschiana do niilismo, quando denuncia a nostalgia da grande esperança política ou metafísica, nostalgia em que se enraízam o ressentimento contra a vida material e o desprestígio da vida privada. Em 1991, no entanto, você deu início, na coleção do Collège de Philosophie, da editora Grasset, a um livro coletivo, precisamente intitulado Pourquoi nous ne sommes pas nietzschéens. *Como isso se passa, exatamente?*

O ANTICONFORMISTA

Há um ligeiro mal-entendido, que provavelmente vem da ambiguidade das minhas formulações sobre as vantagens da desconstrução, sobretudo com relação ao fato de ela ter libertado o que os academismos recalcavam. Na verdade, não acho que a desconstrução tenha realmente contribuído com o crescimento do segundo humanismo, liquidando os velhos ídolos e libertando a intimidade. Minha tese, em *La Révolution de l'amour* (2010), em que sigo os melhores historiadores da Idade Média, consiste em sustentar que foi simplesmente o próprio capitalismo, com a invenção do salário, que deu origem ao casamento por amor e à família moderna. Por isso esses dois movimentos – o desencantamento (globalização e desconstrução) e o reencantamento (consagração do humano pela invenção da família moderna) – se impõem na modernidade democrática.

A desconstrução libera elementos escondidos da vida íntima e se inscreve nesse vasto movimento do capitalismo, mas de modo algum tem autoria: é bem mais efeito do que causa. Mesmo que a "contracultura" tenha incontestavelmente operado no sentido de valorizar, nos laços de amizade ou na vida familiar, o "aqui e agora", foi um resultado bastante involuntário, tão involuntário quanto ter incentivado ao extremo o consumismo de massa.

No tocante à crítica nietzschiana do niilismo, me aproprio de parte dela, de forma totalmente assumida. No livro a que se refere, convidávamos a, *com* Nietzsche, pensar *contra* Nietzsche. Com Nietzsche, pois foi como nossos olhos se abriram, no sentido de ninguém mais acreditar no Saber absoluto, no Sentido da história nem na transparência absoluta do Sujeito. Contra ele, pois não creio que a filosofia tenha como finalidade o uso infinito do "martelo" e da desconstrução.

Ainda com Nietzsche, pois quando temos em nós mesmos, em casa, na vida estreita e fracassada, a sensação de que a "a verdadeira existência é outra", a perspectiva de uma sacralização da vida privada só pode mesmo é nos fazer fugir. Sempre vi que os militantes de 1968 mais fanáticos, mais dogmáticos e menos alegres tinham sérios problemas no particular, por isso o investimento no coletivo. Os ideólogos que apelam para o gênero Robespierre ou Saint-Just, clamando pela necessidade de trazer de volta a esperança, ressuscitando utopias defuntas das mais mortíferas (ecologismo, fundamentalismo, altermundialismo radical, maoismo delirante etc.) me parecem tremendamente suspeitos. Temo que esses inventores de grandes causas superiores para o indivíduo, não contentes de estragar a própria vida, queiram fazer o mesmo com a dos outros e com uma obstinação vingativa só comparável à teimosia que aplicam em se iludir. Desconfiem, era justamente o que dizia Nietzsche, são uns "envenenadores"! E ele estava certo nesse ponto: é sempre no veneno do fracasso ou das frustrações que mergulha a pena com que se escrevem os grandes textos políticos desconectados das pessoas – e frequentemente também sempre dispostos a sacrificá-las... Sem coragem de dizer claramente que sua vida cotidiana nada vale, finge-se dirigir o olhar para outra direção, voltado mais para o céu da utopia do que para a terra. Cuidado, perigo...

Na direção de um novo humanismo: a revolução da intimidade

Explique como, no meio de tanta reviravolta, numa globalização que reconhece apenas a velocidade, a superficialidade, a inovação inútil e o consumismo desenfreado, surge esse segundo humanismo...

Chegamos lá! Pois o principal efeito da globalização capitalista, a caminho desde o século XVIII, foi o desenraizamento das velhas estruturas comunitárias – desenraizamento que consagra o nascimento do indivíduo moderno, tão bem-descrito por Tocqueville e por Marx, quase que nos mesmos termos. A palavra "individualismo", aliás, aparece em 1830, designando essa emancipação dos indivíduos com relação aos comunitarismos tradicionais. Eram estruturas antes de tudo religiosas e camponesas: basicamente, o vilarejo, com a igreja e a torre do sino, no meio das moradias agrícolas. O capitalismo foi realmente o motor para toda essa história, pois com seu corolário, *invenção do salário*, permitiu que uma quantidade de pessoas se dirigisse às cidades, como operários e operárias, para trabalhar em fábricas ou residências burguesas. Aqueles jovens ganhavam então uma dupla liberdade. A do *anonimato*, que permitia escapar do controle social do vilarejo, da família e do padre; e a do *salário*, que oferecia uma inédita autonomia material. Observe, de passagem, que foi também graças ao salário que as mulheres finalmente conseguiram alguma autonomia, se tornando indivíduos autônomos e inteiros, capazes de dirigir a própria existência.

É onde você situa o casamento por amor, opondo-se ao casamento por interesses?

Exatamente, e os historiadores das mentalidades demonstram muito bem, especialmente Edward Shorter no excelente livro *Naissance de la famille moderne* (1981). A família moderna e, com ela, o casamento por amor podem ser considerados as primeiras grandes consequências do estabelecimento do mercado de trabalho. Assim que os indivíduos se libertam dos antigos limites coletivos, nos quais se casavam não por vontade própria, mas por tradição ou por acertos entre as famílias, o casamento escolhido pouco a pouco se impõe como nova forma de vida comum. É também nesse novo enquadramento que o amor pelos filhos vai gradativamente ganhar uma importância até então desconhecida, já que em geral os produtos do amor são também objeto de amor. O casamento por amor tem origem recente e ocidental, pois só se torna realmente uma regra, na Europa, a partir dos anos 1950. Quando eu era criança, pelo menos no meio burguês, ninguém se casava sem a autorização do pai. Hoje, não se pensa mais em voltar atrás: não conheço mulher alguma na Europa que queira ser casada à força pelos pais ou pelo vilarejo...

A outra consequência conexa desse desenraizamento do universo do vilarejo está no distanciamento que se assumiu com relação à religião. Daí a expansão da *laicidade*, que pressupunha um afastamento com relação ao peso da comunidade, indissoluvelmente ligada ao campo, ao vilarejo e à religião. É claro, a própria questão do sentido da vida ficou, pouco a pouco, abalada, pois o amor profano, e não mais o amor de Deus, passou a dar maior significação à existência dos indivíduos. Veremos também que essa revolução da vida privada tem consequências, de abissal profundidade, no plano político e coletivo. Foi então na emancipação dos indivíduos, com relação ao vilarejo, que simultaneamente nasceram, na Europa, tanto a laicidade quanto o casamento por amor. Com a inevitável outra face da moeda – o reconhecimento do *direito ao divórcio* –, mas também a consagração dos filhos, por, justamente, serem fruto do amor.

No entanto, como base para o casamento, a paixão e o sentimento amoroso são eminentemente variáveis e frágeis: basta que o laço afetivo se apague ou rompa para que a separação se imponha. É um tema onipresente na literatura, e cito como exemplo o conto de Maupassant, *Jadis*, em que uma velha senhora, que vive ainda dentro dos valores do Antigo Regime, explica à sua neta que "o casamento e o amor não têm o que fazer juntos. As pessoas se casam para fundar uma família e formam uma família para constituir a sociedade". Casa-se uma única vez, mas, continua a avó, como um incentivo à libertinagem, "ama-se 20 vezes!" Exatamente por isso, naquele mundo, as pessoas não se divorciavam. No entanto, assim que o casamento se fixa no sentimento e não mais na linhagem, na transmissão do nome e do patrimônio ao filho mais velho, na biologia e na economia, lançam-se raízes em algo que, obrigatoriamente, vai levar ao divórcio, assim que o sentimento se transformar em indiferença ou ódio. De forma que a recente expansão dos divórcios nada tem a ver com o fato de a família estar mal. Ao contrário do que se pensa nos meios conservadores, os valores da família vão melhor do que nunca. Chego a dizer que o patamar de 50% de divórcios, tratando-se de casamentos por amor, é um verdadeiro milagre... E sem os filhos, os divórcios seriam ainda em maior número. Por quê? Porque o amor apaixonado dura apenas um tempo e sua transformação em ternura, em cumplicidade e em amizade amorosa não se passa tão obviamente. É preciso saber avançar, como muito justamente escreveu Denis de Rougemont (1906-1985), da paixão à ação, do amor que nos transporta ao amor que se escolhe e se constrói.

Terceiro aspecto: o início de um *amor parental*, claramente desconhecido nos tempos antigos, um amor do qual talvez se encontre a expressão na Antiguidade, mas muito pouco na Idade Média. Hoje, a perda de um filho representa a pior coisa que possa acontecer numa família. No Antigo Regime, era em geral vista como algo bem menos grave do que a perda de um cavalo ou de um porco. É o que mostra, de maneira implacável, a obra de um historiador como Jean-Louis Flandrin. Sobre esse ponto, especificamente, deve-se ler também François Lebrun, *La Vie conjugale sous l'Ancien Régime* (1975). Na Idade Média, o amor pelos filhos era raro e pouco desenvolvido, com uma mortalidade muito alta. Por mais estranho que possa parecer, tal situação evolui muito lentamente, entre os séculos XVI e XVIII.

Jean-Louis Flandrin conta, por exemplo, o caso de uma ama de leite que teve a seu encargo 12 recém-nascidos e que, em 20 anos de profissão, não entregou de volta nenhum ainda em vida, sem que isso chocasse ninguém. De fato, deixar a criança com uma ama de leite era um hábito que, no Século das Luzes, se aplicava a 50% ou 60% delas, nas classes populares o que, muitas vezes, equivalia à morte (entre 62% e 75% morria antes de completar 1 ano de idade). Além disso, lembremos que tanto Bach quanto Lutero perderam cerca de dez filhos, Rembrandt seus três primeiros: eles lamentavam, mas não mais do que isso. Já Rousseau abandonou cinco deles, seguindo um comportamento bastante comum à época. Montaigne, o grande humanista, escreveu a um amigo ter perdido "dois ou três filhos com a ama de leite" (sic!), ou seja, nem sequer se lembrava direito do número exato... É algo que nos parece totalmente estranho, na maneira atual de ver, e lemos os historiadores da Idade Média como se fossem etnólogos, tratando de alguma tribo exótica...

Para você, se compreendo bem, no fim dessa evolução a família se torna uma espécie de santuário para o sentido, no universo da globalização liberal. É um tanto inesperado, pois se tende, em geral, a colocar a noção de família mais para o lado do conservadorismo. No entanto, você vê a invenção da família moderna como uma espécie de revolução cultural (por assim dizer) de consequências abissais... Não teme que essa visão possa parecer meio fora de moda ou até "pétainista"[4] para muitos?

---

[4] O marechal Pétain (herói da Primeira Guerra) foi líder do "governo" estabelecido na França por Hitler, durante a Ocupação, com sede na cidade de Vichy. Foi condenado à morte após a guerra, pena que foi convertida em prisão perpétua (morreu em 1951). (N.T.)

O ANTICONFORMISTA

Dado o clima que reina, não me surpreenderia, mas seria absurdo. A família glorificada pelo marechal Pétain era o oposto, exatamente, da família moderna: era a família tradicional e não a família escolhida e fundamentada no amor. Quanto aos filhos, eram os do "*Allons enfants de la patrie*",[5] e não os da paixão erótica. Se nos dermos ao trabalho de rever a história da família moderna, fica claro não se tratar de um tema exclusivo da direita, como mecanicamente se repete, mas, bem pelo contrário, de um ponto alto da aventura democrática. O livro de Léon Blum[6] sobre o casamento por amor o comprova, assim como a reivindicação do divórcio, que vem da esquerda e ao qual o regime de Vichy se opôs. A emancipação com relação ao vilarejo, que prendia as pessoas dentro de tradições intangíveis e permanentemente as controlava, faz homens e mulheres agirem como seres *autodeterminados*, por assim dizer obrigados à liberdade e à busca dos seus interesses e objetivos próprios, primeiro no trabalho e depois na vida privada. O casamento por amor constitui, nesse sentido, uma expressão da *individualização* própria da modernidade. Nada vejo nisso que se remeta a um lugar-comum reacionário ou a um pensamento "de direita", que tende mais a valorizar o controle, através do meio ambiente ou da tradição. Acrescente-se que nada se distribui mais democraticamente do que a vida amorosa e afetiva, a preocupação com o futuro de um filho, a relação com a felicidade, mas também com a doença, o sofrimento e a morte – coisas que nos expõem ao drama da finitude, sejamos ricos ou pobres, poderosos ou fracos.

---

[5] Início do hino francês, "Vamos, filhos da pátria". (N.T.)
[6] Léon Blum (1872-1950) foi conhecido sobretudo como político socialista e dirigiu a "Frente Popular" que governou a França nos anos 1930. O livro a que L.F. se refere, *Du mariage*, foi publicado em 1907. (N.T.)

A família moderna lhe parece então o lugar por excelência em que se desenvolve hoje um novo humanismo do amor e, a partir disso, um novo horizonte de sentidos para a vida em comum?

Exatamente, mas de forma alguma se trata de fazer apologia da família como tal nem de isolamento na esfera privada. Insisto nisso, pois quem não leu meu livro nem os dos historiadores, achando tudo entender, mas se limitando, no entanto, aos clichês mais superficiais, o tempo todo faz esta objeção: "Numa época em que as grandes utopias estão em crise, você prega o retorno ao núcleo familial"... É tão imbecil que acaba sendo estranhamente irritante. Pois o que me interessa é exatamente o contrário: examinar como essa revolução pela qual se instaura um novo modo de vida pode, hoje, representar um instrumento para certo reencantamento do mundo, não somente na esfera privada, mas, mais ainda, na da política, do coletivo, do público. A família fica em evidência no instante a partir do qual nasce e se desenvolve, sem que claramente se tenha consciência, esse humanismo do cuidado com o outro, característico da época contemporânea e naturalmente fadado a se estender para além do círculo familiar.

Na verdade, e esse ponto é crucial para mim, a revolução do amor (o nascimento da família moderna, escolhida e baseada no sentimento) tem dois efeitos políticos extraordinariamente profundos. O primeiro coincide com o nascimento do humanitário moderno, que representa uma formidável extensão da primeira geração dos direitos humanos, antes reservados aos cidadãos de uma mesma nação. O humanitário moderno leva à humanidade inteira a preocupação com o próximo, e essa ampliação é uma consequência direta do crescimento potencial da família baseada no amor — sendo as duas histórias, aliás, rigorosamente paralelas. O segundo efeito é mais visível e mais impressionante ainda: sob o efeito da vertiginosa expansão do amor pelos filhos, a problemática das "gerações futuras" (que mundo vamos legar a nossos filhos?) se torna central. E pouco a pouco substitui as duas antigas motivações de sentido e de sacrifício coletivo que animavam toda a política moderna (a nação à direita, a revolução à esquerda), de forma a todas as grandes questões políticas acabarem se reorganizando sob o seu impulso: a questão ambiental, mas também a da dívida pública, do choque das civilizações, do futuro da proteção social no âmbito da globalização, enfim, tudo o que a política considera questão crucial é evidentemente abalado pela revolução do amor na vida privada. É preciso realmente ter os olhos fechados para não ver.

Com isso, para além das aparências e da choradeira habitual sobre o "tudo está se acabando" ou "a família está em pior situação do que nunca" – famílias desconjuntadas, reorganizadas, monoparentais etc. –, verdade é que o único laço social que se aprofundou, se enriqueceu e intensificou nos últimos dois séculos foi o que une as gerações a partir da experiência familial. Tenho certeza de ser nela e, sobretudo, a partir dela que aparecem novas formas de solidariedade no restante da sociedade. Com nossos próximos, nos dispomos a *sair de nós mesmos* e admitimos a transcendência do outro, ou seja, reencontramos ou recuperamos o sentido do sagrado ou, simplesmente, um sentido, e é a partir disso que descobrimos poder também nos mobilizar por causas que afetam as gerações futuras. É claro, estamos mais ou menos no meio do caminho: os princípios antigos (a pátria e a revolução) mal acabam de se esfumar, e o novo (o cuidado com as gerações futuras) ainda não se estabeleceu. E esse recente dado político de jeito nenhum é trivial.

Sei o que vão dizer: "Luc Ferry está sonhando, acredita estar na terra do amor, apesar do capitalismo selvagem esmagar os seres humanos como nunca, na história da humanidade, em nome da competição implacável, da lei da grana, da dureza absoluta dos bancos, dos especuladores, enfim, do horror econômico." E, é verdade, se dermos ouvidos a certas pessoas, nunca nossas sociedades apresentaram tanta desigualdade e "individualismo", nunca amaram menos e menos se preocuparam com os fracos. Diariamente, novas vozes se erguem para dizer: "Vejam os ganhos dos especuladores, os lucros dos bancos, a expulsão dos imigrantes, a arrogância dos ricos diante da miséria dos desempregados. Igualdade, fraternidade, que piada! Precisamos é de uma mudança de rumo, uma revolução que derrube a ordem atual." Têm aplausos garantidos, vindos do lado esquerdo da Câmara. Só que a análise é historicamente falsa e geograficamente falaciosa. Apesar das ideias mais do que rebatidas que essa maneira de ver consegue insinuar nas cabeças, a verdade, por mais chocante que seja para a velha extrema esquerda, se encontra em outro lugar: para além da dureza da globalização, nunca nossas velhas democracias foram mais cuidadosas com os indivíduos nem mais dedicadas aos seus direitos e bem-estar. Em lugar algum e nenhuma outra época a preocupação com o outro foi maior. E desafio qualquer pessoa a provar o contrário, mostrar um único exemplo de sociedade que tenha, com ou sem crise, protegido mais, não somente seus cidadãos, mas também os estrangeiros em seu território, mesmo em situação irregular, ou que tenha desenvolvido um Estado provedor mais poderoso e eficaz do que esse de que cada um, na Europa, se beneficia ao nascer.

Que seja ineficiente, que as desigualdades aumentem em período de crise, quem pode contestar? Mas quando e onde se fez coisa melhor? Como muito justamente André Comte-Sponville escreveu em *Le Goût de vivre* (2010), "há quem espere que, com a crise, 'voltemos a um pouco mais de generosidade e um pouco menos de egoísmo'. É por nada entenderem de economia nem de humanidade. Voltar? A que, com os diabos, ou a quando? Acham que a sociedade do século XIX era mais generosa ou menos egoísta que a nossa? Que releiam Balzac e Zola! E no século XVII? Releiam Pascal, La Rochefoucauld, Molière! Na Idade Média? Releiam os historiadores! Na Antiguidade? Releiam Tácito, Suetônio, Lucrécio! O egoísmo não é uma ideia nova..." Não há o que acrescentar. Que seja preciso fazer apelo ao ideal para criticar o real, ao direito natural para ir contra o direito positivo, é uma evidência. Mas ainda seria preciso indicar de qual real se fala e qual ideal serve de referência. No caso, e apesar de todos os defeitos que se queiram encontrar, o real dos nossos Estados-providência é simplesmente o mais suave que já se conheceu na história humana. Quanto ao ideal em nome do qual se denunciam seus malefícios, permitam-me duvidar que uma retomada delirante do maoismo ou do trotskismo, essas doutrinas que invariavelmente originaram as piores catástrofes humanas em todo lugar em que foram impostas aos povos, seja capaz de melhor resultado do que esse admirável misto de liberdade e bem-estar que conseguiram nos garantir nossas repúblicas democráticas. Nosso nível de vida, independentemente do que dizem a torto e a direito, é hoje, em média, três vezes superior, na França, do que no tempo da minha infância. Basta ir à África, à Índia, à China ou mesmo à América Latina para se dar conta do quanto nossas democracias são incrivelmente privilegiadas em termos de proteção jurídica e social. Nosso mundo é mil vezes menos rude do que no passado, mesmo que isso seja dificilmente admissível para os que preferem se manter no ressentimento e no espírito negativo – e eles são muitos. Enchem-nos os ouvidos com a angústia dos jovens, mas não é por serem tão frequentes que os lugares-comuns se tornam mais verdadeiros. Seria mais fácil ter 20 anos em 1914, na Alemanha da década de 1930 ou nos anos 1950, quando era preciso partir para a Argélia? Essa geração do *baby-boom* é a primeira, em nossa história moderna, a não passar pela guerra. Não é um imenso progresso? Entre o fascínio pelo passado e o medo do futuro, entre as diversas figuras do "arrependimento" e da luta pelos "bens sociais", o *homo democraticus* suavemente passa à senilidade. Faltando-lhes audácia e coragem, incapazes de se reformar e de pensar no futuro de forma não medrosa, nossas sociedades estão prestes a serem varridas pelos recém-chegados. Não estão corroídas pela dureza, mas por insondável moleza. E por isso é vital, acho eu, pensar em novos princípios do sentido e em novas figuras do sagrado, que a revolução do amor pode fazer surgir.

Esse segundo humanismo comporta, porém, alguns aspectos perversos. Se tomarmos, por exemplo, o aumento da violência nos subúrbios pobres, uma violência que cada vez mais vem de menores de idade, não se pode achar que o culto à criança tem a ver com isso?

Não, acho que são duas coisas totalmente diferentes. É evidente que o culto à criança comporta um risco, esse de vermos o amor suplantar a lei e as obras, para retomar categorias que já evocamos. Mas a criança mal-educada não é a criança violenta de que você está falando. O que se passa nos subúrbios se situa à margem do desenvolvimento natural da Europa. Pagamos o preço dos erros da colonização e da descolonização malfeita, pois provocada, pelo menos na Argélia, por uma guerra que, com toda evidência, deixou marcas indeléveis.

O ANTICONFORMISTA

E é disso que se trata, de revolta dos *"indigènes de la république"*,[7] e não das crianças do sexto *arrondissement* de Paris, mal-educadas porque mimadas demais ou, exagerando, porque amadas demais.

No Conselho de Análise da Sociedade, que presido, recentemente tivemos a possibilidade de ouvir Malek Boutih, ex-presidente de SOS Racisme, que falou da violência nos subúrbios. De tudo o que ele disse, de maneira empolgante e apaixonada, guardei alguns pontos, tão exatos e distantes dos discursos mais comuns que gostaria de citá-los (sem comprometê-lo, pois talvez apresentasse as coisas de modo diferente). Ele desenvolveu então a ideia de que a violência cega e feroz que prolifera nos "guetos da República" é um fenômeno inédito. Possui uma lógica própria, em ruptura com as facetas tradicionais da delinquência. Não enfrentamos simples avatares das "gangues", dos "blusões de couro" ou outros "delinquentes de subúrbio" dos anos 1930 ou 1950. É outra coisa, uma estranha contracultura ou mesmo "contrapolítica" que assume, de forma invertida, tudo o que é ideal para as "pessoas dos bairros da cidade", brancas e prósperas: "Gosta de arte? Vandalizo o seu quadro. Se veste bem? Me escondo numa máscara ninja. Fala da maneira certa? Me exprimo na gíria do rap. Adora livros? Queimo a biblioteca municipal. É branco e papa-hóstia? Voto no Bin Laden. É ligado no seu carro? Taco fogo nele. Defende os direitos humanos? Quebro a tua cara por puro gosto..." Essa revolta contra a ordem estabelecida está nos antípodas que apreciam os nossos revolucionários de chinelas e ressuscitam a "hipótese comunista" para fazer tipo, sabendo pertinentemente que não tem consequência alguma sobre ninguém nem

---

[7] Movimento antirracista surgido na França em 2005, mas que provoca controvérsias, sendo acusado de racismo e comunitarismo. (N.T.)

coisa alguma. Nesse caso, estamos falando da realidade, de atos cotidianos e da vida de centenas de milhares de pessoas que passaram a viver sob a lei do terror, em territórios onde a própria polícia corre risco de agressão.

Mas não é só isso. Esses jovens que devastam os valores "corretos" não deixam de estar em perfeita harmonia com o culto desenfreado do esporte e do dinheiro que domina o restante da sociedade. Quão admirável é o futebol, essa atividade essencialmente física, em que as aptidões naturais são de longe mais importantes do que o mérito, em que a cultura e o livro não têm absolutamente espaço, em que reinam o dinheiro, os torcedores idiotas e os amores pagos? É o ideal absoluto dessa nova delinquência! Para além da torcida que possa acompanhar esses jogos de circo, não é o *credo* de toda uma ala da sociedade – que não é o da revolução do amor, justamente – que se cria à nossa frente? As somas alcançadas pelos investidores, pelos corretores e outros traficantes de colarinho branco não confirmam, num setor no entanto bem distante da "bola que rola", ser de fato a consagração do sucesso rápido, brilhante e provisório que certas elites nossas colocam acima de tudo? Nossos pequenos bárbaros hiperviolentos podem perfeitamente virar para nós o espelho: qual diferença, afinal, entre "eles" e "nós", entre eles e o atleta que queima 100.000 euros na noite, entre eles e o especulador que joga na economia-cassino quantias que 50 gerações de operários não conseguiriam juntar? Entre eles e o secretário de Estado que usa, sem a menor necessidade, aviões particulares de 130.000 euros? Nisso, pode-se ver, eles estão dentro da lógica da globalização liberal e não com a da revolução do amor – ficando claro que se deve sempre relembrar os dois lados da sociedade liberal.

Os meios divergem, mas os objetivos e valores são os mesmos. Pode-se contrapor que esses jovens delinquentes suburbanos vendem drogas, que é uma coisa feia, enquanto os heróis dos estádios encarnam valores esportivos que são, como todo mundo sabe, modelos de virtude. Sem os mauricinhos que compram, nosso bandidinho não faria circular sua mercadoria, sabendo com isso que são cúmplices. Quanto à ética do esporte, ela é discutível, de tanto que são frequentes os contraexemplos, desde casos de prostituição até a cabeçada de sua majestade Zidane, esse homem-vitrine que milhões de jovens, incentivados pelo delírio dos adultos, colocam acima do general De Gaulle, do papa e de Cristo.

Diante do culto à violência, a direita e a esquerda estão desarmadas. Os choques de ordem são tão inúteis e pouco eficientes quanto a política contra as compensações fiscais do governo. É preciso aceitar a evidência: a lavadora de alta pressão usada não limpou nada. Provavelmente seria preciso, imitando o prefeito de Nova York, conciliar uma tolerância *realmente* zero e uma política *realmente* social. Prefere-se o "fazer de conta", pois de forma contrária seria preciso uma ação de fôlego e uma tremenda coragem. Quanto à França do "care" e do "cuidado mútuo",[8] imenso asilo de velhos paralisados na expectativa da aposentadoria, ela continua de pé, é verdade, mas, como sempre, a meia-bomba.

Segundo humanismo contra segunda globalização: recuperar o controle

Sinto falta de um elemento nessa sua análise, pois, afinal, os fatores atuantes na segunda globalização e os do segundo humanismo são, a priori, *os mesmos.*

---

[8] Contra a política da "sociedade de competição", de Nicolas Sarkozy, o Partido Socialista francês opôs uma política do *"care"* (anglicismo) ou do cuidado mútuo: a sociedade cuida de você e você deve cuidar dos outros e da sociedade. (N.T.)

Por um lado, você diz que entramos na segunda globalização com tudo o que isso implica de negativo: ela reifica, cria vício, torna a educação dos filhos mais difícil, engendra um abandono mole da cultura, torna inútil a reflexão e pouco úteis as heranças, do ponto de vista da capacitação etc. Ao lado disso, emerge esse segundo humanismo, caracterizado pela consagração do humano e pela valorização sem precedentes do amor. Como se faz, já que essas duas revoluções aparentemente não se encontram? Ou seja: como se explica que esse seu segundo humanismo não seja — já — mais visível em seus efeitos e mais ativo no real?

O que você está dizendo é muito exato, mas isso se deve à própria realidade, isto é, ao caráter profundamente equívoco do capitalismo. Pois, como vimos ao longo de todo esse nosso diálogo, ele comporta duas outras faces, estreitamente ligadas entre si e, mesmo assim, contraditórias. É o que explicitamente aponto em *La Révolution de l'amour*, como "contradições intelectuais e morais do capitalismo". Dedico todo um capítulo a isso, justamente por ser sensível ao argumento a que você se refere. De um lado, o capitalismo parece extraordinariamente libertador pelas razões que acabamos de ver (invenção do salário e saída da comunidade do vilarejo, casamento por amor, abertura das fronteiras etc.). Por outro lado, ele simplesmente se apresenta como um sistema reificador, que transforma os seres humanos em meras coisas.

Resumindo, meu discurso não é contraditório, mas sim a lógica capitalista que, na verdade, *é intrinsicamente ambivalente*. Quanto ao segundo lado a que me referi, é incontestável que acarreta certo número de efeitos perversos calamitosos, já que a globalização capitalista é uma máquina de produzir não sentidos, máquina que apenas um nietzschiano fanático (querendo liquidar o sentido) ou um liberal louco (querendo liquidar o Estado) poderia achar admirável. Ao mesmo tempo, essa segunda vertente se enraíza na primeira, em que se origina. Marx e Tocqueville foram os primeiros a dizer: o capitalismo inventa o indivíduo moderno, o elétron livre escapa enfim das comunidades "holistas" (fundadas no primado do tudo, do coletivo). Essa mesma ambivalência, alojada no coração da lógica capitalista, reaparece no fato de, apesar de nossas sociedades serem criticáveis por vários aspectos, elas ao mesmo tempo são extremamente autocríticas. A sociedade capitalista e democrática é aquela que não para de gerar e organizar sua própria crítica, uma crítica às vezes tão radical que se torna delirante – como se vê tanto na extrema direita quanto na extrema esquerda –, sendo o único regime nesse caso. Contesta-se então o capitalismo (sua tendência reificadora) a partir de um dos seus aspectos (a possibilidade de crítica), mas sem ver que esses dois aspectos são inseparáveis.

Tenho a impressão – e respondo à sua objeção – de que a consagração do humano a que assistimos justamente modificou a maneira dos indivíduos verem a si mesmos, com essa modificação produzindo, por sua vez, uma maior crítica ou autocrítica. Você me pergunta por que os efeitos dessa crítica da globalização, como destruidora do sentido, não são mais ativos. Na verdade, acredito que são, e até de maneira extraordinariamente forte. Falei da crescente importância das preocupações humanitárias, mas também da crítica do mundo financeiro ou ainda do cuidado com as gerações futuras, que ocupam cada vez mais espaço na mídia e na política. Mas como as críticas do capitalismo estão integradas em sua superestrutura democrática, a contestação tende a ser menos radical, pois menos externa e sobretudo porque, apesar dos defeitos, a globalização nos enriqueceu, nos abriu aos outros e, de certa maneira, nos tornou mais livres. Concordo, as desigualdades entre ricos e pobres aumentam, mas no âmbito das potências emergentes, os pobres estão menos pobres do que antes, e é preciso ter um egocentrismo ocidental absoluto para não se alegrar com isso. Em seus últimos livros, o economista Daniel Cohen mostra que, em média, os franceses estão três ou quatro vezes mais ricos, em real poder de compra, do que na epoca do general De Gaulle. Podemos nos dar conta, quando viajamos pelo mundo ocidental, que este último soube construir sociedades de liberdade e de bem-estar como nunca antes se conheceu na história da humanidade, razão pela qual ninguém quer imigrar para Bombaim ou Argel. A imigração, pode notar, vai sempre no mesmo sentido. Pense também na França do pós-guerra, de que falamos evocando minha infância: era um país, na verdade, bem pobre e muito triste, comparado ao de hoje.

Concordo, mas somente em parte você respondeu à minha pergunta. Se já nos encontramos no segundo humanismo e, se os valores nele embutidos são tão dominantes, como essa sacralização do humano não teve maior impacto sobre a globalização alucinada?

Repito, esses impactos, apesar de tudo, são imensos. É preciso ser cego para não ver. Não somente estamos quatro vezes mais ricos do que nos anos 1950, o que já representa muito, mas temos também quatro vezes maior liberdade em termos de costumes e, como sugeri, temos quatro vezes mais cuidado com os outros. Os que criticam o tempo atual como sendo atroz — comparado a *Os miseráveis*, de Victor Hugo, nosso mundo é um verdadeiro paraíso — se esquecem sempre de reparar que essa crítica, na verdade, tem a adesão da maioria: de forma alguma é marginal, mas sim, pelo contrário, constitui a ideologia mais comum. Dizer que as críticas feitas contra as coisas ruins do capitalismo ou da globalização são sem efeito seria pura loucura: não paramos de agir para corrigir os efeitos perversos da globalização, não paramos de buscar mais igualdade e proteção social, e mesmo que não cheguemos ao ponto que queremos, não é por falta de vontade política, mas porque a globalização nos coloca dois temíveis problemas.

O primeiro vem da entrada da Índia e da China no circuito do comércio e da economia internacional – ou seja, a entrada de dois bilhões e meio de pobres que trabalham dia e noite por salários miseráveis, sem ter a menor proteção social –, o que não pode deixar de bater de frente com nossos velhos Estados-providência. Não se trata mais de um problema de direita/esquerda, mas de uma realidade que os governos europeus, qualquer que seja a coloração política, terão que enfrentar na próxima década. Não é a direita no poder que é dura (ela, na verdade, é até mole), mas a globalização, que ataca a golpes de dumping social maciço os sistemas amortecedores sociais estabelecidos em nossas democracias. Se os governos europeus não forem capazes de perfeitamente esclarecer seus cidadãos, terão que ceder lugar aos demagogos e não é preciso ser um grande intelectual para prever que eles vão poder se espalhar, com o tema: "Uma outra política é possível, podemos ter a manteiga, o dinheiro da manteiga e ainda o sorriso do fazendeiro que faz a manteiga!"

O segundo problema causado pela globalização é mais preocupante e mais difícil de perceber que o primeiro. Baseia-se também numa realidade incontornável, uma realidade que os políticos não querem confessar e de que o povo não quer, de jeito algum, ouvir falar. Nem por isso é uma realidade menos visível: queira-se ou não, diante da globalização da economia, do comércio e das finanças, as alavancas da política nacional praticamente não erguem mais nada.

A cada semana temos uma prova a mais disso. Veja o caso da Grécia, da Irlanda. Por semanas a fio, esses dois países endividados a ponto de beirar a falência quiseram se salvar sozinhos, sem o socorro da Europa nem do FMI. Com o tempo, acabaram tendo que aceitar a ajuda internacional e compreender que uma nação isolada não tem mais como se pôr em segurança sozinha. De maneira mais geral, vemos incessantemente crescer a impotência pública, inclusive na França. Nossos Estados estão de tal forma endividados que não há mais grão a moer nem mel a oferecer para disfarçar o gosto amargo, temos apenas sangue e lágrimas. Nessas condições, a ação política, que o tempo todo cai na armadilha de uma via midiática supercrítica, pouco a pouco perde suas possibilidades. Vão dizer que essa análise é desesperadora. Quanta bobagem! O que é desesperador é não querer ver a realidade de frente, compreender que, enfim, o único problema político realmente importante na próxima década é o seguinte: como encontrar espaço de ação, como devolver à política um real poder de transformação do mundo? É o que tem pela frente a Europa e o G20 – a governabilidade mundial que, mesmo parecendo utópica hoje, deverá, um dia ou outro, ganhar peso...

Os valores embutidos nesse segundo humanismo não têm, então, efeitos visíveis suficientes no plano coletivo ou político?

É claro que têm! Aliás, saltam aos olhos, e fico pasmo vendo o gosto absurdo pelo pessimismo e pelo desencanto impedirem a tal ponto essa percepção. Mesmo assim, os valores do segundo humanismo não significam que os seres humanos repentinamente tenham se tornado bonzinhos nem que o ódio, que é a outra face do amor, tenha desaparecido, como por passe de mágica, dos corações. O mesmo com relação ao egoísmo, à avidez, à ganância e a mil outros defeitos que não vejo bem por que desapareceriam graças a alguma varinha de condão. As mutações, porém, por que passamos em consequência das revoluções da vida privada, nem por isso deixam de ser imensas. Nesse mundo que nos escapa ainda por todos os lados, o segundo humanismo atualmente age por meio da preocupação — vital — de se recuperarem espaços de ação, aliás num estado de espírito mais republicano do que ultraliberal.

Uma vez mais, isso nos remete a toda a problemática da regulamentação, pelo G20 e pela construção europeia. A existência da instituição G20 já representa, em si, um acontecimento histórico maior, sinal de uma tomada de consciência de que a globalização não pode mais proliferar sem governo político. É evidente que mil críticas podem ser feitas, pode-se debochar desse "G vão"[9] que não consegue regulamentar as finanças nem chegar a decisões **con**cretas sobre o meio ambiente. Acha que não posso também me pôr na mesma toada? Nada mais fácil, pelo contrário. Mas é preciso ver que um projeto se esboça, surge uma ambição totalmente inédita na escala da história, se lembrarmos que nossos países ainda trocavam tiros com os alemães! Seria preciso o senso histórico ter completamente desaparecido e estarmos também completamente "tomados" pelo curto-prazismo para não nos darmos conta das evoluções inimagináveis do Ocidente rumo à paz e à preocupação em melhor governar o mundo, ocorrida nos últimos 60 anos. Entre a colonização racista e a ajuda pública ao desenvolvimento há um passo enorme. Também entre o extermínio dos judeus e a vitória quase indiscutível dos movimentos

---

[9] Homófonos em francês, daí o trocadilho. (N.T.)

antirracistas na Europa. Entre a segregação racial ainda em vigor na América dos anos 1950 e a eleição de Barack Obama, não há nenhum progresso real? E o que dizer do fim do totalitarismo no Leste e das ditaduras na América Latina?

O pessimismo não é apenas um entrave ético: ele se torna uma forma de cegueira, para não dizer de cretinice. Todos os países que entraram, de uma forma ou de outra, na lógica europeia, há 60 anos se transformam, indo para o melhor, de forma totalmente inimaginável para as pessoas da geração dos meus pais. Lembre-se de como um Jean-François Revel ou um Cornelius Castoriadis falavam do totalitarismo como regime inexpugnável, podendo durar mil anos... a poucas semanas da sua completa implosão! Já é tempo de ter os olhos bem abertos e de parar de pensar o mundo com as categorias da esquerda pseudorrevolucionária da década de 1960.

A ideia de ser preciso sair da paralisia pela indicação de *finalidades humanas* para a globalização, para que nossos filhos não sejam triturados pelo monstro, talvez não esteja tão em vigor quanto deveria. Por quê? Por ser terrivelmente difícil, nesse contexto da incrível pressão feita pela Índia e pela China em nossos Estados-providência. Essa ideia e necessidade são igualmente compartilhadas por todos os dirigentes políticos responsáveis, de Barack Obama a Angela Merkel, passando pelo conjunto dos dirigentes franceses – a ideia de a direita francesa ser neoliberal é simplesmente cômica, bastando ver o aumento das despesas do Estado nos últimos 25 anos. No plano dos desafios que nos aguardam em termos de regulamentação econômica e ecológica, os europeus estão provavelmente muito longe da meta, mas como não ver que a união europeia marca uma revolução e que as finalidades humanas se tornam pouco a pouco onipresentes? Você notou as reações (aliás excessivas) da Comissão Europeia diante da recente expulsão dos ciganos, organizada pela França no verão de 2010? Pode-se imaginar algo assim nos anos 1930? Apesar do que dizem os soberanistas, a Europa claramente entrou numa política pós-nacional, o que representa uma novidade incrível, quando se sabe a que ponto os nacionalismos devastaram e ensanguentaram o século XX e continuam ameaçando, sobretudo na Europa Oriental, com novas retomadas. Da mesma maneira, e apesar dos *Indigènes de la République*, a Europa de hoje é radicalmente pós-colonial.

Ontem estávamos a bordo de um avião sem cabine de comando. Com essas diferentes iniciativas (o G20, a regulamentação, a União Europeia), pelo menos já temos a cabine. Algo ainda bem modesto, diante das exigências "curtoprazistas" que a via midiática permanentemente encoraja, também concordo. Mas achar que isso nada representa é realmente denegar o real. E nenhuma dessas iniciativas teria acontecido se a sacralização do humano já não agisse, fornecendo e afiando armas contra os aspectos mais negativos ou mais anti-humanistas da segunda globalização. O segundo humanismo se traduz pelo fato de a paixão democrática fundamental consistir agora em querer melhorar a pontaria do tiro, para recuperar o controle da nossa história e do nosso futuro. Indague-se sobre os bancos americanos e vai ver onde se encontra a "ideologia dominante": até o presidente da República praticamente diz considerá-los o atual mal absoluto. Para compreender essas evoluções e construir uma "política de civilização", não há dúvida, como Husserl já havia visto em *A crise da humanidade europeia* (1935), que precisamos de filosofia, mais do que de política politiqueira.

Você diz que esse segundo humanismo, ao contrário daquele do Iluminismo, é decididamente pós-colonial e pós-racista. No entanto, não temos a impressão de assistir, nos últimos anos, na Europa, a uma progressiva liberação das posturas xenófobas, principalmente judeófobas? É como se a judeofobia estivesse sub-repticiamente reintegrando a "esfera do discurso legítimo". Em 2005, você próprio observou, com muita coragem, que os casos de racismo e de antissemitismo tinham se multiplicado na França, desde o ano 2000, acrescentando que a violência antissemita tinha se tornado, desde então, a mais importante forma de violência racista, totalizando, por exemplo, no ano de 2002, 62% das ações e 74% das ameaças. Como você concilia esses dados com a ideia de estarmos entrando num humanismo pós-racista?

Não somente não assistimos a uma liberação das posturas xenófobas ou antissemitas, como tais atitudes nunca antes tinham sido tão denunciadas, detestadas e até odiadas quanto na Europa de hoje. Uma vez mais, não se devem confundir duas coisas totalmente diversas: o antissemitismo clássico dos meios católicos reacionários tradicionais, em constante regressão há 60 anos, e um antissemitismo de gênero novo, ligado ao aumento dos fundamentalismos religiosos, fanaticamente anti-israelenses. Vimos isso durante a conferência da ONU contra o racismo, no início de setembro de 2001, em Durban. A menos que me convença de que o antissemitismo do presidente iraniano é típico do que também se passa na Europa, não vejo por que aceitar a ideia de o racismo e o antissemitismo, as duas ideologias mais claramente odiadas pelos franceses e, de modo mais geral, pelos europeus, estarem aumentando. Todas as pesquisas demonstram, pelo contrário, que estão em drástica regressão e até em queda livre, há décadas. Pense no que era o racismo colonial dos anos 1930, nem que seja pelos clichês veiculados pelos quadrinhos de *Tintin no Congo*! Pense também no que era o antissemitismo anterior à guerra e ao que foi o hitlerismo; vai ser difícil defender a ideia de que nada mudou!

O ANTICONFORMISTA

Sustente em público algo minimamente racista, mesmo sob forma de provocação ou brincadeira, e depois me dê notícia! Vai ser para sempre deixada no pelourinho.

O recente aumento da violência antijudaica a que você fez alusão representa, é verdade, uma novidade na França, desde a Segunda Guerra Mundial. Fui praticamente o único, na classe política, a dizer isso, quando fui ministro, o que, aliás, serviu de pretexto à esquerda para me insultar copiosamente na Câmara. O aumento dos atos violentos ligados a confrontos comunitários não é um fantasma, mas pura e simplesmente uma realidade, diante da qual não podemos nem devemos fechar os olhos. Mas todos esses fenômenos nada têm a ver com o antissemitismo clássico, *a fortiori* hitlerista: estão essencialmente ligados à refração, entre nós, do conflito no Oriente Médio e ao crescimento do fundamentalismo. O que aconteceu nas escolas depois da Segunda Intifada? Alguns pequenos franceses de origem magrebina se imaginaram palestinos e entraram em choque com os pequenos judeus do bairro, e alguns reagiram como se fossem pequenos israelenses. Era preciso dar fim a essa maluquice e foi exatamente o que tentei fazer, sobretudo com a lei sobre a expressão religiosa na escola, que tinha como finalidade apenas acalmar os ânimos... Insisto, no entanto, em achar que essas violências nada têm a ver com não sei qual retorno do racismo colonial ou do antissemitismo nazista que se remete, você sabe disso melhor do que ninguém, a uma lógica totalmente diversa.

Dito isso, dou-me conta de que para compreender em profundidade o que chamo de segundo humanismo, um outro conceito é absolutamente indispensável: o de "espiritualidade leiga".

10

Pensar uma "espiritualidade leiga": o desafio do século XXI

ALEXANDRA LAIGNEL-LAVASTINE – *Constatar a presença de valores estabelecidos no humano e que sentimos nos engajarem completamente é o mesmo, então, que observar, até no coração dessa globalização liberal desfinalizada, um aumento do ético-espiritual na convicção ou na consciência íntima (e às vezes política) dos indivíduos. Seria essa permanência do espiritual que o levou a criar a noção, frequentemente malcompreendida, de "espiritualidade leiga", a bandeira sob a qual se coloca o seu projeto filosófico de 15 anos para cá?*

LUC FERRY – A "espiritualidade leiga" de fato constitui o conceito-chave da minha reflexão, a pedra angular que hoje subtende toda minha filosofia. É sempre útil precisar seus contornos, ainda mais porque, sem isso, também não se compreende a noção de "segundo humanismo". Essas precisões se tornam ainda mais necessárias uma vez que, do ponto de vista das grandes religiões, a noção de "espiritualidade leiga" tende a ser percebida como uma forma de concorrência insuportável e, com isso – mas faz parte –, como um empobrecimento da "verdadeira" espiritualidade (que suporia a fé, vista como certeza, na existência de um Ser supremo). Para os materialistas e ateus mais dogmáticos, por outro lado, essa noção se aproxima um pouco demais do religioso para ser honesta. Acham eles que a moral – republicana, se possível – resolve tudo, sem necessidade de outra esfera de reflexão sobre a vida boa, que dê acabamento ao projeto filosófico. Ou seja, a espiritualidade leiga se vê atacada tanto por ateus quanto por fiéis, e o fato de seu lugar, em nossa paisagem intelectual, não ser assim tão óbvio se explica pelo próprio caráter subversivo dessa noção. No entanto, ela desde sempre, desde Homero e até desde a epopeia de Gilgamesh, se encontra no cerne do cerne do que realmente a filosofia é: uma busca da vida boa que não passa por Deus nem pela fé, uma busca "leiga" que recomenda aos seres humanos que aceitem a condição de mortais e convivam com a própria finitude sem, nem por isso, abrir mão do supremo bem.

UMA NOÇÃO CRUCIAL CRITICADA POR ATEUS E CRENTES

Na verdade, nenhuma grande filosofia jamais driblou o âmbito do espiritual *(ver capítulo 5)*: todas, sem exceção, veem como meta para a existência humana nos alçar, para além da moral e da religião, a uma vida boa e livre. O próprio Hegel fala de uma "vida do espírito", e Schopenhauer escreveu (a maioria dos seus atuais discípulos parece ter esquecido) *A arte de ser feliz*, explicitamente destinado a "ensinar a viver" (são seus próprios termos), que ele considerava o ponto alto do seu pensamento. Na França, tenho a impressão de que as reticências diante da noção de espiritualidade leiga, apesar de circunscritas num minúsculo microcosmo, vêm em grande parte do ambiente intelectual, cheio de ideias feitas de leiguice, mais do que simplesmente leigo, que por muito tempo predominou no mundo da filosofia, no século XX: arriscar qualquer referência à "espiritualidade", quase confundida com "espiritismo", bastava, nas décadas de 1970-1980, para que a pessoa passasse por louca furiosa.

O ANTICONFORMISTA

Foi muito trabalhoso, então – também com relação aos amigos filósofos –, fazer que entendessem os motivos para sair do fechamento que dominou toda uma época na qual, em geral, se considerava que, fora da filosofia moral ou política e da filosofia das ciências, nada mais podia, filosoficamente, ter legitimidade e sentido *(ver capítulo 3)*. Isso empobrecia tanto o plano intelectual que, nesses campos, rapidamente vi que mais valia buscar uma posição atuante, sem me limitar à de comentador: para que fazer epistemologia se não formos cientistas? É como falar de sexo sem praticá-lo... E para que analisar teorias da justiça ou, pior, considerar poder dar lições de justiça a nossos governantes, trancados em nossa "biblioteca", a mil léguas da ação real e sem nada conhecer de economia, de orçamento, de política real? Francamente, a filosofia mais parecia a mosca do coche, em La Fontaine, uma mosca um tanto arrogante por esvoaçar no mundo dos intelectuais, que passam o tempo em petições e outras admoestações dos cavalos que, bem ou mal, puxam a carroça...

Uma pessoa da minha geração, nascida por volta de 1968, não vê muito bem como uma filosofia digna desse nome pode deixar de se perguntar o que deve ser uma vida – própria e autenticamente humana (o que você chama de uma "vida boa"). De Edmund Husserl a Emmanuel Levinas, passando por de Jan Patocka, essa interrogação está no âmago de toda a tradição fenomenológica do século XX. Isso significa dizer que a noção de "espiritualidade leiga" deve, para você, responder a uma "necessidade de espiritualidade" ou a uma "necessidade de sentido"?

Nesse ponto, deve-se tomar cuidado: pode-se falar de uma vida "autenticamente humana" sem sair da moral, da problemática da justiça, da ética e do direito. Foi, afinal, o que Levinas fez amplamente, que sempre se recusou a falar – tive a oportunidade de conversar longamente com ele – de sua relação pessoal com o religioso. Ele considerava que, no fundo, a espiritualidade, ao contrário da ética, pertence à esfera do privado; se situando, então, fora da filosofia.

Quanto à "necessidade de espiritualidade", fujo disso como da peste. Esse apelo à "necessidade" representa, a meu ver, o argumento mais contraproducente e mais suspeito que existe. O fato de se ter "necessidade" de algo é uma objeção contra esse algo, sendo a necessidade de Deus a principal objeção contra ele: o ateu se sai bem com isso, dizendo que temos tanta necessidade dele que o inventamos. Essa necessidade, aliás, admitindo-se que exista (há de fato uma, mas que mais parece uma aspiração do que uma necessidade, e que Kant chama de "disposição natural do homem para a metafísica"), não é maior hoje em dia do que foi ontem. Desde sempre a filosofia se apresenta como uma espiritualidade leiga. O verdadeiro problema seria antes o de saber por que nosso ensino de último ano do curso fundamental, todo centrado na dissertação e na educação cívica, se nega a perceber isso. Como voltar à verdadeira filosofia, como abordar de maneira nova duas interrogações fundamentais sobre a vida boa e a sabedoria, estando hoje o ser humano numa situação bastante trágica, ao mesmo tempo menos protegido (não dispõe mais das redes de segurança que as grandes religiões ou grandes utopias de ontem representavam) e mais exposto do que nunca aos tormentos da finitude, pois é mais afetivo e ama mais, sendo provavelmente também mais consciente do que nunca de sua situação de mortal?

É esse, acredito, o verdadeiro assunto. Nessas condições, creio que assumir a tarefa de filosofar implica, por um lado, nos interrogarmos quanto ao que faz sentido para nossos contemporâneos – que se *explicite* ou se *desvele*; por outro lado, que trabalhemos a elaborar aquilo em que podem consistir uma sabedoria do amor, uma definição da vida boa ou uma espiritualidade leiga, sem passar por Deus nem pela fé, mas que nem por isso se reduza apenas à esfera da moral. Isto é, deve ser elaborada numa perspectiva caracterizada pela autorreflexão e pelo senso histórico, já que não podemos mais seriamente filosofar, feita abstração da história da filosofia, assim como da simples História – daí a tarefa puramente teórica da filosofia, sua função de conhecimento, não dever, evidentemente, ser subestimada. O tempo todo insisto na terceira etapa da filosofia, a da espiritualidade, da sabedoria, da soteriologia, mas não pense que com isso esqueço a primeira, a da teoria. Só que tanto esquecemos a terceira nos últimos cinquenta anos, na França, que tento corrigir isso.

Resumindo, a filosofia está aqui primeiramente para pensar o que é e não para responder a uma necessidade nem para trazer não sei qual cura de desenvolvimento pessoal que "dê sentido" à vida. Com isso, sua finalidade última é mesmo a de enfrentar a questão da vida boa, que claramente é o polo do sentido, não *da* vida (pois não creio que nossas vidas tenham um sentido), mas *na* vida (o que não é a mesma coisa, quero deixar claro, pois algumas críticas parecem não perceber), sem nada eludir do trágico da condição humana, ou seja, integrando com lucidez nossa finitude como ausência de "por que" definitivo. Por isso afirmo haver dois tipos de espiritualidade: espiritualidades com Deus (as religiões) e espiritualidades sem Deus ou "leigas": e isso se chama filosofia.

A FILOSOFIA NÃO É UMA VARIANTE DA PSICOLOGIA: ESCLARECIMENTO

Você não teme que a sua busca por uma espiritualidade leiga ou sua reflexão sobre uma sabedoria da finitude o rotule, para alguns, no modismo do "como viver a sua vida"?

É num sentido inverso, mas é uma pergunta que me fazem com frequência e permita-me então esclarecer a diferença entre filosofia e psicologia. Às vezes me dizem: "Se a filosofia tiver como finalidade 'ensinar a viver', se de fato for uma 'arte da felicidade' (Schopenhauer), com pretensões a ajudar os seres humanos a 'vencer os medos', ou até uma espécie de 'medicina da alma' (Epicuro), em que ela se diferencia da psicanálise e das suas múltiplas variações de tipo 'desenvolvimento pessoal'? No fundo, ela não seria, como pensava Freud, uma espécie de prefiguração aproximativa, ou esboço mais literário do que científico da 'psicologia das profundezas'?" Essa visão das coisas, que esteve relativamente em moda, nos anos 1970, nos departamentos de ciências humanas, se baseia num erro fundamental, que seria útil dissipar.

Pois não é pelo fato de a filosofia ter se definido, desde a origem, como busca da sabedoria, ou mesmo como uma terapêutica da vida do espírito, que por isso deva se confundir com a psicologia e menos ainda com as teorias contemporâneas de "desenvolvimento pessoal". Pelo contrário, ela se distingue radicalmente. A confusão vem de, à primeira vista, os objetivos parecerem idênticos: trata-se de, tanto quanto possível, chegar a uma forma de serenidade, eliminando a angústia. Mas não é do mesmo sentimento que se fala, pois a angústia metafísica e a angústia psicológica têm naturezas totalmente diferentes, e os meios de abordá-las são diferentes. Veja, em poucas palavras, por quê.

Para Freud, que considero um dos maiores pensadores do século XX – digo para evitar qualquer amálgama com as críticas ordinárias que os filósofos lhe fazem –, a aparição da angústia se explica essencialmente pela "desintricação", isto é, pelo arrebentar ou fragmentar da personalidade. Quando surge um conflito interno entre o "isso" e o "superego", entre os desejos inconfessáveis e as proibições morais, e quando esse "administrador" ou regulador, que o "ego" é suposto ser, não consegue resolver a questão, o recalque e a angústia se põem a caminho. Em princípio, a meta da análise, pela transferência, é a de devolver ao "ego" o controle do conflito, para chegar a soluções que levem o sujeito de volta ao estado "de gozar e de agir", segundo a célebre expressão de Freud. Imaginemos por um instante que alguém então, graças ao trabalho analítico e à transferência, mesmo que não chegue a um estado de perfeita saúde psíquica, pelo menos atinja uma situação em que os principais conflitos estejam sob controle. A perfeição é obviamente impossível nesse assunto, mas levantemos a hipótese de se poder chegar perto disso: nesse caso, em princípio, a angústia psíquica seria derrotada, as fobias e as ideias obsessivas mais paralisantes começariam a se apagar, permitindo ao indivíduo se aproximar de alguma serenidade. E é precisamente aí, nesse ponto ideal, que aparece, no entanto, claramente, a diferença entre a abordagem psicanalítica e aquilo que, desde sempre, preocupa a filosofia.

Pois nosso indivíduo, por hipótese "quase curado", continuaria a ter que enfrentar, como você e eu, não mais conflitos internos, mas problemas existenciais intrinsicamente ligados à finitude humana, ou seja, ao fato de sermos mortais. A angústia ligada aos conflitos psíquicos e a angústia existencial não têm a mesma natureza. Poderíamos dizer – exagero de propósito, tentando ser mais compreensível – que a psicanálise se preocupa com a angústia patológica, pelo fato de ela nascer de conflitos internos que deveríamos, na verdade, de um jeito ou de outro, ser capazes de gerir. Já a filosofia se interessa pela angústia existencial – sentimento absolutamente "normal" ligado, de qualquer forma, e tenha-se ou não saúde, à condição humana enquanto tal. Mesmo que se desse cabo da angústia patológica, a angústia ligada à permanente possibilidade da morte daqueles que amamos permaneceria intacta.

Nesse sentido, psicanálise e filosofia não andam juntas. Mas também não se opõem e podem até se completar, se eliminarmos, de ambos os lados, as sempiternas e recíprocas acusações de bruxaria.

Daí a necessidade, que você contou ter descoberto com a adoção de sua filha Gabrielle, de separar o registro existencial ou espiritual não somente do registro psi, mas também do registro moral. Você, na verdade, é um dos raros pensadores leigos contemporâneos a distinguir as ordens da reflexão. Isso significa que a esfera da espiritualidade – a questão do sentido da existência e da vida boa – começa onde terminam o engajamento ético e a reflexão política? Em certas circunstâncias históricas dramáticas, no entanto, essas três ordens podem se confundir...

Parece-me, mesmo assim, crucial não as confundir. Vamos tentar dizer as coisas simplesmente. A moral, em qualquer sentido que se entenda, é o respeito pelo outro, digamos os direitos humanos acrescidos de boa vontade e generosidade. Comportar-se moralmente quer dizer respeitar o outro e ativamente lhe desejar o bem. Caso aplicássemos perfeitamente os valores morais, não haveria mais massacres no planeta, nem estupros, nem roubos, nem assassinatos e nem injustiças. Seria uma revolução. No entanto, não nos impediria de envelhecer, nem de morrer, de perder alguém querido ou mesmo, se for o caso, de nos sentirmos infelizes no amor ou, simplesmente, nos entediarmos numa vida cotidiana atolada na banalidade. Pois essas questões – a das idades da vida, a do luto, a do amor e a do tédio – não são essencialmente morais. Você pode viver como um santo, respeitar e ajudar maravilhosamente o outro, aplicar os direitos humanos como ninguém... e, mesmo assim, envelhecer, sofrer e morrer. Essas realidades, como disse Pascal, são de outra ordem: têm a ver com a "espiritualidade", a vida do espírito, que não se limita ao religioso e vai bem além da moral.

Ora, o que nos faz falta hoje em dia é uma espiritualidade leiga, uma concepção da vida boa, uma visão de mundo comum que queiramos construir juntos, à imagem do que os gregos elaboraram no primeiro texto escrito da língua deles, *A odisseia*, de Homero. Relembre: por dez longos anos, Ulisses participou da terrível Guerra de Troia. Sua história começa com o caos, e o sentido da sua viagem, que é também o da sua vida, consiste em reaver a harmonia perdida, devastada pela guerra. Depois de terminado o conflito, ele deve voltar para casa, em Ítaca. Mas a viagem é pontilhada de dificuldades. Uma delas tem um nome dos mais bonitos: Calipso. Essa deusa sublime fica loucamente apaixonada por ele e revolve mantê-lo prisioneiro. O nome, aliás, vem do grego *calyptein*, que significa esconder. É linda de morrer, tem uma ilha paradisíaca e está disposta a tudo para "esconder" o amado e dificultar sua partida. Mas Ulisses se sente atraído como por um ímã pelos seus e, mais ainda, pelo seu reino, que forma mais ou menos o seu lugar natural na ordem cósmica. Toda noite, ele chora contemplando o mar que o separa da harmonia de Ítaca. Calipso então oferece o impossível para um ser humano: a imortalidade e a eterna juventude, se ele ficar em seus braços. Ulisses recusa, resiste à tentação e o significado dessa recusa é imenso. Significa que a meta da existência humana não é a de ganhar a salvação eterna nem a de chegar à imortalidade, pois *uma vida bem-sucedida de mortal é muito superior a uma vida fracassada de imortal*. A "deslocalização", a vida longe de casa, fora da harmonia do seu "lugar natural", como diz Aristóteles, para Ulisses é pior do que a morte. Com isso, é uma espiritualidade leiga, uma definição não religiosa da vida boa que se esboça e até hoje tem o que nos dizer, a nós que vivemos, mais do que nunca, no desencantamento do mundo.

A exemplo de Ulisses, não se deve, de fato, preferir uma existência de mortal reconciliado com o mundo, em vez da miragem religiosa de busca da imortalidade? Não devemos nos esforçar para viver com lucidez, de acordo com a condição humana, que é a da mortalidade, e em harmonia com os outros, assim como com a ordem do mundo? É o centro de toda sabedoria leiga, de toda espiritualidade filosófica que não passa por um deus nem pela fé. Se quisermos inventar uma "política de civilização", se quisermos fixar um rumo, bem mais do que da moral, é da espiritualidade que precisamos, de filosofia, mais do que de estratégias e de poder.

Você pode ver que, mesmo havendo possíveis pontos de passagem entre as três ordens — entre a moral, a política e a espiritualidade —, elas nem por isso deixam de ser fundamentalmente distintas. A história de Ulisses é globalmente filosófica, uma tentativa de espiritualidade sem Deus: a moral não tem quase nenhum papel e a política, muito pouco...

Mesmo assim, as diferentes esferas de valores que nos servem de referência — o verdadeiro, o bem (ou o justo), o belo e o amor — não estão separadas por fronteiras totalmente impermeáveis, elas se entrecruzam um pouco...

Nem tanto. Não diria que se entrecruzam, mas que há passarelas, com cada uma podendo dar sentido às outras. Quer uma prova? É possível um cientista ser apaixonado pela verdade e, mesmo assim, ser o pior dos sacanas, gostar de Schubert, ser leal a seu país ou a seus amigos e organizar torturas num campo de concentração ou comentar, como bom jurista positivista, as leis de Vichy contra os judeus. Temo que a ideia de cruzamento entre as diferentes ordens seja uma ilusão. Que, mesmo assim, possuem — e provavelmente é aonde você quer chegar — pontos comuns, a começar pela famosa *transcendência na imanência* que me parece ser o cerne do segundo humanismo: que se trate do verdadeiro, do bem, do belo ou do amor, entramos em relação com uma transcendência, com algo que nos ultrapassa, nos obriga, nos força... e que, no entanto, se situa apenas na imanência do nosso coração, da nossa razão teórica ou prática. Analisei demoradamente esse paradoxo em *La Révolution de l'amour* (2010), mas, mesmo assim, as ordens de valores permanecem bem distintas. A moral republicana laica não poderia se apresentar como resposta para a questão da sabedoria do amor, ela nada tem a ver com a questão do luto do ser amado e nem com a da sedução – por que Ulisses é tão sedutor? Desafio a moral republicana a explicar...

Tudo bem, mas, ao mesmo tempo, você sustenta que precisamos hoje é de uma espiritualidade leiga. Seguindo a boa lógica, falta ainda isso no humanismo moderno?

Não, já está amplamente presente, sem o que eu nem poderia me referir a ela, e sustento que provavelmente vivemos melhor na Europa de hoje do que nunca, antes ou em outro lugar, na história da humanidade. A revolução da família moderna engendrou novas formas de espiritualidades leigas que estão onipresentes na vida diária. Mas as pessoas, em sua maioria, não as veem, porque estão fascinadas por coisas que brilham, como as variantes do pessimismo e a tentação da crítica radical. Diga-se que o pessimismo e a indignação dão asas, dão aparências de inteligência. Lendo Philippe Muray, Cioran ou Schopenhauer, qualquer um pode se achar um ser excepcional. O pessimismo é a doença do século. Como a consciência infeliz, de que fala Hegel na introdução de *A fenomenologia*, nos sentimos fascinados por mundos que desabam ("está tudo acabando"), fascinados também pelas tentações da crítica radical ("ninguém presta, que se danem todos!"). Vemos o que morre, e nunca o que nasce, o que surge das cinzas e dos escombros.

Veja a problemática das "gerações futuras", um conjunto de questões que vimos o quanto estão ligadas à crescente preocupação com o destino das crianças que amamos. Quando ela surge? Há apenas 30 ou 40 anos, isto é, um piscar de olhos, para falar como Schopenhauer, na escala da história... E mesmo assim, ganha todos os setores da vida política – ecologia, dívida pública, choque de civilizações, proteção social etc. –, a ponto de todas as grandes questões pouco a pouco se reorganizarem segundo essa nova perspectiva. Isso não quer dizer que a nação republicana não tenha mais o que dizer nesse capítulo, mas que ela se reorganiza nesse sentido. Veja, por exemplo, a Alemanha: é, ao mesmo tempo, o país mais ecologista da Europa (em que é maior a preocupação com as gerações futuras) e em que a coesão nacional é mais forte, a ponto de permitir um diálogo social inimaginável em outros países e até, coisa impensável na França, governos de coalisão direita/esquerda.

A HISTÓRIA DE ULISSES: DO CAOS À HARMONIA

E no concernente à Antiguidade? A figura de Ulisses, de que você falou ainda há pouco e cujas atribuições analisou em A sabedoria dos mitos *(2008), mostra, justamente, que a meta da vida humana não pode consistir em correr atrás da salvação eterna...*

É verdade, pode-se perfeitamente partir dessa história magnífica e fundadora, que muito bem coincide com o que chamo de "espiritualidade leiga". A sabedoria contida na mitologia grega, depois secularizada pela filosofia, realmente apresenta esse imenso interesse de já consagrar a separação entre duas ordens: a ordem dos mortais e a dos imortais, mas também, como acabo de mostrar, a ordem da moral e a da espiritualidade.

Vamos então voltar um pouco a Ulisses. O que, precisamente, suas aventuras têm a nos ensinar?

Recusando o oferecimento religioso, o dom de imortalidade da bela Calipso, Ulisses implicitamente define os três critérios da vida boa. Primeiro a *aceitação da finitude*. Com a recusa, ele aceita ser um humano, se mostrando capaz de superar o medo da morte. É preciso lembrar, Ulisses a essa altura já esteve no Inferno e sabe o quanto a morte é atroz. Ou seja, ele não se ilude, mas, mesmo assim, prefere uma vida de mortal. Essa recusa sugere, então, que uma existência de mortal, reconciliada com o mundo e com a finitude, é infinitamente preferível à miragem de uma corrida à imortalidade ou ao fato de se inventarem histórias a respeito de vida após a morte. É a primeira condição para a vida boa: o sábio é quem consegue, tanto quanto possível, vencer os medos que nos prendem e nos impedem de viver bem. Enquanto estivermos paralisados de medo pela morte, não podemos ter acesso a uma vida humanamente bem-sucedida; isso é uma mensagem que mais tarde se encontra entre os epicuristas e os estoicos.

A segunda condição se remete à ideia, que constitui uma das diretrizes de *A odisseia*, de que dois males pesam sobre a vida humana: o *passado* e o *futuro*. O passado nos puxa para trás pelas paixões tristes que são as saudades, os arrependimentos, os remorsos, as culpas. O futuro nos engana, fazendo cintilar a esperança de uma vida melhor, sempre adiada, sempre lançada adiante. Epicteto e Marco Aurélio desenvolveram esse tema maior, que voltamos a encontrar em Nietzsche e que Sêneca resume de forma muito bonita, observando que "de tanto viver no passado e no futuro, deixamos de viver"

Com isso, deixamos de habitar o presente que, entretanto, representa a única dimensão real do tempo, uma vez que o passado não é mais e o futuro não é ainda. Veja a ligação com *A odisseia*: enquanto está em guerra contra Troia, ou a caminho de Ítaca, Ulisses vive na saudade de Ítaca ou na esperança de Ítaca, nunca no amor ou no gozo de Ítaca. Isso quer dizer que nunca está na vida boa.

O terceiro critério, enfim, intervém quando Ulisses volta a Ítaca, quando, tendo eliminado os pretendentes ao trono, como Zeus tinha precisado dar cabo dos Titãs, ele passa a estar reconciliado com a ordem cósmica. Ulisses, com isso, se reconcilia também com o presente. Em Ítaca, ele passa a ocupar o que Aristóteles chama de seu "lugar natural". Essa *reconciliação com o presente* tem uma importância capital. Por exemplo, quando ele entra na cama de Penélope, Atenas e Zeus suspendem o tempo – o instante se torna eternidade, se dilata. Por quê? Porque somente quando nos reconciliamos com o presente, com o cosmo eterno, nos tornamos, nós mesmos, uma espécie de fragmento de eternidade.

Assim temos, então, na sabedoria dos antigos, as três condições para uma vida humanamente autêntica: aceitar a morte e vencer os medos, ser capaz de habitar o presente e se tornar, com isso, um fragmento de eternidade. Temos aí uma bela definição da vida boa, que não passa por Deus nem pela fé, e também não apaga a finitude humana. É o que chamo espiritualidade leiga. Pode-se, é claro, não compartilhar essa visão, mas temos nela uma espiritualidade que se situa para além da moral e que nem por isso é religiosa. Os deuses gregos não são deuses que salvam. Ulisses, no essencial, se safa por conta própria e, mesmo que Atena o ajude de vez em quando, ele não deixa de aceitar seu destino de mortal. A filosofia ocidental não vai passar de uma secularização, ou racionalização, dessa busca da sabedoria e da vida boa, inaugurada pela mitologia grega.

O ANTICONFORMISTA

Ulisses, enfim, está em busca de uma sabedoria cósmica, de uma sabedoria da conformidade com a harmonia cósmica. Como transpor isso para o contemporâneo?

Diferentemente de Ulisses, os modernos estão mais em busca não de uma *sabedoria do mundo*, mas de uma *sabedoria do amor*, fundamentada numa nova concepção da transcendência que não é a dos gregos, nem a das grandes religiões e nem a daqueles cristãos secularizados que eram os pensadores humanistas e republicanos do Século das Luzes (primeiro humanismo).

A TRANSCENDÊNCIA NA EXPERIÊNCIA VIVIDA

As transcendências "verticais" de antigamente duraram bastante, mas você afirma que também não vivemos mais numa época relativista em que os indivíduos "inventariam", por assim dizer, os seus valores. Seria para dar conta desse paradoxo de uma transcendência moderna, encarnada no humano, que você mobiliza, no plano teórico, a noção de "transcendência imanente à experiência vivida", ou "transcendência horizontal"?

Para melhor compreender essa noção – central, a meu ver, para a apreensão da noção de "espiritualidade leiga" na atualidade –, precisamos voltar um pouco à história da filosofia. Podem-se distinguir três grandes concepções da "transcendência". Um primeiro exemplo da "transcendência na imanência" nos foi dado justamente pelo *cosmo* dos gregos. Essa ordem cósmica harmoniosa, justa, bela e boa, a que os seres humanos devem se adaptar, é ao mesmo tempo transcendente com relação à humanidade (na medida em que não foi criada nem inventada por ela) e perfeitamente imanente ao mundo, pois é o próprio mundo. A harmonia cósmica, para os gregos, é propriamente a estrutura do real. A noção de transcendência na imanência já se encontra, então, parcialmente presente – parcialmente por se tratar ainda de uma transcendência *objetiva* e não imanente à subjetividade. Um segundo aspecto da transcendência na imanência se encarna no humanismo do Século das Luzes e da tradição idealista. Seu surgimento pode ser visto na teoria leibnitziana da objetividade: trata-se de distinguir os sonhos (subjetivos, que só valem para mim) e a ciência (objetiva, no sentido de que vale para todos) na imanência à subjetividade (à mônada). Podemos encontrá-lo ainda no exemplo da lei em *O contrato social* de Rousseau: quando escolho votá-la, sou livre, soberano; quando voluntariamente me submeto a ela, sou obrigado, sujeitado, mas trata-se de uma obrigação livre e subjetivamente consentida, ou seja, de certa maneira, uma transcendência.

A terceira forma, na qual me inspiro mais diretamente, se encontra em Husserl, com a ideia de uma transcendência presente no coração do "mundo da vida", do mundo vivido. Todo meu esforço visa mostrar, como Husserl e Heidegger se deram perfeitamente conta, que ela assim escapa das marteladas da desconstrução de Nietzsche e seus epígonos. Essa fenomenologia da transcendência é capital, se quisermos pensar um humanismo não metafísico. Transcendência na imanência significa que é "em mim", no meu pensamento ou sensibilidade que se revelam valores que se impõem a mim como externos a mim, como transcendendo minha subjetividade (não se pode ir contra: 2 + 2 são 4, não é uma questão de gosto). Com isso, eles se impõem fora de qualquer referência a uma fundação última situada em Deus, na natureza, na tradição ou em qualquer argumento de autoridade. Apesar de situados em mim (imanência), tudo se passa como se esses valores se impusessem à minha subjetividade como vindos de fora (transcendência).

Essa figura pós-desconstrucionista da transcendência constitui o *horizonte* incontornável das nossas experiências vividas. Husserl percebe isso, aproximando-se de Kant e de sua análise do espaço e do tempo, com uma descrição fenomenológica da *consciência de uma impossibilidade a se pensar e sentir de outra forma*: a linha reta é o mais curto caminho entre um ponto e outro, nada posso fazer, como também nada posso contra a irreversibilidade do tempo. Essa fenomenologia da transcendência dos valores na imanência à subjetividade vale na ordem da verdade como na da ética, da estética e do amor. Quando digo que "2 + 2 são 4", formulo uma verdade que não inventei: descobri, o que não é a mesma coisa. Da mesma forma, a beleza de uma paisagem ou de uma obra de arte se impõe a mim sem que eu tenha muito a fazer e, como tão bem se diz e em quase todas as línguas, "caímos" de amor: ninguém manda no amor. No entanto, é em si mesmo, no "coração", que se passa o sentimento amoroso, que nos leva, no entanto, como nenhum outro, a "sair de si". Os valores, nesse sentido, conservam uma dimensão de *objetividade* e de *exterioridade*, mesmo que se descubra essa dimensão *por si mesmo* e *em si mesmo*.

Essa transcendência fenomenológica seria então imanente à humanidade e à subjetividade, sem nem por isso derivar da individualidade, daquilo que meus interesses e desejo me ditam? É bastante sutil...

É essa sutileza que me faz dizer haver nisso uma espécie de mistério. Ao contrário do que acham os materialistas, que professam um imanentismo, isto é, um relativismo radical, os valores que defendemos, na verdade, não se remetem a uma questão de humor nem às nossas pulsões, não sendo também produto de nenhuma estratégia de distinção social, para falar como Pierre Bourdieu. Observe, por exemplo, os valores morais: eles amplamente transcendem as classes sociais, a história e a geografia. Pode-se, querendo, insistir nas diferenças, no tema "verdade para cá dos Montes Pireneus e erro, para lá".[1] Na realidade, porém, nenhuma grande visão moral do mundo, pelo menos que eu saiba, já fez apologia da mentira, da má-fé, do ódio e da violência. Os materialistas se esforçam para dar uma explicação, recorrendo à biologia, à história ou à teoria da evolução, mas como Husserl perfeitamente mostrou em sua crítica do "psicologismo", essas tentativas de "fundação última" sempre se fecham num círculo vicioso. Heidegger insistiu nisso com propriedade: elas têm sempre a estrutura metafísica da ontoteologia. Desenvolvi esse mesmo argumento tantas vezes, nos meus livros, que vou poupá-la disso: basta consultá-los. Acrescento apenas que a exigência de autonomia que muito bem caracteriza o mundo democrático, sobretudo quando se trata da fabricação da lei, de forma alguma significa que "inventamos" os valores. Essa exigência no máximo interfere na escolha da hierarquização: pode-se preferir a liberdade, em vez da igualdade, ou o inverso, mas todo mundo reconhece se tratar de valores. Mesmo no mundo aristocrático, certa forma de igualdade, pensada como equidade, tem seu valor. Mas essa margem de inventividade desaparece completamente no campo da ciência. Com relação à asserção "2 + 2 são 4", minha margem de liberdade individual é igual a zero. Ao contrário de uma opinião corrente, mas irrefletida, quase o mesmo se dá na ordem da ética: não invento os direitos humanos, descubro-os como algo que *se impõe a mim*, com toda sua coerência e rigor próprios. Quando condeno o estupro ou o racismo, essa condenação, mais uma vez, se impõe como evidência recebida de fora e não como emanando dos meus desejos subjetivos, sem, nem por isso, ter sido dada por alguma revelação anterior à consciência. Até mesmo os

---

[1] A frase é de Pascal e significa simplesmente que o que pode ser mentira para um pode ser verdade para outro. (N.T.)

racistas sentem necessidade de clamar em voz alta que não o são – como se sabe, a hipocrisia é a homenagem que o vício presta à virtude.

Houve, é claro, momentos de delírio – o nazismo, por exemplo –, mas são exceções à regra, detalhe que nem sempre é suficientemente destacado. Além disso, os piores canalhas sempre aplicam, entre si, códigos de honra e de virtude que se assemelham, a ponto de quase se confundirem, às formas clássicas da moralidade, que mostram, com isso, não terem sido totalmente deixadas de lado. Aliás, alguns princípios de justiça nos parecem tão inegociáveis que os percebemos como passíveis, se for o caso, de pôr em risco nossa própria vida. Daí a necessidade de se admitir que temos a sensação de algo semelhante a valores absolutos, algo como um "absoluto prático". Isso não significa que estejamos nesse nível, significa que temos, em nós, a ideia de que deveríamos estar.

Essa experiência da irredutibilidade dos valores se impõe, até – o que é bastante fascinante – na esfera da estética, que tão frequentemente dizem se remeter ao "gosto", quer dizer, a um relativismo puramente subjetivo. No entanto, como no caso de "2 + 2 são 4", não invento a beleza de uma suíte de Bach: humildemente me contento em descobri-la. Essa concepção pós-desconstrucionista da transcendência habita o segundo humanismo: reflete a estrutura da consciência comum, ao mesmo tempo que produz um incremento de lucidez com relação ao pensamento de todos os dias.

Poderíamos então dizer que a noção de transcendência conserva um sentido em nossa época, mas que teria mudado tanto de orientação quanto de conteúdo?

A transcendência apenas mudou de status, pois ninguém nega o sentimento de transcendência. Só que os teologistas se fixam num deus, e os materialistas numa infraestrutura neuronal ou social, sem se dar conta de que essas tentativas de fundação última tipicamente se remetem a ídolos de uma metafísica clássica que Nietzsche e Heidegger legitimamente desconstruíram. Daí a minha pergunta: como pensar a transcendência após a desconstrução da metafísica? Com certeza não será voltando ao materialismo do século XVIII, como faz certo sociobiólogo contemporâneo. Já foi dito, as transcendências de antigamente, se não foram liquidadas, no mínimo amplamente se fragilizaram com a grande desconstrução do século XX, mas não para colocar em seu lugar o imanentismo radical, a recusa do sagrado, o cinismo ou o relativismo moral, como previa a desconstrução e a lógica do mercado encorajava. Na verdade, nós as substituímos por novas formas de transcendência, transcendências que podemos chamar de *horizontais* e não mais verticais, pois estão voltadas para o outro e enraizadas no humano, e não em entidades situadas acima das nossas cabeças. São os dois traços típicos do segundo humanismo: assenta-se numa concepção pós-metafísica da transcendência, mas também numa transcendência cujo objeto é o ser humano como tal. É o que, desde o fim dos anos 1990, chamo de "sagração" ou divinização do humano.

O SAGRADO COM FACE HUMANA OU O RECONHECIMENTO DE VALORES MAIS ALTOS DO QUE A VIDA

Desde os seus primeiros textos, na verdade desde o artigo de 1975, sobre "Sublime e sistema em Kant", escrito aos 24 anos, a tese da finitude radical aparece como um dos sustentáculos do seu humanismo não metafísico, ao qual se deve acrescentar, como vimos, a tese da liberdade e a da transcendência dos valores. O mínimo que se pode dizer, em todo caso, é que esse reconhecimento de uma transcendência imanente à humanidade o singulariza, de maneira surpreendente, no seio de uma tradição que, há dois séculos, opõe, tanto no plano intelectual quanto no plano moral, o pensamento religioso ao pensamento materialista. Tenho a impressão de que foi também para colocar a perspectiva relativista em contradição consigo mesma que você recorreu ao que eu chamaria de "prova pelo sacrifício": a intuição de essa noção ser inseparável da noção do sagrado, não podendo haver sagrado — grandes causas sagradas — sem uma disposição ao sacrifício. Intuição que, ao mesmo tempo, permite fundamentar a afirmação de que vivemos, atualmente, uma revolução na história do sagrado e também, por isso mesmo, do sentido. Seria isso?

Falar de sagração do humano evidentemente não significa — mas são frequentes os mal-entendidos — que o homem tenha se tornado um ser extraordinário. Não há nisso idolatria nem irenismo algum: os seres humanos não entraram no paraíso. Entendo por "sagrado" aquilo pelo que, certo ou errado, nos dispomos a fazer sacrifícios ou até mesmo ir ao sacrifício final. Em paralelo ao crescimento dos valores da intimidade, a Europa registrou uma incrível erosão das motivações tradicionais para o sacrifício — e aproveito para dizer que vejo nisso a melhor novidade do século, ou até do milênio! — mesmo que (infelizmente) tudo se passe de maneira bem diversa em outros lugares (penso no terrorismo ou no islamismo integrista). Com relação ao outro, ao próximo, aos nossos próximos e aos nossos filhos, pelo contrário, nós europeus certamente nos prontificaríamos a certos riscos, até de morte, e, quanto mais amamos, mais a observação é verdadeira. Quando falo de "sacralidade" do ser humano, estou querendo dizer que ele passou a representar, para a maioria de nós, o único objeto pelo qual seja possível se sacrificar.

A constatação nada tem de trivial. Veja como se passou a guerra de trincheiras, em 1914, a maneira como os americanos não hesitaram em arrasar duas cidades japonesas, em 1945, nem tanto para ganhar a guerra, mas para testar armas e impressionar a União Soviética, sem por um segundo se preocupar com as dezenas de milhares de crianças e de civis que perderam a vida, em condições terríveis. O mundo ocidental mudou; tais horrores, hoje, chocam a opinião pública. Lembre-se também do Kosovo e da intervenção da Otan, no fim dos anos 1990. As forças militares ocidentais dispunham de fotos de satélite do exército sérvio, e os presidentes americano e francês, assim como o chanceler alemão, poderiam destruí-lo em 15 minutos. Contaram-me isso quando eu era ministro, e são informações de fonte confiável: eles desistiram por não estar ali para matar, nem sequer soldados inimigos, mas para uma intervenção militar com fins humanitários. Pode-se ser contra ou a favor, mas é absurdo negar que se trata de uma novidade. Talvez tenha sido a primeira vez na história que um exército em guerra tenha deixado de massacrar soldados inimigos voluntariamente.

Mas permita-me voltar um segundo à noção de sacrifício pela pessoa amada, ao fato de a maioria de nós nos dispormos a dar a vida por aqueles que amamos. A hipótese do sacrifício, mesmo que fictícia, significa que a preservação da nossa própria vida, por mais preciosa, não é, necessariamente e em qualquer circunstância, o valor absoluto. Afirmar isso significa admitir a existência de *valores superiores à vida material ou biológica*, valores propriamente "sobre-naturais", podemos dizer. Se quisermos, então, deixar de viver em insustentável e permanente denegação, devemos assumir que esses valores devem ser qualificados como sagrados ou absolutos, uma vez que podem nos levar a superar a individualidade, a sair de nós mesmos ou até, se necessário, pôr em jogo a própria existência.

Essa ideia parece muito justa, tanto que, se nos colocarmos numa perspectiva europeia, pode-se dizer que ela parcialmente se elaborou no vácuo

O ANTICONFORMISTA

da resistência francesa, durante a Segunda Guerra, e depois na dissidência na Europa Oriental. Pode ser encontrada em Vladimir Jankélévitch que, em L'Imprescriptible *(1971), lembra que "a vida sem razões para viver não merece ser vivida. Pois a vida sem razões para viver não passa daquilo que ela é: uma vida de formiga ou de ruminante". Fazendo um desvio pela dissidência europeia do Leste, encontramos a mesma convicção no centro do engajamento filosófico e político de Jan Patocka, assassinado pela polícia política, em 1977. Ele, que podemos considerar o chefe de fila intelectual da dissidência, afirmava: "Uma vida que não se dispõe ao sacrifício não merece ser vivida." Havia também uma intenção de limpar o caminho da transcendência horizontal. O ponto capital se encontra no laço direto que se traça entre aceitar pôr a própria vida em perigo e a possibilidade de proteger a humanidade. Como se a questão de nossa humanidade e das suas razões — da nossa traição ou fidelidade com relação a ela — só encontrasse sentido na eventual disponibilidade a pôr nossa vida (ou conforto cotidiano) na balança — o que Patocka, aliás, chamava de "preocupação da alma". É exatamente o que Václav Havel, seu discípulo, explicou em 1985 aos pacifistas alemães que levantavam a bandeira do "melhor vermelho do que morto".[2] Patocka colocava essa disponibilidade ao sacrifício no centro do que chamava de "a herança cultural europeia". O que inspira a você esse parentesco dissidente, estabelecido entre a noção de herança espiritual europeia e a eventual disponibilidade ao sacrifício da vida, ou de certas possibilidades da vida, para preservar seu sentido e humanidade?*

Você conhece os dissidentes e o pensamento de Jan Patocka muito melhor do que eu, e fico feliz com o que está me fazendo descobrir sobre esse parentesco, até com o vocabulário da "espiritualidade".

---

[2] Inversão do atribuído a Goebbels, *Lieber tot als rot*, "melhor morto do que vermelho", no fim da Segunda Guerra. (N.T.)

O detestável slogan dos pacifistas alemães – *Lieber rot als tot* – é ótimo exemplo, pois constatamos que, afinal, não convenceu a totalidade dos nossos contemporâneos. E isso mostra que, em nossas sociedades, no entanto originadas na religião, a noção de sacrifício conserva um sentido: num contexto infinitamente menos dramático do que aquele em que viviam os dissidentes, isso se mantém uma *perspectiva organizadora da experiência vivida*. Mesmo que façamos da disponibilidade ao sacrifício um uso bem modesto, resta que não podemos excluí-la totalmente para pensar e nos orientar no mundo. Assumir obrigações imperativas e dispor da própria existência em nome de uma meta mais alta permanece gravado no coração da relação que o indivíduo hipermoderno mantém consigo.

Sabedoria da finitude

Ulisses nos ensina que uma vida bem-sucedida repousa sempre na aceitação da finitude. Jan Patocka também via dessa maneira as coisas e, como Ulisses, enfatizou o quanto essa "conquista de si" é também uma conquista contra nossa tendência a viver uma vida sempre disposta a ocultar (ou a esquecer) qualquer responsabilidade superior à própria sobrevivência. Em sua mais alta modalidade, nossa humanidade, disse o filósofo tcheco, só acontece graças a uma "luta interior", uma vez que estamos muito inclinados a nos deixar levar pela ilusória, mas tranquilizadora, infinidade da cotidianidade, no sentido do sempre e ainda, no sentido do "mau infinito" de Hegel. E insistiu no fato de precisarmos, toda vez – num combate incessantemente recomeçado –, nos extrair desse rude fascínio, se quisermos ter uma relação autêntica com o mundo, com os outros e conosco mesmos. Daí a constante referência a Heráclito, "polemos é o pai de todas as coisas". Mas daí, também, o fato de o inspirador da dissidência ver na "dedicação" a atitude característica destinada a prolongar o movimento de conquista de si: só acolhemos nossa finitude nos superando na direção do outro. Isso significa também sugerir que a preocupação com o outro se estende, precisamente, no espaço aberto por essa luta interior de cada um consigo mesmo. Em vez de abrir um abismo de indiferença entre os homens, a finitude (a finitude aceita) seria, então, única a poder reconciliar. Uma diferença com relação a Ulisses: não se trata de passar de vez da discórdia à harmonia, mas de compreender que a condição do comum, em tudo, é mesmo polemos, *a discórdia, o combate interior. Com isso, a filosofia de Patocka aparece como ética combativa e também como espiritualidade leiga e filosofia da dedicação, com o "cuidado da alma" encontrando sua correspondência no cuidado que se tem com o outro. Há um lugar para* polemos *no seu pensamento?*

Jan Patocka obviamente está certo: apenas se aceito a finitude, se não me deixo atolar nas características repetitivas da cotidianidade, a distinção do bem e do mal pode me aparecer. Se nossos valores fossem redutíveis a infinitos processos materiais, nos seria impossível fazer distinção entre o absoluto e o relativo, o belo e o agradável, o bem e o interesse. A ideia de Patocka, pela qual a busca de uma vida autenticamente humana é também um combate, um combate interior, tem a ver, me parece, com o que digo quando proponho a ideia de uma transcendência de si para si.

A finitude comportaria, então, uma vertente positiva que, eventualmente, pode condicionar nossa humanidade?

Esse tema é de grande profundidade, pois afinal significa questionar, você tem razão, o que a finitude, o fato de termos o tempo contado, nos oferece. Daí voltarmos a Ulisses, pois não temos escolha, mas ele sim: o que viu de tão precioso na condição de mortal para recusar a proposta de Calipso, de eterna juventude e imortalidade? Na verdade, sem essa sensação do passar do tempo, junto à pressão que isso causa, não vejo muito por que nos levantarmos pela manhã, trabalhar, tentar agir sobre o mundo, hierarquizar nossas prioridades e paixões. Em última instância, é possível que seja essa reconciliação com a própria condição de mortal, essa aceitação da finitude que, por um lado, dê intensidade à existência e, por outro, confira ao instante presente o status de fragmento de eternidade, nos levando a não nos apressar, para poder usufruir do simples fato de existir, do fato de as coisas serem. Foi o que Pierre Hadot, muito inteligentemente, destacou a respeito de Rousseau e de Goethe em vários livros: é preciso ter a morte em mente para que o encanto gratuito da existência nos pareça tal, para que se possa ter prazer no simples fato de existir. Essas duas exigências, aparentemente contraditórias, são, na verdade, indissociáveis e ambas derivam da consciência da finitude. É por haver urgência que não deixamos o tempo correr solto, mas é também por ele ser contado, e por sabermos disso, que às vezes o deixamos ir de propósito. É preciso manter juntos esses dois movimentos para que a morte, denegada, não se aproprie sub-repticiamente da vida, pelas nossas costas.

Humanizar-se ou o ideal do "pensamento alargado"

Você frequentemente diz que, diante da morte e do sofrimento, precisamos hoje – nós, leigos – nos safar com o que tivermos à mão. Poderia ser mais preciso sobre esse "ter à mão"? Ou, em outros termos, quais seriam os pilares suscetíveis de formar a base para uma espiritualidade leiga?

Para começar, toda sabedoria moderna, como já evocamos, pressupõe, como condição inicial, a aceitação da finitude. A vida boa implica enfrentar nossa condição de mortal. Dito isso, se quisermos hoje reinvestir filosoficamente, em termos evidentemente novos, na antiga problemática da salvação, parece-me que três elementos deverão predominar para constituir essa base. O primeiro tem a ver com a *exigência de um pensamento alargado*. Kant designava com essa expressão a necessidade que, numa conversa ou na contemplação de obra de arte, por exemplo, obriga a pessoa a se colocar no lugar da outra, para entender o seu ponto de vista. Dou um campo de aplicação mais vasto a essa noção pois, a meu ver, ela não se aplica apenas a uma exigência do espírito crítico, mas também a uma nova maneira de responder à questão do sentido da vida e à de saber como *se humanizar*.

É um ponto de vista no qual o escritor anglo-indiano V. S. Naipaul insistiu com muita profundidade, ao receber o Prêmio Nobel, em 2001. No discurso, Naipaul falou de sua infância, se referiu às limitações inerentes à vida das pequenas comunidades fechadas em si mesmas e do "extraordinário egocentrismo" reinante: "Olhávamos para dentro; cumpríamos o nosso dia; o mundo externo existia numa espécie de obscuridade; sobre coisa alguma nos interrogávamos." Em seguida, explicou como escreveu um livro sobre a sua ilha natal. Ele próprio, no entanto, enfatiza ter sido à custa de um distanciamento e de um desenraizamento. Precisou superar o folclore para chegar à literatura universal: recuperar o mundo da infância a partir de uma perspectiva menos egocêntrica e menos imersa. Depois disso, tornou-se viajante, descobrindo "novas áreas de emoção". Para tomar consciência de si, é preciso, de certa maneira, se situar à distância de si: sem negar sua cultura de origem, mas *descentrando sua perspectiva inicial*, para penetrar em costumes e valores distantes dos seus, mas também para poder voltar a si mesmo de maneira menos dogmática. É óbvio que nada disso é possível quando o espírito permanece fechado em sua comunidade de origem ou em sua vidinha cotidiana.

O ponto a que quero chegar, que também se encontra na história de Ulisses, é o seguinte: uma vez que esse ideal do pensamento alargado exorta a pessoa a sair de si para se reencontrar, ele pode também dar um significado e uma orientação à existência, e até ao fato de essa pessoa envelhecer. Para que serve envelhecer? Talvez, justamente, para nada senão alargar a visão e ampliar os horizontes, o que permite, ao mesmo tempo, conhecer melhor os outros, amá-los mais e talvez se tornar igualmente mais amável: sempre achei que a sedução de Ulisses, tanto para homens como para mulheres, está ligada a essa ampliação dos horizontes que as viagens e as provações o fizeram adquirir. Sempre que pode, ele se esforça para descobrir os outros, às vezes arriscando a vida, como com os ciclopes, querendo descobrir se eram monstros ou "comedores de pão", isto é, seres humanos. Ele não é mais um menino, conhece a vida, tornou-se um ser "singular" – um ser que não é comum e não se assemelha a nenhum outro. Manifestamente, isso agrada às mulheres.

Falávamos, tratando de como pensar uma espiritualidade leiga, de uma base comportando vários elementos ou pilastras. Qual seria a segunda?

A outra noção central, a meu ver, é essa da *singularidade*, diretamente ligada a esse alargamento do horizonte que acabamos de evocar e que, provavelmente, designa o sentido das nossas vidas. Continuemos com V. S. Naipaul: por um lado, temos o *particular* (a pequena comunidade indiana a que pertencia por nascença, pela língua, pelos rituais, usos próprios etc.); por outro lado, temos o *universal*, noção que não se limita a designar o vasto mundo, mas também a finalidade do percurso empreendido pelo escritor. Entre esses dois termos, o particular e o universal, há lugar, como já assinalava a lógica de Aristóteles, para um terceiro termo que os supera e, por assim dizer, faz a síntese: o *singular* ou individual. Essa singularidade, entretanto, não é dada logo de saída: é fabricada, justamente, ao longo da experiência e da existência. A individualização ou o devir autenticamente humano (que é o contrário do culto narcísico de si, do famoso *Be yourself!*), repousa no acesso ao pensamento alargado. Inscrevendo sua experiência particular nas formas da intersubjetividade – esses laços universais do sentido, que são a verdade, a justiça, a beleza e o amor – é que o indivíduo se singulariza e se humaniza. De certa maneira, a singular universalidade da obra de arte responde à mesma regra. Se um católico europeu pode se impressionar profundamente com uma caligrafia chinesa, e um chinês com um quadro de Vermeer ou um concerto de Mozart é porque o grande artista não se limita ao particular (folclore) nem ao universal abstrato e desencarnado, semelhante a uma fórmula matemática. Ele dá prova de singularidade.

Podemos ver, com isso, por qual viés a noção de singularidade se junta à exigência do pensamento alargado: é me desenraizando de mim mesmo para me interessar pelo outro e compreendê-lo, é alargando o meu horizonte, ao mesmo tempo que o campo da minha experiência, que me singularizo. Somente então, é verdade, ultrapasso o particular da minha condição primeira, a do meu nascimento, para ter acesso a mais humanidade, a menos particularidade e a mais universalidade, pelo menos para uma apreensão cada vez mais ampla das possibilidades de que dispõe a humanidade inteira. É dessa experiência singular que Ulisses tira a sedução e a autoridade que exerce sobre as pessoas.

Se seguirmos essa linha demarcada, percebemos, enfim, poder, em parte, reinvestir o ideal grego (retomado por Nietzsche) do "instante eterno", da intensidade como critério para uma "vida bem-sucedida".

Se o duplo movimento de desenraizamento do particular e da abertura para o universal singulariza nossas próprias vidas e nos abre acesso à singularidade dos outros, ele nos oferece também o meio para nos pôr em contato com esses momentos de graça que a existência comporta, igualmente insubstituíveis e singulares, em que o medo paralisador da morte passa para segundo plano.

No "juvenismo" ambiente, como essa exigência do pensamento alargado nos permite abordar, de maneira nova, a questão de saber para que serve envelhecer?

Essa sabedoria do pensamento alargado, por simples e modesta que seja, pode dar um sentido ao envelhecimento, compreendendo-o como a contrapartida de uma individualização efetivada. Como tão bem escreveu Victor Hugo no poema *Booz endormi*, as mulheres olham Booz "mais do que a um jovem", porque enquanto se vê "a chama nos olhos dos jovens, no olho do velho se vê a luz". E acrescenta: "o jovem é belo, mas o velho é grande". Adoro Victor Hugo e, como François Furet, considero *Os miseráveis* o maior de todos os romances. Evidentemente, com *Booz*, era uma defesa *pro domo*: aos 80 anos, Hugo continuava a correr atrás de um rabo de saia! Mas há também imensa profundidade nesses versos. Observe, aliás, que, na mitologia grega, os deuses sempre preferem as mortais às deusas. Zeus não para de ir para a cama com mulheres, tendo todas as deusas, de perfeita beleza, a seus pés. Por quê? Porque as mortais são criaturas muito mais atraentes: são frágeis, podem perder o viço, a beleza desaparecer, se assustam, às vezes são insuportáveis – enfim, têm todas as qualidades que, em comparação, fazem com que as deusas pareçam um tanto sem graça. A idade pode evidentemente representar um naufrágio, mas oferece também a oportunidade de se tornar um ser mais humano, cada vez mais insubstituível e mais singular, esculpido, cada vez mais, num misto de particularidade e universalismo.

Essa noção de "pensamento alargado" parece muito fértil, sobretudo em época de globalização. No fundo, permitiria nos mantermos no terreno originado pela tradição crítica do Iluminismo sem, nem por isso, a necessidade de se submeter a essa alternativa meio absurda, que opõe o paraíso do universal ao inferno da diferença. Numa Europa imprensada entre essas duas facetas da modernidade em crise, o conceito de "pensamento alargado", em que o universal e o particular são intermediados pela noção de singularidade, mostra que, afinal, não somos obrigados a escolher. Nem de ver no ideal de uma humanidade inteiramente homogênea, finalmente emancipada, uma vez que livre de qualquer chão e de qualquer tradição, a última palavra do Iluminismo. Sem ser preciso, também, considerar como última palavra do romantismo a visão, revirada, de uma humanidade fadada a se fechar na absolutização das suas diferenças. Seu "pensamento alargado" me faz pensar na frase do escritor português Miguel Torga que, numa conferência dada em São Paulo, em 1954, observou que "o universal é o local sem os muros". Pode-se, aliás, inverter a frase e dizer, no mesmo espírito, que o universal sem o local é o muro! A exigência de um alargamento do horizonte permite, em todo caso, que se escape do dilema mortal do mercado (o universal menos o local) e do gueto (o local mais os muros). O que, em contrapartida, me parece menos claro é: o que o amor vem fazer nessa história? Talvez haja nisso certa resistência minha, diante da ideia de uma espiritualidade colocando o amor no centro da vida espiritual (conhecer é amar) e que, com isso, crie um parentesco com uma versão secularizada do cristianismo...

Por que o amor ocupa um ponto central? Primeiro porque todo o processo do "pensamento alargado" implica que o amor guie e anime a experiência: é o único a poder garantir, a essa progressão ou esse alargamento de horizonte, seu valor e seu sentido. A lógica do amor, o amor por pessoas, por obras ou coisas do mundo, de fato, tem uma virtude salvadora, por assim dizer, naquilo que ela nos desenraíza do egocentrismo. É pelo amor, amor que liga entre si indivíduos concretos e singulares, que se entra na dimensão da pluralidade e da vida comum. Daí a ideia de uma *sabedoria do amor*, sabedoria que se torna ainda mais necessária já que o ódio, evidentemente, é a outra face da mesma moeda – o que demonstra, insisto, não haver irenismo nenhum na filosofia do amor em que penso. E é sempre a singularidade do ser que constitui o verdadeiro objeto do amor. Pascal diz isso em *Pensamentos*: quem ama alguém por sua beleza, não ama, pois a varíola, que mata a beleza sem matar a pessoa, o fará deixar de amar. O que gera a impressão de se poder amar uma pessoa, mesmo quando a doença ou a idade avançada a tiverem desfigurado, pois o amor não se reduz a uma ou outra das suas qualidades. O que amamos no outro não é a particularidade pura nem as qualidades abstratas (o universal), mas essa singularidade que o torna insubstituível, diferente de qualquer outro. Àquele ou àquela que se ama se pode afetuosamente dizer "isso é bem você!" ou, como Montaigne, "por ser ele, por ser eu", e não "por ele ser belo, forte, inteligente e rico".

11

Tendências da época ou o conformismo do anticonformismo

ALEXANDRA LAIGNEL-LAVASTINE – *Num artigo publicado em 2010, você observou, a respeito de alguns humoristas nossos: "Estão sempre precisando ir mais longe, mais forte, mais alto... ou, melhor, mais baixo, onde não há o que temer", referindo-se sobretudo a Stéphane Guillon. No meio disso, propunha que ele, como teste de coragem, em vez de colocar uma camisinha numa estatueta de Bento XVI, fizesse o mesmo com Maomé. E acrescentou: "É bem provável que uma* fatwa *das boas estrague a piada 15 minutos depois e isso, pelos 20 anos seguintes", oferecendo a Guillon "uma nova oportunidade para perceber a distância entre a pseudorrepressão que ele acha desafiar e uma autêntica ideologia totalitária", isto é, o islamismo radical. Dias depois, por causa dessa observação, você foi tratado de "filósofo islamófobo"! Como se explica que Stéphane Guillon e tantos outros possam a tal ponto ir a favor do vento, sem parar de denunciar os perigos que eventualmente ameaçam a liberdade de expressão? A tendência dominante da época estaria mais para o conformismo do anticonformismo?*

LUC FERRY – Se um teto de chumbo ainda reina em nossas democracias europeias é mesmo este do politicamente correto que os nossos novos humoristas muito bem encarnam. São profissionais da transgressão, sem ver que o papel de divertir o público quase nunca vai além do mais perfeito conformismo: o desagradável conformismo do anticonformismo, que os ingênuos não percebem. Nada mais fácil do que criticar Nicolas Sarkozy ou o papa. Criticar Maomé é mais delicado – veja os filósofos Fernando Savater, na Espanha, ou Robert Redeker, na França, que vivem sob permanente proteção policial: isso nem parece mais chocar as pessoas. Nisso, com certeza, há um risco. Por outro lado, para se dar ares de grande subversivo diante do palácio do governo ou do Vaticano, basta acompanhar a onda, juntando três colheradas para fazer as pessoas rirem à vontade, e só. Quanto mais grosseiro e exagerado, melhor funciona. Não me parece que o mal de que sofre nossa sociedade seja por excesso de proibições, como no tempo em que a televisão era estatal – as transgressões humorísticas tinham certo risco e podiam ser subversivas, sendo, por isso, necessárias e simpáticas. Hoje, com toda evidência, é o contrário disso que se passa.

Da arte de transgredir no vazio

Seria engraçado ver o simpático Stéphane Guillon apresentar, na Líbia ou na Coreia do Norte, suas piadas antipresidenciais. Que dissesse em alto e bom som, por exemplo, como seu colega Didier Porte (que, é verdade, punha o que dizia na boca de outra pessoa sem, nem por isso, deixar de ter talento): "Estou enrab... Kadhafi", "... sodomizando Kim Jong-il". Muito rapidamente compreenderia o erro cometido, ao mesmo tempo em que perceberia a diferença entre uma sociedade hipertolerante como a nossa e um regime policial. Quando se trata de mídia, é evidente que o único chefão se chama índice de audiência, e não Sarkozy.

O ANTICONFORMISTA

Manter um mínimo de controle sobre jornais e revistas como *Marianne*, *Libération*, ou mesmo *Le Nouvel Observateur* e *Le Monde*? Que piada! Um dia depois do outro ou semana após semana, são as manchetes antissarkozystas que os sustentam. Nunca se debochou, insultou e criticou tanto um presidente. Como já disse, as primeiras páginas da imprensa funcionam como os cardumes nos filmes de Cousteau: os movimentos não obedecem a um maestro, somente às tendências da época e à necessidade de vender, de forma que se tem, sob muitos aspectos, muita liberdade. Os jornais são empresas privadas como outras, que buscam clientes, só isso. O antissarkozysmo vende bem, todo mundo, ou quase, gosta disso. E se *Le Figaro* mantém uma resistência é por convicção, é claro, mas também porque seus leitores assim querem. Há quem afirme, sem estar brincando, só haver liberdade de expressão na Internet. É preciso toda a atual paranoia antissarkozystas para não ver que a Web, fora os sites não seguros, está mais para o conformismo, ou mesmo para os boatos imundos, do que para espaço de liberdade.

Se fosse preciso explicar a um estrangeiro os ingredientes que compõem essas "estrepolias" à francesa, o que diria constituí-las, quais, afinal, são os componentes mais ou menos recorrentes ou os alvos preferidos?

Trata-se de saber como acabamos chegando a tal situação, em que não se sabe mais se é o derrisório ou o ridículo que predomina.

Se apelarmos para o senso histórico, receio que tenhamos que retornar aos anos 1960. Assim como Alain Finkielkraut evocou a figura do "judeu imaginário", me parece que nos anos 1960-1970 apareceu a figura do *revolucionário imaginário* que, sem saber, é o estereótipo do conformismo. Um paradoxo que se deve examinar. Nos

Estados Unidos, o fenômeno chegou a tais proporções que acabou ganhando um nome, *political correctness*. O movimento explodiu com a proliferação, nos *campi* universitários, dos *cultural* e *gender studies*, com toda uma série de demagogos aderindo, a começar por Jacques Derrida, verdadeiro intelectual orgânico dessa corrente, posição que, em grande parte, explica sua imensa notoriedade americana, contrastando com a relativa ausência de brilho na França. Um fenômeno muito paradoxal, então, pois vivemos hoje em sociedades em que é absoluta a liberdade de expressão, a ponto de não haver mais norma alguma a se transgredir, do lado dos valores tradicionais, passados pelo triturador da desconstrução.

O exemplo da arte contemporânea, nos anos 1970, é igualmente revelador. A década marcou o momento em que a arte experimentou todo tipo de transgressão. Passou-se pela grande época dos concertos de silêncio de John Cage, das exposições sem quadros de Yves Klein e dos filmes sem imagens nem som que os situacionistas apresentavam com um cerimonial majestoso, aliás bem engraçado, na École Normale Supérieure. Foi o momento em que mais longe se chegou na lógica da desconstrução, levando-a, aliás, ao absurdo, que se armou um novo teto de chumbo, quando os próprios minimalistas, donos de um espírito crítico maximalista, assumiram a função de guarda do templo. Por exemplo, ninguém se atrevia a esboçar o menor sorriso nos seminários de Jacques Lacan, pois corria o risco de uma exclusão *manu militari*. Na arte contemporânea, podia-se tudo transgredir... exceto a própria arte contemporânea, caso em que se era imediatamente tratado de fascista. Resumindo, estabeleceu-se uma espécie de dialética hegeliana, em que o gesto *transgressor* se tornou, por sua vez, *repressor*.

O ANTICONFORMISTA

Mas o que, exatamente, o politicamente correto reprime?

Essa estranha dialética reflete um duplo movimento histórico poderoso. Sob a crítica da lei, tornada popular pelo famoso slogan "É proibido proibir", logo se perfila um vertiginoso crescimento dos "direitos a". Sob a crítica da ideia republicana, foi a multiplicação das lógicas comunitárias que se espalhou. Põe-se fogo em 45.000 carros por ano, na mais geral indiferença; ninguém dá bola ou, mais ou menos, todos se habituaram a isso – o que já bastaria para mostrar o quanto a lei é atropelada. Em contrapartida, encoste publicamente num fio de cabelo de qualquer comunidade (exceto os cristãos e os políticos, é claro!) e corre o risco de ser levado ao pelourinho na Internet, quando não imediatamente processado. Despreza-se a lei, mas quando se trata de direitos, não se brinca mais. Veja o caso de Claude Imbert, literalmente coberto de insultos por causa de uma observação voltairiana sobre o islamismo radical, ou Alain Finkielkraut, acusado de racismo por uma observação particular sobre a seleção da França...

Isso para dizer que a transgressão não se encontra mais onde querem nos fazer acreditar que se encontra, e nem a crítica corajosa. Ainda aí, esse ambiente tem a ver com o declínio da ideia republicana, iniciado em 1968 e, com isso, com o progressivo crescimento exponencial das lógicas comunitárias de todo tipo. Todas as comunidades podem pedir a proibição de brincadeiras de mau gosto, ou mesmo, simplesmente, da menor crítica, em nome, justamente, do direito à diferença (veja a maneira como o conceito de islamofobia foi indevidamente confundido com o de antissemitismo, o primeiro visando a uma ideologia e o segundo a pessoas). O conformismo do anticonformismo, que alguns humoristas ilustram, tem participação nessa tendência.

Luc Ferry

O REVOLUCIONÁRIO IMAGINÁRIO E O CARRO QUE FECHA O DESFILE DO ALTERMUNDIALISMO

Não se deve ver também, nesse novo espírito da época, a influência que a "esquerda da esquerda" parece agora exercer sobre o discurso da esquerda moderada que, por não pensar mais, vê nisso uma boa maneira de se dar aparências a baixo custo? Ou seja, tudo serve, contanto que se escape do "pensamento único", que é sempre o pensamento do outro, recentemente rebatizado "pensamento morno" pelo ensaísta britânico Perry Anderson. Ao risco de se trocar a defunta utopia comunista por um anticolonialismo requentado e servido à larga, ou de se entregar a todas as ousadias. Por exemplo, nada mais "fino" do que a reflexão de Giorgio Agamben, comparando Guantánamo a Auschwitz: nada mais "na moda" do que defender o fim da "palavra judeu" etc.[1]

A influência, na verdade limitada, dos novos radicalismos, incontestavelmente está ligada ao medo que suscita, com ou sem razão, a segunda fase da globalização, iniciada nos anos 1990. Foi o que deu um vigor renovado a essa extrema esquerda que se achava morta desde a virada do anos 1980, um período caracterizado pela conversão à democracia da maioria dos intelectuais franceses, conversão que acompanhou, como vimos, a publicação de *Pensamento 68*. Como bom ex-trotskista, Perry Anderson, já que o mencionou, nunca me perdoou a publicação desse livro. Motivados pelo novo inimigo – a globalização –, os novos radicalismos altermundialistas da década de 1990 reaproveitaram o fundo de tacho do esquerdismo, mas também do terceiro-mundismo e do extremismo ecológico dos anos 1970. O movimento altermundialista se apresenta como um verdadeiro

---

[1] Referência ao livro de Alain Badiou, *Circonstances, t. 3: Portées du mot "juif"*. (N.T.)

"carro que fecha o desfile". Não é por ser pouco brilhante que deixa de ter bastante influência, principalmente sobre muitos jornalistas, para os quais se torna uma forma de superego ou, em todo caso, uma espécie de bússola: é compreensível, pois a profissão essencialmente os leva a ter espírito crítico.

O recente sucesso do libelo de Stéphane Hessel, *Indignez-vous!* (2010), que acaba de ultrapassar a marca de um milhão de exemplares vendidos, comprova isso. O que, afinal, tanto agrada nesse pequeno fascículo? Entre outras coisas, as facilidades de um altermundialismo que, de cúpula em cúpula, nada encontra de melhor a fazer do que atacar as únicas instâncias reguladoras mundiais das quais se possa um dia esperar alguma solução, com a indignação mostrando sua face cega, a face da negra estupidez. Pois não vejo com qual outro termo descrever a ação dos que querem que a globalização seja regulada, mas se opõem com todas as forças às instâncias de regulamentação. E, com isso, receio que Stéphane Hessel em nada ajude à própria causa, já que suas posições se limitam a incentivar o que o mundo tem, hoje em dia, de mais irresponsável e menos inteligente.

O que, exatamente, o altermundialismo sintetiza?

Na verdade, já tínhamos tido, nos anos 1980, uma primeira reconstituição do esquerdismo, pela ecologia, com aqueles que, como admitiu Alain Lipietz (um ex-maoista que passou para a ecologia), "chegaram ao verde pelo vermelho". No fim dos anos 1960-1970, vendo que a crítica maoista do mundo liberal, republicano e democrático não se sustentava, muitos se precipitaram no ecologismo radical, para continuar o combate contra as sociedades liberais por outros meios. Isso permitia também que se conservasse uma parte do antigo terceiro-mundismo. Daí a piada famosa, comparando os "ecolôs" a melancias: verdes por fora, vermelhos por dentro.

O altermundialismo faz, então, a síntese de todos os satélites do esquerdismo, arrumando-os ao gosto do momento e acrescentando algumas ideias novas, mas, no fim, muito poucas. Encontra-se, de fato, um componente terceiro-mundista à Frantz Fanon, muito presente na demonização do imperialismo americano, o ódio por Israel e o apoio incondicional aos palestinos, em que se acrescentam um componente ecológico e outro esquerdista, também pronunciados e perceptíveis pela rejeição do Ocidente e até um componente islamista, se preciso. Sem chegar a ponto de falar de islamo-esquerdismo, uma vez que não temos ainda pela frente uma ideologia bem-estruturada, foi mais ou menos essa salada que se viu na famosa Conferência de Durban, em 2001, encarnada quase emblematicamente por um intelectual como Tarıq Ramadan, islamista e altermundialista. O humorista Dieudonné é igualmente sintomático desse mesmo fenômeno, só que partiu rumo à extrema direita e ao Front National, mas poderia perfeitamente ter se juntado aos altermundialistas...

Ao mesmo tempo, essa salada não tem mais modelos em que se encarnar...

Melhor ainda, pois não compromete mais nada e até dá asas! Temos um esquerdismo revolucionário sem revolução e sem modelos. Na verdade, pode se dizer que os anos 1980 e 1990 foram, quanto a isso, o palco para a reconstituição dos dois extremos — reconstituição da extrema direita nos anos 1980 (crescimento do Front National) e, depois, nos anos 1990, da extrema esquerda. Lembre-se de que, nos anos 1930, essas críticas contra a democracia liberal e parlamentar, em nome de uma pureza perdida (o germanismo do nazismo) ou de um futuro radiante (a sociedade sem classes do comunismo) se apoiavam em modelos que, na época, pelo menos para os seus militantes, ainda se sustentavam de pé. Ao contrário disso, o que caracteriza hoje esses dois extremos é a preservação do gesto ultracrítico, mas um gesto que agora gira no vazio, com os dois modelos tendo caído em total descrédito com a história: o fascismo em 1945 e o "socialismo real" após a queda do Muro, em 1989.

Proceder a tais constatações e observar que os extremos se namoram não quer dizer que a globalização deixe de colocar problemas assustadores e não podem me criticar por isso *(ver capítulo 9)*. Da mesma maneira, não é pelo fato de o antissionismo frequentemente virar antissemitismo que a política executada pelos sucessivos governos israelenses nos últimos dez anos seja admirável – considero-a claramente ruim, e a guerra contra o Líbano foi uma catástrofe.

BADIOU, ZIZEK AND CO.: PARA QUANDO O ANTICAPITALISMO-ECOLÓGICO-HITLERISTA?

No campo intelectual, a última moda francesa consiste em levar às nuvens autores como Alain Badiou, Slavoj Zizek ou Peter Sloterdijk. O primeiro, um filósofo instituído chefe de fila dos miseráveis, gozando de certa notoriedade internacional, acaba, por exemplo, de escrever um comprido texto sobre os judeus em que se compreende que eles não são mais totalmente dignos de ser judeus, estando, aliás, fadados a desaparecer enquanto tal. Acrescenta também que o Estado judeu constitui um escândalo para o pensamento e que já seria tempo de os intelectuais pararem de praticar a "reinserção no Ocidente", deixando a "palavra judeu" se tornar emblema do capitalismo globalizado, renovando, de passagem, o conceito de "judeu-capitalismo".

Nada de antissemitismo, é claro, apenas puro e apaixonante exercício de filosofia... Alain Badiou tem também um problema com os ratos (ver, sobre esse ponto, seu lindo pequeno opúsculo de 2007, De quoi Sarkozy est-il le nom?*). Pois os ratos vêm de todo lugar, trate-se dos eleitores de Sarkozy (o "homem dos ratos") ou dos intelectualoides sempre dispostos a se curvar diante do "modelo yankee". É bem verdade que os khmers vermelhos achavam que o povo devia ser "desinfetado" e fizeram isso e muito mais do que isso, com Badiou explicando, na continuação de Mao, que "a revolução não é um jantar de gala". Mas podemos estar tranquilos, a desratização está a caminho. Também muito em moda, Slavoj Zizek sugere, num ensaio sobre a Europa, haver urgência de se questionarem essas duas "vacas sagradas" que são a democracia e os direitos humanos. Esse projeto, infelizmente, só é anunciado na última página, de forma que devemos esperar o segundo volume para saber com que substituí-las. Quanto a Peter Sloterdijk, que o* Nouvel Observateur *tranquilamente qualifica de "maior filósofo do século XXI" (o que é sempre transcrito na quarta capa dos seus livros, basta recopiar), ele simplesmente nos convida a reconsiderar a pertinência da eugenia nazista (ver seu famoso* Regras para o parque humano, *de 1999). Como explica esse fascínio?*

Essa volta à moda de uma "extrema extrema esquerda" filosófica – caso único no mundo civilizado – indubitavelmente se tornou o que melhor se faz na galáxia parisiense que, como todos sabem, está sempre na vanguarda. Temos, então, bons motivos para esperar que o mundo inteiro daqui a pouco volte ao caminho certo, o do ódio contra a democracia e a favor do massacre em massa. A "hipótese comunista" defendida por Alain Badiou ganha importância e há quem pronuncie os nomes de Badiou e Zizek como se se tratasse de verdadeiros pensadores. Quais são seus títulos de glória? O de serem revolucionários (maoista, no caso de Badiou), defendendo o retorno sangrento da violência. Pois não se deve esquecer de que essa paixão pela violência e pela morte sempre esteve presente entre os maoistas, inclusive Benny Lévy, como se pode ver nas discussões surrealistas com Sartre e Foucault, a respeito do repisado caso do tabelião de Bruay.[2] Comparativamente, as antigas estrelas do esquerdismo político-cultural, como Michel Onfray e Olivier Besancenot, parecem ultrapassados pela esquerda, com ares até de bons moços: os coitados não pedem mais o extermínio de ninguém, que miséria...

Como entender essa surpreendente ressurgência das mais mofadas e menos férteis doutrinas? Há, antes de tudo, esse mecanismo que já mencionamos, pretendendo que a democracia — é o seu princípio e o seu combustível — se alimente de quem a odeia. Assim como o burguês adora o boêmio, o melhor intelectual de pijamas venera o radicalismo. Possui um GPS infalível para detectar e depois maravilhosamente transgredir os raros tabus que nossas sociedades democráticas ainda comportam, o que invariavelmente o leva a bater de frente numa parede. E isso não impede absolutamente que a democracia recrie novo radicalismo. Mas tem outra coisa: a quase total ausência de senso histórico que rege o mundo midiático, junto ao fato de o estudo do passado ser pouco atrativo para os nossos filhos, faz com que velhos maoistas saiam do congelador e se animem, até com delírios de extermínio. Assim sendo, Alain Badiou defende Pol Pot e foi o único intelectual a escrever um romance homenageando o delírio khmer vermelho: é "original", "singular", quando não dizem "corajoso". Garante uma acolhida com ares de curiosidade em todos os canais de televisão. Por mais desgastada que esteja a fórmula, funciona.

---

[2] Crime muito comentado na França, no início dos anos 1970, envolvendo a morte de uma menor e que nunca foi resolvido. (N.T.)

Com a crise, as ideologias da morte voltam como as andorinhas no verão. É um milagre não termos ainda um despontar de filósofos hitleristas. Mas, é verdade, mesmo comparado a Mao e a Stalin, Hitler continua não sendo boa referência. Um motivo a mais para que se considere ser tempo de reparar a injustiça, com uma reabilitação. Para quando os intelectualoides anticapitalistas-ecológico-hitleristas? Não deve demorar: assim como uma extrema esquerda ultrapassou os altermundialistas e o Nouveau Parti Anticapitaliste (NPA) de Besancenot, uma extrema extrema direita pode muito bem ultrapassar em breve o Front National. É estimulante...

Mas como se explica que essas ideologias mortíferas e os que as sustentam hoje interessem a tal ponto a geração de 34 anos, um fenômeno que, afinal, tem apenas uns poucos anos, no universo intelectual francês?

A geração de 34 anos? Você exagera! Trata-se de um fenômeno, no fim, hipermarginal e que se sustenta exatamente nessa marginalidade. Mesmo assim, o fato de os jovens preferirem o radicalismo simplista em vez das complexidades e nuances não chega a ser uma novidade. E, visto que *Le Nouvel Observateur*, *Libération*, *Le Monde* e também a jovem equipe de *Philosophie Magazine* dão ampla e insistente publicidade a esse "novo" radicalismo, tudo se junta para que as coisas funcionem... O que me surpreende é que ninguém parece se lembrar dos 70 milhões de mortos do Grande Salto Adiante, a não ser que essa quantidade excite alguns como uma bebida forte. Santa aliança entre velhos senis e juventude fútil, empolgada com a ideia de que não se faz omelete sem se quebrarem ovos.

Também nisso, os jornalistas têm, por definição, um tropismo que os leva a tudo o que possa exacerbar o espírito crítico, pois tudo o que é radical ou causa escândalo vende bem. Deve-se sempre partir do ponto nevrálgico da guerra: as empresas da mídia são, antes de tudo e, principalmente, empresas, e estão hoje em dia bastante fragilizadas, de forma que, mais ainda, obedecem à sacrossanta lei do índice de audiência. Quanto aos inúmeros sites e diversos blogs na Internet, para muitos eles constituem um formidável acelerador de partículas e de conformismo.

E a temática da "insurreição que virá"? Pois o comandante Badiou continua convencido de que a transformação miraculosa vai acontecer. Que o povo, no sentido sacrifical, não concorde não deve fazê-lo desistir, no embalo em que vai. Para começar, vai ser preciso recrutar nos condomínios e entre os delinquentes — "operários", diz Badiou, palavra que se deve entender como "nome genérico de todos que podem se subtrair da hegemonia do capital". "A insurreição que virá" há de juntar, então, arruaceiros do subúrbio, militantes autônomos, desempregados, imames, indigènes de la République e, por que não?, guerrilheiros das FARC ou temerários camicases da Al-Qaeda... Como pode um discurso desse ainda conseguir um retorno?

A última conferência pública de Raymond Aron enfocou o papel da tolice na história, que nunca se deve subestimar. Nessas ideologias delirantes há sempre a vontade de "fazer junção com". Tenho a impressão, no entanto, de que entre essas idiotices mortíferas e a violência dos jovens dos "subúrbios sociais", a conexão não será rápida. A revolta deles contra a ordem estabelecida é sem ligação alguma com a dos nossos revolucionários sem revolução que reabilitam a "hipótese comunista", sabendo não ter consequência alguma, para o que quer que seja. Ao contrário desses neocomunistas, aquelas áreas parecem em perfeita harmonia com o culto enlouquecido do dinheiro da sociedade capitalista. Ou seja, acho que "a insurreição que virá" não está nada madura naquelas bandas... E isso vale para os dois lados, pois mal imagino Alain Badiou dar início à sua Longa Marcha na periferia, subindo e descendo as escadas dos prédios sociais com citações em grego antigo, para um areópago de desocupados achando a maior graça. É dura, a vida dos intelectuais...

Antirracismo, humanitarismo e reviravoltas reacionárias: "fico do lado dos ingênuos"

Ao mesmo tempo, temas como a defesa do Ocidente contra a islamização crescente e a crítica da americanização do mundo já estão na ordem do dia para alguns intelectuais. Mas estão justamente na outra frente, do lado dos inimigos do politicamente correto, uma nebulosa que, aliás, não é tão contra um discurso extremado, "chique" e barato. Dispostos a endurecer posições contra tudo o que parece, de um jeito ou de outro, enfraquecer as defesas do Ocidente. Esses intelectuais se veem também como mártires do "pensamento único", convencidos de ter que lutar contra uma figura no mínimo tão odiosa quanto a do "fascismo crescente": a do Vigilante, moralista e sempre querendo dar lições (inclusive sobre a Bósnia, o Ruanda, a Chechênia ou sobre o combate contra o Front National), entregues que estão a um antirracismo vazio e a uma visão batida dos direitos humanos. O inimigo, com isso, tende a ganhar um aspecto maciço e vertiginoso, perceptível por certas sucessivas digressões, que vão da crítica legítima ao multiculturalismo desenfreado a uma menos evidente "França mestiça"... É como se a exasperação antivigilante acabasse servindo de pensamento. A opinião pública se comove com os massacres cometidos pelos nacionalistas sérvios na Bósnia e no Kosovo? Voa-se em apoio a Milosevic (onde, aliás, se encontra o

O ANTICONFORMISTA

Le Monde diplomatique*) e só temos, nessas indignações virtuosas, efeitos de um antifascismo rodando no vazio, com a ideia de que a Sérvia estaria aderindo a Israel e à América, no inferno ideológico que se criou na esquerda cultural. Quais as responsabilidades do governo francês em Ruanda? Além das alucinações de militantes dos direitos humanos que, definitivamente, têm uma só mania: a francofobia. Não temos aí também uma forma de "radicalização negativa"? Você não tem a impressão de que esses dois exageros simétricos — no fundo, esses dois conformismos no anticonformismo, dando as costas ao inimigo —, já há algum tempo, não param de se alimentar um ao outro, criando grande confusão de ideias?*

É isso mesmo, e o politicamente correto traz ainda outro problema importante, porque, em nome do seu legítimo questionamento, alguns intelectuais tendem a fazer o jogo inverso. De forma que não acho que se ganhe muito dando palavra livre a setores nauseabundos como os do racismo e do antissemitismo. No fim, tem-se a impressão de que a crítica contra o teto de chumbo permite que alguns se vejam no direito de sustentar argumentos de extrema direita que, sem isso, eles não se atreveriam. Em nome da crítica do politicamente correto, chega-se a outro politicamente correto, o dos clichês da direita extrema. Eles refletem um ao outro, num perfeito jogo de espelhos.

No ambiente intelectual, sente-se crescer, por reação ou talvez por cansaço, uma febre que de anos para cá ganha um aspecto dos mais infelizes. De fato, por meio podem ser vistas, talvez até principalmente por meio da crítica do antirracismo e do humanitário, críticas às quais nunca me associei. Falta pouco para que se prefira um racista qualquer, em vez dos abomináveis antirracistas que gostam de pregar a moral. Quanto à exasperação anti-humanitária, acho-a tremendamente detestável. O que quer que se pense de Bernard Kouchner no governo, trata-se de alguém que 50 vezes arriscou a própria vida para salvar outras e conheço poucos intelectuais parisienses com a mesma coragem física. Vimos, na história, paixões mais funestas do que essa de ir prestar ajuda aos outros. A ação humanitária na Bósnia, afinal, salvou milhares de pessoas. E o que teria acontecido sem a intervenção no Kosovo, em 1999? Tudo o que se pode lamentar é que não tenha sido feita antes. Se o humanitário se torna militar, tudo bem, contanto que a ação não seja tragicamente planejada (como foi o caso no Iraque). Nesses assuntos, estou e me mantenho claramente do lado dos ingênuos, contra os pretensos espíritos fortes.

No que concerne aos "judeus, mulheres, negros e árabes", Pierre Desforges dizia, apropriadamente, que "podemos rir de tudo, mas não com todo mundo". De acordo com o contexto, um mesmo argumento pode facilmente ganhar um significado radicalmente diferente, ou até contrário. Vou dar o exemplo, com uma historinha pessoal. Certa noite, fui a um jantar na casa do embaixador suíço na França, que havia organizado o pequeno evento para Nissim Zvili, embaixador de Israel em Paris, em fim de mandato. Num momento em que todos já pareciam não saber mais o que dizer, sugeri à embaixatriz um concurso de piadas com judeus. Estavam presentes Simone Veil e o marido, Marek e Clara Halter, a mulher de Arafat, os dois embaixadores, Daniella Lumbroso e o marido, Claude Imbert e outros convidados, sem que nenhum fosse minimamente suspeito de antissemitismo. Cada um contou então sua anedota, mas, tendo em vista o grupo e as circunstâncias, não havia a menor possibilidade de mal-entendido. Se a mesma coisa acontecesse num show do Front National ou de Dieudonné, a mais inocente daquelas piadas teria, com razão, provocado escândalo, pois ganharia significado totalmente diferente.

O ANTICONFORMISTA

Você diria que assistimos a uma espécie de regressão, desde os anos 1980?

Naquela década, quando escrevemos *Pensamento 68*, realmente achei estar havendo um progresso: via ex-esquerdistas dissertarem sobre o individualismo democrático e sair do sociologismo de Bourdieu. Isto é, podia-se achar que se assistia a uma elevação do espírito, a um progresso espiritual e moral, se comparados aos lugares-comuns maoistas e "sessenta-e-oitistas". Voltei atrás nesse meu otimismo, pois me dou conta de que a proporção de pessoas que insistem em jogar fora do tabuleiro é quase tão grande quanto em 1968. Grosso modo, temos ainda 30% dos franceses que gravitam seja no Front National seja na ultraesquerda, como se o jogo de xadrez estivesse a 20 metros deles, que insistem em mover as peças num tabuleiro imaginário. Em que se apoia essa confusão? Provavelmente no fato de a história, ao contrário do que pensavam tanto os liberais quanto os marxistas, se fazer, antes de tudo, mais por paixões do que por interesses.

12

Direita ou esquerda?
A alternativa impossível

ALEXANDRA LAIGNEL-LAVASTINE — *Eu gostaria que tentássemos realçar, no ponto a que chegamos da nossa conversa, a coerência que liga as suas opções filosóficas mais fundamentais e seu posicionamento político, inclusive em suas atitudes mais recentes. Essas duas vertentes — engajamento filosófico e engajamento político — me parecem muito articuladas, no seu caso pessoal. Pois claramente se percebem as três grandes marcas de identidade que o separa da esquerda, pelo menos da esquerda francesa: a ideologia do direito à diferença, o ecologismo e o anticapitalismo, três temas que já abordamos. De maneira geral, você recusa a postura hipercrítica e moralizadora utilizada por muitos intelectuais, preferindo se colocar na perspectiva de uma ética da responsabilidade. Ao mesmo tempo, o rótulo de "reacionário", hoje muito em moda na mídia e que alguns insistem em lhe aplicar, desde* Pensamento 68, *é totalmente inapropriado no seu caso: você é claramente moderno, republicano e reformista, detesta as ideologias de "retorno a", confia nas possibilidades contidas no senso comum democrático e nunca deixou de alertar sobre os perigos das tentações neoconservadoras. Mesmo assim, se define como "republicano de direita", na verdade como "republicano de direita liberal e social-democrata", assumindo plenamente essa tripla identidade. Em que sentido você se considera um republicano de direita?*

Luc Ferry

GAULLISTA DESDE SEMPRE

LUC FERRY — Quando digo ser um republicano "de direita" — e digo meio por provocação — é no contexto francês, antes de tudo, que se deve entender: se eu fosse inglês, teria certamente votado pelos trabalhistas de Tony Blair, na Alemanha por Helmut Schmidt ou por Gerhard Schröder e, é claro, por Barack Obama, nos Estados Unidos. Em 1988, apoiei, até na imprensa, a candidatura socialista de Michel Rocard nas eleições presidenciais. Quando acrescento "de direita", é porque o Partido Socialista francês, com algumas exceções, sempre me deixou desesperado pela incapacidade de travar um verdadeiro debate sobre suas relações com o Partido Comunista e, de maneira mais geral, sobre a ideia revolucionária e sobre o lugar do mercado e do capitalismo em sua visão de mundo. Nunca "ousou mostrar o que ele é", parodiando a frase famosa de Eduard Bernstein (o grande social-democrata alemão que foi executor testamentário de Engels), nunca ousou assumir claramente a social-democracia. Fora da França, eu poderia facilmente ter me colocado à esquerda.

Dada essa precisão, quando me defino como republicano de direita é primeiramente por sempre ter sido gaullista. O general foi o único homem de Estado que realmente admirei na história francesa contemporânea. Em outra época, provavelmente teria admirado Clemenceau. De Gaulle sempre me impressionou pela trajetória política e pela estatura, retidão e honestidade. Pelo senso de humor, também. Não se imagina o general envolvido em algum "caso" duvidoso, como também não se pode imaginá-lo chegando ao palácio do Eliseu, suado como um boi de carga, numa roupa de jogging. Sou democrata e aprecio o lado popular do atual presidente, mas acho que, nisso tudo, a grandeza levou um tremendo golpe. O que eu mais gostava em De Gaulle era a distância que impunha com relação ao clima midiático, a completa defasagem que mantinha com os conselhos que lhe dariam eventuais "comunicólogos" profissionais. Essa fantástica defasagem com as modas, curiosamente voltei a perceber, eu que não sou crente, em João Paulo II, chegando no Champs-de-Mars para as Jornadas Mundiais da Juventude, diante de um público de um milhão de jovens, dizendo coisas absolutamente incompreensíveis, mas que eles conseguiam entender, mesmo assim. Gosto muito dessa absoluta falta de demagogia, que sempre me pareceu constituir uma dimensão muito singular da personalidade do general De Gaulle, a que em parte se deve o charme paradoxal que ele exerce.

E além do carisma?

Se deixarmos o registro pessoal, indo ao das convicções filosóficas, certamente o posicionamento político dele – *nem liberal nem socialista* – é que me parece, mais do que nunca, atual. Sua ideia da participação não é absolutamente absurda, seu voluntarismo e, em política externa, seu perdão à Alemanha foram impressionantes. Em 1963, por ocasião do Tratado de Berlim, no momento em que o general De Gaulle beijou o chanceler Adenauer, ficou evidente para o mundo inteiro que os dois tinham chegado a uma espécie de topo, na grandeza moral e política. Depois daquela guerra de incomparável atrocidade, poderiam se detestar por séculos, mas ambos tinham o sentimento, grandioso, propriamente dito, de ser preciso, para a construção europeia, superar todo o horror, praticar o perdão e dar esse exemplo quase inimaginável ao resto do mundo. Nunca dois países tinham se odiado de tal forma nem tão profundamente se reconciliado. Voltei a ver isso em Yitzhak Rabin, infelizmente assassinado em 1995, antes de poder fazer progredir a paz com os palestinos.

Diante da velha disputa que opõe, desde a segunda metade do século XIX, os liberais e os socialistas, tenho a impressão de que apenas o gaullismo realmente encarnou a originalidade da tradição republicana francesa: a defesa do papel do Estado como "auxiliar", mas também corrigindo a sociedade civil; a importância dos serviços públicos, junto a certa concepção do voluntarismo político, mas sem cair, nem por isso, na alçada do socialismo francês. E também o princípio universal dos direitos humanos que, por sua vez, se fundamenta no humanismo abstrato (a valorização do homem, abstração feita de suas determinações naturais ou históricas), do qual deriva a laicidade à francesa. Quando ele voltou ao poder, em 1958, e o vimos se agitar na poltrona para perguntar aos franceses: "Mas acham mesmo que vou querer começar uma carreira de ditador, na minha idade?", ninguém duvidava do seu comprometimento com a democracia e, aliás, ele jamais infringiu, de maneira alguma, seus princípios fundamentais. Reprovado pelo sufrágio universal, teve a coragem e a classe de deixar suas funções. Quem seria capaz disso, hoje?...

NEM LIBERAL NEM SOCIALISTA, REPUBLICANO

Esse "nem liberal nem socialista" lhe parece, então, o bom posicionamento?

Não se trata apenas de "nem nem", de uma atitude negativa, ao contrário do que se ouve frequentemente dizer, a respeito do general ("o homem que soube dizer não"). É também uma maneira de assumir o que o republicanismo tem de mais positivo e, isso, de maneira nova: De Gaulle, à diferença do republicanismo tradicional, foi o principal articulador da descolonização, o que exigiu muita coragem. Lembre que até seu primeiro-ministro, Michel Debré, era contrário a isso. Se olharmos para a tradição francesa, o que tínhamos? De um lado, os liberais, em geral atlantistas e pró-americanos, favoráveis à lógica do mercado e bem avessos à intervenção do Estado e à função pública. Durante a campanha presidencial de 2007, essa corrente liberal que se alojava sobretudo na ala direita da UDF se estabeleceu em pleno UMP,[1] o ex-partido gaullista e, de maneira geral, foi vencedora.

A França certamente ainda conta com alguns ultraliberais doutrinários, como Alain Madelin, mas que nunca exerceram a menor influência na política real. Nem por um segundo, jamais acreditei na "mão invisível" do mercado, nessa "astúcia da razão" que se apoia numa racionalidade oculta, imanente ao próprio processo histórico. Desde os meus primeiros livros, dei início a uma crítica radical das teorias neoliberais de Hayek e Friedman. De fato, e de acordo com um paradoxo que por si só já exigiria amplo desenvolvimento, o neoliberalismo curiosamente se une ao ecologismo radical na consagração da harmonia natural do mundo (as leis do mercado para um, o ecossistema para outro). E o republicanismo repousa primeiramente na adesão filosófica ao princípio do voluntarismo político, entendido como necessária contenção à inclinação antiestatal do liberalismo.

---

[1] O UDF, União pela Democracia Francesa, é um partido de centro-direita, criado para apoiar o então presidente Valéry Giscard d'Estaing. O UMP, União por um Movimento Popular, também de centro-direita, foi criado em apoio ao então presidente Jacques Chirac, procurando juntar as tendências gaullistas, liberais e centristas. (N.T.)

Na outra ponta, temos o socialismo que, desde 1905, se distinguiu na França, pela infalível propensão a escolher o campo errado, o do arcaísmo mais idiota. Com uma obstinação que quase causa admiração, os socialistas preferiram Jules Guesde em vez de Jean Jaurès, Guy Mollet em vez de Pierre Mendès France, chegando à união com o PCF, contra a social-democracia de Michel Rocard. Invariavelmente, o Partido Socialista favoreceu sua ala esquerda pseudorrevolucionária. A tendência social-democrata sempre foi a ala dos perdedores, dos vencidos. Isso, aliás, se explica por um motivo de fundo: até os anos 1960, pelo menos, ou seja, a época em que eu era estudante, o Partido Comunista, integralmente stalinista, servia de superego para os socialistas. Na verdade, é um fenômeno que se observa desde o Congresso de Tours, de 1920. O que disse, de fato, Léon Blum em seu famoso discurso? É claro, teve a lucidez e a coragem de romper com as 21 condições, indecentes de tanta besteira e imoralidade, que Lênin queria impor. Mas afirma, porém, concordar com as "metas finais", apesar de se dizer em desacordo com os meios a serem utilizados. O objetivo, admite Léon Blum, é mesmo a instauração do coletivismo, a supressão da propriedade privada e a liquidação do capitalismo. Apenas com relação aos meios para se chegar a isso é que aceita divergir de ponto de vista. Blum se diz contrário (pelo menos isso!) à ditadura do proletariado e favorável às eleições livres, defendendo, dessa maneira, uma atitude globalmente respeitosa diante da democracia formal, mas nem por isso deixa, no fundo, de ser um ardente defensor do comunismo.

Resultado: os futuros comunistas deixam a "velha casa" para se juntar à Internacional, e o socialismo francês aparece, desde então, como o marido traído da história, como o molengão que não escolhe direito onde se sentar, ficando entre a social-democracia alemã e o comunismo russo, sem nunca encontrar uma posição coerente. Foi o caso da lamentável SFIO de Guy Mollet...[2]

Mas, depois disso, os socialistas evoluíram...

Você acha? É claro que não se fala mais, no PS, de revolução nem de "comunhão de metas doutrinais" com o bolchevismo. Mesmo, porém, com essas fórmulas parecendo agora ultrapassadas, o recente crescimento de uma extrema esquerda altermundialista não deixa de incitar os socialistas a recuperarem maneiras banalmente antiliberais, para não dizer, às vezes, pseudorrevolucionárias – veja Benoît Hamon, porta-voz do partido, e suas teses sobre a "igualdade real" –, a ponto de frequentemente darem a impressão de viver em outro mundo. Como escreveu meu amigo Jacques Julliard, que vota, no entanto, por eles, se o mundo desaparecesse, de quanto tempo precisaria o PS para se dar conta? E na campanha presidencial para 2012, aposto que vão de novo prometer "a lua + 10%". Nesse ponto, o discurso de Léon Blum permanece um ponto fundamental na história do Partido Socialista: mesmo tendo sido, no fundo do coração, um social-democrata (alguém que escreveu sobre Stendhal e sobre o casamento por amor não pode ser totalmente ruim), ele se mostra, apesar de tudo, grato e fascinado pela retórica revolucionária. Desde então, a social-democracia francesa que, em boa lógica, deveria explicitamente se encarnar no Partido Socialista, nunca teve realmente coragem de fazer seu *coming up*. É esse o seu drama. Por isso nunca consegui votar

---

[2] A Seção Francesa da Internacional Operária (SFIO) se tornou, em 1969, o atual Partido Socialista, e Guy Mollet foi secretário-geral de 1946 a 1969. (N.T.)

à esquerda na França. Fui, por assim dizer, impedido pelo stalinismo do PC e da extrema esquerda, pela Union de la Gauche, nos anos 1970 e, hoje em dia, pela persistente onipresença de um superego "de extrema esquerda plural".

Seguindo esse mesmo raciocínio, Dominique Strauss-Khan[3] pertence, hoje, à "ala dos perdedores"?

Ninguém sabe como vai ser a eleição de 2012, mas uma coisa é certa: o predecessor de Dominique Strauss-Kahn em social-democracia, Michel Rocard, foi marginalizado, e, se DSK voltar aos negócios partidários, vai ter o mesmo problema que Romano Prodi, na Itália, ou Lionel Jospin, na França: como confederar um partido que vai da centro-direita à extrema esquerda? Jean-Luc Mélenchon, que não chega a ser o mais radical, não para de declarar *urbi et orbi* que seu maior problema, ou mesmo pior inimigo, é a social-democracia europeia e que se o dirigente do FMI, que impôs regras de rigor aos gregos, se apresentar às eleições presidenciais, terá que enfrentá-lo! Se pegarmos a esquerda plural em grosso, os 6% do partido recentemente criado por Jean-Luc Mélenchon, os 5% de Olivier Besancenot e seu Nouveau Parti Anticapitaliste (NPA) e os 10% de Europe Écologie-les Verts, junto com os 2% do PC e ainda algumas migalhas de Arlette Laguiller, um pedaço da ala esquerda do PS, assim como o apoio de intelectuais que nada de melhor têm a oferecer do que a "hipótese comunista", obtém-se uma porcentagem superior à do

---

[3] Até o escândalo, em 2011, envolvendo o então diretor-geral do FMI, acusado de estupro por uma camareira de hotel em Nova York, DSK era o mais forte candidato socialista para as eleições presidenciais de 2012. (N.T.)

O ANTICONFORMISTA

Partido Comunista nos anos 1960-1970, com um superego de extrema esquerda que tem mais ou menos o mesmo peso e continua a paralisar o PS.

O que significa que se DSK for eleito, vai ter que arrastar duas enormes bolas de ferro nos pés (sem falar da crise e do déficit público): os ecologistas, que têm sempre dificuldade para compreender que o decrescimento representa uma catástrofe social, e a extrema esquerda, que "ataca tudo acima de 300.000 euros" e quer confiar as empresas a conselhos operários, como se a concorrência da China e da Índia fossem com isso milagrosamente desaparecer. E como se os dois bilhões e meio de pobres que trabalham dia e noite por salários de miséria, sem a menor proteção social, pudessem não abalar nossos Estados-providência. Por esse motivo, Dominique Strauss-Kahn pode cair numa situação análoga à de Prodi na Itália: a absoluta impotência ou a ruptura com boa parte daqueles que supostamente o apoiarão, de forma que o único a assumir plenamente, no PS, a social-democracia corre o sério risco de aparecer como o melhor candidato da direita, mais do que da esquerda. Se compararmos com a Grã-Bretanha e com a Alemanha, o fato de a nossa esquerda ser a mais medíocre do mundo é desolador...

Sobretudo no país da Revolução de 1789...

Na verdade, é essa chave para tudo isso. A França não apenas é o mais antigo Estado-nação do mundo e aquele em que pior se aceita a globalização que desapossa o Estado, mas é também o país em que, em toda a Europa Ocidental, a tradição revolucionária foi mais forte. Aliás, esse dado é anterior a 1789, pois a tradição cartesiana, com sua dúvida hiperbólica, já trazia uma tradição de radical "távola rasa".

Daí a tirada de Tocqueville, dizendo que os jacobinos eram cartesianos que saíram da escola e tomaram as ruas. Quando me defino como "republicano de direita", como "republicano socialdemocrata e liberal", deve-se entender isso, apesar de sua aparência um tanto barroca, em todo seu rigor: republicano por ser favorável à intervenção do Estado; liberal no sentido (político) de manter a distinção entre Estado e sociedade, e sou partidário de um Estado auxiliar da sociedade civil, em certos casos. Ao mesmo tempo, não me identifico com o neoliberalismo econômico nem com a nostalgia dos valores tradicionais e da grandeza da França, duas linhas que, ideologicamente, também estruturam a direita.

"Somos todos judeus alemães"

Você disse que Kant, para você, continua sendo "o maior dos republicanos de direita". O que entende com isso?

Kant colocava a ideia republicana no centro da sua visão política. Num texto de importância capital, "Sobre o lugar comum: isso é bom na teoria, mas de nada vale na prática", que tive a alegria de traduzir e comentar na edição da Plêiade, Kant opõe, uma à outra, duas teorias políticas que correspondem, termo a termo, a três teorias da educação. Já falamos um pouco disso, mas gostaria de insistir ainda. A primeira é o *absolutismo*, a teoria do direito divino que corresponde, em pedagogia, às doutrinas tradicionais de adestração. Assim como a criança nela aparece como um pequeno ser a se moldar e adestrar, o cidadão é apenas um súdito, submetido sem discussão à autoridade real. Vêm, em seguida, as primeiras teorias anarquistas, que surgem, principalmente, na Inglaterra, no momento da Revolução Francesa.

O ANTICONFORMISTA

Esse *anarquismo*, que rejeita a autoridade do Estado, institui, pelo contrário, o cidadão como soberano. Seu equivalente, na educação, é a pedagogia do jogo, que insiste na liberdade e na atividade, em oposição à submissão, à obrigação e à passividade.

Como alcançar a síntese dessa antinomia? Kant a situa na teoria republicana da lei, que ele tira de *O contrato social*, de Rousseau, adaptando-a às condições do sistema representativo. A ideia é a seguinte: quando voto a lei, sou livre, ativo e soberano (como na anarquia), mas depois de votada, torno-me passivo, súdito e submisso à sua autoridade (como no absolutismo). O conceito sintético entre o súdito passivo e o soberano ativo se encarna, assim, na *cidadania republicana*. O povo é soberano ao conceber e elaborar a lei e se torna súdito depois de votar, o que corresponde, em pedagogia, à valorização do esforço. É por onde saímos, pela ideia republicana, do mundo aristocrático, com o aristocrata se definindo como alguém que não trabalha. De Platão à Revolução Francesa, o aristocrata faz guerra, banqueteia, joga, estuda ou medita, mas deixa o trabalho aos escravos ou aos servos. Encontra-se essa ideia, aliás, no cristianismo, precisamente na parábola dos talentos, que diz que a dignidade de um ser não se encontra em seus talentos naturais, mas naquilo que ele *faz disso*. Em sua versão leiga, essa parábola dá lugar ao humanismo republicano, que sustenta que a dignidade de um ser não depende dos dons ou talentos naturais ganhos ao nascer (como no universo aristocrático), mas de o que ele faz disso, de sua liberdade, e não da natureza, quer dizer, de seu trabalho, e não da herança recebida. O implacável argumento de Kant consiste, logo no início de *Fundamentos da metafísica dos costumes*, na ideia seguinte: a prova de que os talentos e os dons não têm valor moral nenhum está em que podem ser indiferentemente postos a serviço do bem ou do mal, a serviço do dano ao próximo. A inteligência, a memória, a força física, a habilidade, todos esses dons naturais podem certamente dar valor estético a um ser, mas não valor moral, pois este depende do uso que se faz. Ou seja: a dignidade de um indivíduo depende da liberdade. A meu ver, é um dos elementos que, logo de saída, criam a grandeza da ideia republicana, seu próprio princípio.

Alguns, como Michel Onfray, chegam a acusar Kant de ser um mentor do nazismo. Imagino que você se coloque contra essa tese.

Apresentar Kant como um "guia intelectual de Adolf Eichmann" é tão ridículo, revela tanto contrassenso e tanta ignorância também que se deve rir francamente. É meio como achar, mas de forma ainda mais cômica, se possível, que botulismo é uma doutrina filosófica e Botul um especialista em Kant. Qualquer um que minimamente professe história da filosofia deveria saber que o coração da ética kantiana exige que os homens sempre sejam tratados como fins em si, nunca como meios. Não creio que essa máxima tenha inspirado os campos de extermínio nazistas...

Além disso, Kant foi um grande admirador da Revolução Francesa, apesar do horror que lhe inspirou o Terror. Em contrapartida, os revolucionários franceses se interessaram apaixonadamente por sua obra, que foi e continua sendo uma magnífica defesa e ilustração da ideia republicana: nada mais próximo do republicanismo francês do que a ética kantiana, e toda a III República, dita dos "Jules",[4] foi

---

[4] A III República, na França, durou de 1870 a 1940, tendo sido fundada por um grupo de deputados, entre os quais Jules Favre, Jules Grévy, Jules Simon e Jules Ferry. (N.T.)

explicitamente marcada pelo kantismo. Se Kant tivesse sido um dos pais fundadores do nazismo, não vejo como o judaísmo filosófico alemão poderia tão constantemente se inspirar nele e venerá-lo tanto. Veja toda a Escola dita de Marburgo, entre o fim do século XIX e o início do XX – com pensadores do calibre de Hermann Cohen, Paul Natorp e Ernst Cassirer –, mas também a Escola de Frankfurt, fundada no início dos anos 1930, da qual já falamos. Todos esses filósofos partiam explicitamente de Kant, por quem Theodor Adorno e Max Horkheimer, que queriam "jogá-lo contra Hegel", no seio da Escola de Frankfurt, tinham uma admiração quase completa. Kant, além disso, inspirou o que a social-democracia alemã – de cujo interior quem conhece um pouco de história sabe que saíram as primeiras resistências ao nazismo, como também os primeiros mártires – tem de mais profundo: o teórico do socialismo Eduard Bernstein (1850-1932) era judeu, social-democrata e kantiano até o último fio de cabelo. E encontra-se a inspiração de Kant em filósofos tão "pró-nazismo" quanto o americano John Rawls, explicitamente kantiano e que coloca sua "teoria da justiça" sob a égide de Kant. O mesmo vale para Jürgen Habermas e Karl-Otto Apel, os últimos grandes herdeiros da Escola de Frankfurt, ou ainda Karl Popper, cujo racionalismo crítico com toda evidência parte de Kant. Quanto a Edmund Husserl – mais um judeu alemão –, quem pode ignorar que era também kantiano? E Hannah Arendt, que passou o fim da sua vida comentando, de maneira admirável, *Crítica da faculdade de juízo*, que considerava a maior obra de filosofia política jamais escrita nos tempos modernos?

A maior parte dos intelectuais judeus alemães – que sabiam do que falavam – tinha, com pleno conhecimento de causa, duas excelentes razões para se identificar com a filosofia política de Kant. A primeira era precisamente ligada à ideia republicana e, com ela, ao postulado da igual dignidade dos seres humanos. Não se deve esquecer que os judeus, na Alemanha como na França, no fim do século XIX, eram o que então se chamava "israelitas": na maioria, "assimilacionistas" – percebe-se isso em Cassirer, mas também, por exemplo, no comovente diário pessoal escrito, sob o Terceiro Reich por Victor Klemperer, um universitário judeu alemão que vê o céu lhe cair na cabeça ao compreender não ser mais considerado um "alemão de origem" pelos nazistas. Hegel, por exemplo, havia tratado o judaísmo apenas sob aspectos negativos ou mesmo detestáveis, de "consciência infeliz" e de "cisão". O judeu, para Hegel, é primeiramente aquele que coloca a transcendência irredutível da lei e do divino e, consequentemente, nunca pode conciliar, num sistema unificante, o finito e o infinito, o homem e Deus, o relativo e o absoluto, a diferença e a identidade.

Depois do hegelianismo, Kant permitia (segunda razão) voltar a dar um status positivo à ideia de transcendência e de alteridade, que entrava em ressonância com o judaísmo pela transcendência da lei e pelo *Bilderverbot*, a proibição de se fazerem imagens de Deus. Foi muito precisamente o que Adorno quis dizer, afirmando ser preciso "jogar Kant contra Hegel", ou Horkheimer, fazendo de Kant um pós-hegeliano, no artigo "Espírito judeu, espírito alemão". Se não, se preferir filósofos como Franz Rosenzweig, Emmanuel Levinas ou Hannah Arendt, constata-se que todos são, pelo mesmo motivo, influenciados por Kant, sobretudo a partir da obra de Husserl. É mais do que significativo que, quando Arendt escreve, no início dos anos 1950, *As origens do totalitarismo* em três partes, foi calcando-as nas três *Críticas* de Kant.

É preciso realmente nada conhecer para ignorar tudo isso – Kant, o alemão, a Alemanha. É um direito que se tem, mas, nesse caso, ninguém deve se obrigar a escrever livros sobre isso. Resumindo, nunca se enfatizará o bastante o aspecto derrisório de a tese de Kant ter inspirado Eichmann; tese, aliás, única nos anais – nenhum pensador sério, de direcionamento algum, jamais defendeu essa opinião aberrante, apesar de a obra de Kant ter suscitado centenas de milhares de artigos e livros. Não teria perdido um minuto com isso se você não tivesse feito a pergunta. Posso parecer estar sendo severo, mas o que digo não é por ideia feita nem por antipatia, só não gosto que agridam grandes autores. Quando falo de Nietzsche ou de Spinoza, é com respeito, mesmo sem compartilhar o ponto de vista filosófico, e me esforço para apresentá-los da melhor maneira. Por quê? Não por hipocrisia, mas porque a grandiosidade é preciosa e frágil, mais do que nunca nos dias de hoje, e esses imensos filósofos – Kant tanto quanto Platão ou Spinoza, Freud, Nietzsche ou Marx – são, antes de tudo, monumentos que devem ser protegidos ao máximo, em tempos de consumismo e de desconstrução que vilipendiam e nivelam tudo o que está além...

Por isso também não gosto da "decapagem" de Freud, feita por Michel Onfray.[5] Tenho também inúmeras críticas a fazer à psicanálise ou mesmo à obra de Freud: que nem por isso deixa de ser gigantesca, de uma profundidade e alcance imensos, a ponto de fazer o mundo inteiro tremer e pensar. Não passamos de anões agarrados às costas de gigantes...

SER UM REPUBLICANO "DE DIREITA" HOJE

Isso significa que a antinomia do liberalismo e do socialismo, à qual você, aliás, dedicou um livro com Alain Renaut, Philosophie politique III: des

---

[5] Referência à *Le crépuscule d'une idole, l'affabulation freudienne*. (N.T.)

droits de l'homme à l'idée républicaine *(1985)*, *estaria caduca, com a ideia republicana, justamente, permitindo essa superação?*

Acho que essa briga, que se estabeleceu a partir de 1848, parece amplamente ultrapassada pelo próprio movimento da história. Já faz um tempo que as sociedade europeias se convenceram da necessidade de conciliar a defesa dos *direitos-liberdades* (que os socialistas por muito tempo denunciaram como "formais") com o desenvolvimento dos *direitos-créditos*, de um Estado capaz de garantir a justiça e a proteção social, principalmente o direito à saúde e à educação (alvo recorrente das críticas liberais). Mesmo que estes últimos tenham proliferado nas últimas décadas. Parece-me então que apenas a república pode assegurar a reconciliação da exigência liberal (no sentido político) com a exigência de regulamentação e, com isso, aliar as duas grandes dimensões dos direitos humanos.

Esse posicionamento – nem liberal nem socialista, *mas* republicano – que já evocamos, falando do general De Gaulle, ainda hoje me parece, talvez mais do que nunca, como o mais justo no plano filosófico e no plano histórico-político. Por que ainda mais hoje? Simplesmente porque a globalização exige – aliás, tornou-se vital, no plano ecológico e financeiro – uma intervenção dos Estados, uma regulamentação. E não vejo senão a ideia republicana a permitir, no plano filosófico, que se pense o intervencionismo deste último sem cair no socialismo. É o que, justamente, De Gaulle havia compreendido. Na época de Maio de 68, essa posição muito me marginalizou, não somente diante dos esquerdistas e dos maoístas – o maoismo representava e ainda representa, para mim, algo igual ao nazismo, com relação à minha geração e também aos Comitês de Defesa da República, os famosos CDR, formados por pequenos militantes de direita que detestavam o movimento de Maio e nada entendiam dele. Também não tinha simpatia alguma por eles. Essa militância reacionária, que nada queria saber das novas aspirações jovens pela liberdade, já me parecia estar nos antípodas do "pensamento alargado".

Pode-se ainda achar que a clivagem direita-esquerda ainda faz algum sentido? Até que ponto, para você, isso se mantém pertinente, para se pensar o real? Por ser um demarcador histórico, por preguiça intelectual, por visões de mundo francamente divergentes? Você conhece a brincadeira de Pierre Hassner, dizendo que a principal contribuição feita à ciência política foi a distinção entre os bobôs (os bonapartistas e os bolcheviques) e os lilis (os liberais-libertários)...

Algumas marcações de identidade, históricas e psicológicas, se mantêm ainda relativamente fortes entre a direita e a esquerda, mas provavelmente mais para as nossas gerações do que para quem tem entre 18 e 25 anos. De maneira geral, a antiga clivagem não faz mais muito sentido e o debate direita-esquerda se esvaziou muito. O que, realmente, distingue Dominique Strauss-Khan ou até mesmo Martine Aubry de Nicolas Sarkozy? Se nos permitirmos algum recuo histórico ou geográfico, muito pouca coisa, mesmo que sempre se finja demonizar o adversário. Somos todos, grosso modo, liberais-sociais democratas-republicanos. Liberais porque somente o mercado cria empregos e riquezas; sociais por todos querermos manter o papel protetor do Estado; democratas porque ninguém mais, ou quase ninguém, sustenta ainda o slogan "Eleições: armadilha para imbecis"; e republicanos por todos considerarmos que uma política voluntarista é indispensável em certas áreas, como a cultura e a escola, que é preciso dar regras à globalização e que deixar as coisas se fazerem e avançarem por si mesmas não é o melhor caminho. Entre um gaullista republicano e um social-democrata, entre Alain Juppé e Michel Rocard, por exemplo (que, aliás, copresidiram uma comissão, em 2008), não há quase diferença objetiva alguma, exceto pessoais: ambos são regulamentadores, intervencionistas e desejam servir ao país.

Hoje, tenho a impressão de que a verdadeira clivagem não se faz mais entre direita e esquerda, mas antes, como muito bem viu Régis Debray, entre republicanos e democratas, principalmente no que se refere à escola. Mesmo se tratando ainda de uma clivagem arcaica, que, evidentemente, é preciso superar, como vimos à respeito das querelas pedagógicas. Dito isso, um republicano "de direita", favorável à intervenção do Estado, se sente mais próximo de um republicano de esquerda do que de um democrata-social, venha ele de onde vier. E reciprocamente: um liberal de direita vai se sentir mais próximo de um libertário do que de um republicano. Se nos voltarmos minimamente para o futuro, trata-se de uma clivagem que ainda se precisa superar.

O presidente Nicolas Sarkozy lhe parece à altura deste seu ideal republicano?

No que se refere à crise e à presidência europeia sim, sem dúvida alguma. Tenho certeza, por tê-lo visto trabalhar de muito perto, de que nesses dois pontos essenciais ninguém teria feito melhor. Há mais de um ano, no entanto, eu disse ao presidente da República, em privado, publicamente e pela imprensa, ser absolutamente necessário recuperar o terreno da grande tradição republicana e, nesse sentido, reatar com os fundamentais do gaullismo — em vez de deixá-los a Dominique de Villepin ou a François Bayrou, cujos posicionamentos, no fundo, são idênticos. Em tempos difíceis, não vejo outra atitude plausível, se quisermos dar coerência à ação — e isso é preciso, não se pode sempre se proteger atrás do sacrossanto "pragmatismo". De fato, creio ser a única maneira, filosoficamente rigorosa, de dar um lugar ao Estado, sem ser socialista, num contexto de crise internacional que pressupõe o papel protetor-regulamentador do Estado, no mínimo em quatro planos: econômico, bancário, social e ecológico. Para quem não é socialista, apenas o republicanismo gaullista permite tematizar essa função reguladora. Por que é tão necessário intervir e não se limitar ao puro e completo liberalismo? Por ser o que impõe a natureza dessa crise, dita de *subprime*, uma crise da globalização.

Você diria, nesse sentido, que falta coerência à política do governo atual?

Não me parece que o governo e o presidente estejam, nesse ponto preciso, em pleno bom entendimento: o primeiro-ministro, François Fillon, é claramente gaullista. A falta de coerência ficou clara, porém, através de vários erros patentes, sobretudo no plano orçamentário, em que os palácios do Eliseu e Matignon fizeram jogo inverso. A supressão da publicidade na televisão, a baixa dos impostos para os restaurantes, mas também a não taxação das horas extras e dos grandes empréstimos foram medidas absurdas em período de crise maior, num momento em que os Estados endividados são atacados pelos mercados. Mesma coisa no plano intelectual e político: lançar um debate sobre a identidade nacional e não sobre o novo serviço cívico voluntário beirou o suicídio. Insisti desde o primeiro dia, em particular e em público, principalmente no diálogo que mantenho semanalmente com o amigo e "adversário" Jacques Julliard, no canal LCI. Verdade é que a crise pegou no contrapé quase todos os temas liberais e pró-americanos da campanha presidencial de 2007. Por isso a necessidade de se repensar um intervencionismo, mas que seja diferente daquele sugerido pela esquerda, em geral predisposta a aumentar o número de funcionários públicos, relançar a economia pelo consumo e recuar a idade da aposentadoria. Creio, no entanto, ser toda a filosofia de conjunto que se deve reconstruir para tirar a França dessa situação.

Em política, é preciso um mínimo de consistência e coerência filosóficas. Não se pode, por exemplo, tirar um pedaço da visão republicana de mundo, escolhendo arbitrariamente nessa tradição o que se quer e deixando de lado o que não serve, como foi o caso com a discriminação positiva. A preocupação com a promoção de pessoas "com origem na diversidade" para postos-chave era certamente uma mensagem positiva e corajosa para um homem de direita. Mas propor em toda oportunidade uma política de cotas significa não só incentivar os comunitarismos como a ir contra o que a França tem de mais precioso a oferecer ao mundo: o ideal laico, republicano e anticomunitarista ligado ao humanismo abstrato. Acho também que o Grenelle do meio ambiente,[6] apesar de certos aspectos positivos (o projeto referente ao "crescimento verde"), beirou a catástrofe intelectual para outros temas, de tanto incentivar a precaução contra o risco e de tanto, sobretudo, estabelecer uma posição an itransgênicos, totalmente contrária ao espírito científico. Pronto, acabei dizendo!

Nesse ponto, a ideia apresentada em 2010 pela qual se poderia, em certos casos precisos (terrorismo, assassinato de policiais), retirar a nacionalidade francesa a cidadãos naturalizados implicados nesses crimes, lhe parece constituir

---

[6] Encontros políticos organizados na França em 2007, visando a medidas ambientais e de desenvolvimento sustentável de longo prazo. (N.T.)

a vertente negativa, por assim dizer, da discriminação positiva, medida que se situaria, em todo caso, dentro dessa mesma lógica antirrepublicana?

Ainda nesse ponto, me exprimi o mais claramente possível na mídia: a ideia é totalmente absurda. Recria duas categorias de cidadãos, envergonha os recém-chegados, em vez de encorajá-los no caminho da República e, principalmente, não serve para absolutamente nada. Quem pode imaginar que um indivíduo que se dispõe a matar um policial ou um juiz vai deixar de fazer isso... por correr o risco de perder a nacionalidade francesa? É preciso, realmente, parar com essa palhaçada política que exaspera, na esquerda, sem convencer ninguém, na direita, e dá a impressão de que o governo, sem realmente agir sobre a delinquência e as áreas que escapam à lei, não sabe mais o que fazer nem o que inventar. Francamente, é desastroso, sob todos os aspectos. Pronto, está dito!

A MÁ-FÉ DO HOMEM DE ESQUERDA

Nas incessantes polêmicas sobre os "novos reacionários" que agitaram, nos últimos anos, o universo midiático e intelectual francês, Alain-Gérard Slama reconheceu que os intelectuais franceses tendem a "estar mais à direita". Você, cujos inimigos de esquerda quase disputam a prioridade com os de direita, concorda com essa constatação e, caso concorde, como a explica? Dada a dureza da época (a globalização), as patologias contemporâneas da democracia tornam as soluções "de direita" mais pertinentes, considerando a própria evolução do mundo real? Como se explica também que, na maioria dos casos, essa evolução seja tão mal-assumida, além do risco de se ver cordialmente tratado de traidor social ou de "subintelectual", como foi o caso de André

Luc Ferry

Glucksmann, quando declarou, em 2007, que votaria em Nicolas Sarkozy, numa pesquisa do Le Monde?

Volto ao que dissemos sobre a dupla burguês-boêmio e ao fato de que, reforçando como nunca a sociedade de consumo que pretendiam criticar, nossos militantes de 1968 foram os maridos traídos da história. Por mais trotskistas, maoistas e anarquistas que fossem, tudo o que queriam, sem assumir, era entrar no mundo do consumismo, do prazer, do hedonismo e do lúdico. No fundo, já eram libertários-liberais. Quer uma prova? Muitos daqueles que estavam à frente da esquerda proletária ou tinham a carteirinha do PC se encontram hoje no Medef[7] e votam à direita. Alguns se deram conta dos erros cometidos e tentam desesperadamente, depois disso, desenvolver outras ferramentas para reelaborar a crítica à modernidade consumista – quando digo desesperadamente, é por senti-los literalmente tomados por uma espécie de desespero. O ponto a que quero chegar é que essa meia-volta estava fadada a acontecer, desde o início, com Maio de 68 tendo se limitado a uma revolução dos costumes. É bastante lógico, então, que os seus representantes tenham ido parar onde se encontram hoje, mesmo sem admitir isto: ontem libertários de esquerda, hoje liberais de direita. No meu caso, porém, é mais ou menos de fora que assisto a essa evolução.

Essa mesma "má-fé" dos intelectuais de esquerda você também percebe no Partido Socialista?

Veja Martine Aubry, se explicando sobre a reforma das aposentadorias, em 2010. A primeira-secretária do PS inicialmente se disse

---

[7] Órgão de representação empresarial, junto ao governo e os sindicatos. (N.T.)

favorável à prorrogação da aposentadoria para os 62 anos, mas depois – o tempo necessário para que alguns colegas gritassem ser um escândalo – retrocedeu e, com ela, todo o aparelho do partido. Pode-se muito bem discutir alguns pontos da reforma, mas dizer que a primeira decisão, na hipótese de o seu partido vencer as eleições presidenciais de 2012, será de suprimi-la indica uma falta de coragem intelectual que socialistas como Manuel Valls e Michel Rocard chegaram a denunciar. Essa incapacidade para assumir claramente uma posição reformista não faz o menor sentido, a não ser que se queira afundar o país, algo que os socialistas evidentemente não querem. Daí a noção de má-fé, pois não imagino Martine Aubry ingênua a ponto de acreditar no que diz. Quando se conversa em particular com líderes da esquerda, a defasagem entre o que dizem e o discurso público é vertiginosa. Um presidente regional do PS, com quem falei recentemente, me repetiu o que todos os interlocutores de esquerda dizem em *off* há dois anos, isto é, que com a reforma das aposentadorias, "a direita está fazendo o nosso trabalho".

Longe de Michel Rocard, que teve coragem e inteligência para construir uma visão reformista de esquerda, a esquerda insiste num duplo discurso: somos liberais no particular, conscientes das obrigações da globalização e das dificuldades que têm as pequenas e médias empresas, mas publicamente tira-se do bolso o grande discurso da "igualdade real" e do "care". É o que chamo de má-fé e lamento, pois, quando chega ao poder, a esquerda paga em cash essa duplicidade – o que a extrema esquerda, aliás, nunca deixa de lembrar. É então com fatos que a esquerda se mostra incapaz de elaborar soluções sustentáveis e que possam ser publicamente formuladas. Uma vez mais, temo que Bernstein estivesse certo: com raras exceções, que confirmam a regra, a social-democracia francesa continua a não ousar "mostrar o que ela é".

O que você acha dessa nova visão moral do mundo, vinda dos Estados Unidos, espécie de socialismo new look, em tudo naturalmente contrário ao sarkozysmo, consistindo no estabelecimento de uma sociedade do "care" (do "cuidado mútuo")?

Tudo indica que os teóricos que deram origem a isso acham ter concluído um grande avanço, instaurando uma sociedade de *iguais* contra a dos *egos*.[8] É preciso se preparar para isso, pois os articuladores desse golpe de gênio se dispõem a usar essa descoberta conceitual nos próximos encontros eleitorais: contra o ultraliberalismo, uma sociedade protetora dos seres humanos; contra o duro, o suave; contra o viril, o feminino; contra o egoísmo, o altruísmo. O mais surpreendente é ver eminentes politólogos debruçados no berço desse recém-nascido, com uma seriedade digna dos médicos de Molière. O que dizer dessa "sociedade do *care*", do cuidado mútuo? Simplesmente lembrar que dura nem é tanto a política de Nicolas Sarkozy, mas sim a realidade da competição mundial. Por isso, será de inteligência, coragem e justiça que vamos precisar nos próximos anos, e não de carinhoterapia...

As contradições morais do homem de direita

O que singulariza sua posição atual é que você também não é nada delicado com a direita. Critica a esquerda por sua má-fé, mas não para de acusar a direita...

... de "babaquice"?...

---

[8] Homófonos em francês. (N.T.)

O ANTICONFORMISTA

Não me atrevi a dizer, mas é mesmo a palavra que me veio à cabeça! Em termos mais rebuscados, digamos que à má-fé do homem de esquerda corresponde uma esquizofrenia do homem de direita, simultaneamente conservador, no plano moral, e inovador no plano profissional. Conservador e inovador, seria essa a contradição?

Definitivamente, você quer me deixar mal com todo mundo! Como é bem provável que já tenha conseguido, vamos até o fim. É verdade, a direita está presa, hoje em dia, a pesadas contradições culturais, morais e intelectuais. Como Molière traçou para nós a figura do Misantropo, do Tartufo ou do Doente imaginário, seria preciso, para boa compreensão, retratar o homem de direita típico dos anos 2000. Vamos imaginá-lo empresário, com mais de 60 anos, para que, como eu, tenha conhecido a França anterior à grande desconstrução, a França camponesa, dos alunos de escola com aventais cinzentos e tanques públicos em que se lavavam roupas. Em 2002, ele votou em Chirac, mas até hoje se arrende. O presidente, campeão em conquista do poder, foi uma nulidade em seu mandato: as 35 horas semanais ainda estão em vigor, o imposto sobre a fortuna também, os encargos das empresas só aumentaram, assim como a dívida e os déficits públicos! Toda vez que três estudantes berravam nas ruas cedia-se um pouco e, se eles fossem seis, cedia-se tudo. Nosso dono de empresa, então, está satisfeito que o jovem Sarkozy, dinâmico e corajoso, tenha assumido. Espera somente que ele "aguente firme". Na vida privada, nada também é tão cor-de-rosa. Por exemplo, quando recebe os netos e os amiguinhos da escola no seu belo apartamento, fica assustado. Esses meninos, vestidos de qualquer jeito, nem sabem dizer bom-dia, obrigado ou até logo de maneira educada. Já tentou falar com eles de literatura, música ou história? Um verdadeiro deserto dos tártaros! Se por acaso tiverem que escrever uma carta – mas é um risco que não se corre! – vai estar cheia de erros ortográficos. O que é normal, pois a escola vai mal, é um mamute impossível de se reformar e os ministros da Educação, como todos os políticos, não querem nada. Já os professores, "todos de esquerda", também não valem nada: quando não estão em greve, provavelmente estão de férias e vice-versa! Mais tarde, está na cara, esses meninos vão procurar um emprego e não um trabalho! Não é de surpreender que o comércio esteja melhor em Londres, ou mesmo em Bruxelas ou Madri, do que em Paris.

Ou seja, nosso empresário acha que tudo está se acabando e a decadência já ameaça... Não tem quase exagero nessa história, até porque, na verdade, o diagnóstico não está totalmente errado. O único senão, digo fraternalmente, pois, como ele, sou da direita republicana, é que o único e exclusivo responsável por essa situação é ele mesmo. Vou dizer o motivo: que a sua empresa venda telefones celulares, roupas ou "lazer de cérebro vazio", nosso executivo só quer uma coisa: que nossos filhos sejam ardentes consumidores. E analisada em laboratório, em estado quimicamente puro, o consumismo é um vício. Como se define um viciado? Alguém que não pode deixar de aumentar as doses e encurtar o espaço de tempo entre elas. Ou seja, o cliente ideal de qualquer loja! É preciso, então, mergulhar as crianças na lógica da carência. Por isso, digo a nosso empresário, sempre da forma mais amigável: "Não se pode ter o filho bem-educado, culto, bom em gramática e esperto, como você quer, em casa, e a criança zapeadora/consumidora que a sua empresa fabrica e incentiva ao máximo, se preciso até com publicidade." Os dois não coexistem num mesmo cérebro. Ou, como dizem brincando os italianos, "não se pode ter o tonel cheio e a mulher bêbada".

O ANTICONFORMISTA

Sem se dar conta nem entender o alcance disso, o burguês se tornou um bobô. Sozinho e sem precisar de ajuda, cumpriu o programa da vanguarda: a desconstrução dos valores tradicionais. Como Picasso ou Duchamp, fez távola rasa. Em nome do *benchmarking*, quer que a inovação continue. E vemos, como eu disse logo no início da nossa conversa, que Marx tinha razão: o capitalismo é a revolução permanente. Mas disso o nosso homem de direita não quer ouvir falar. É aí que se situa não digo sua "babaquice", mas sua cegueira fundamental. Ele não vê o que tem de mal em apreciar a arte contemporânea, a inovação, o modernismo: é incapaz da menor ligação entre isso e o fato de a escola afundar. Não vê que o outro lado da moeda da inovação é a desconstrução das tradições! Não vê que o hiperconsumismo e a lógica do lúdico a qualquer preço destroem a capacidade das crianças de seguir uma aula na escola, de se concentrar, de estudar, de se esforçar, de perceber as obrigações e os deveres.

A globalização liberal se revela, então, o cadinho para uma estranha alquimia, uma transmutação inédita: nela, o conservador se tornou revolucionário. Em nome da liberdade, do individualismo democrático, ele ininterruptamente revira as tradições. Deplora por um lado o que fabrica pelo outro lado. O que vem tornando as coisas cada vez mais difíceis...

No plano ético, o ponto de vista neoconservador não o entusiasma. Depois de explodir em pedaços as referências tradicionais e as heranças, o burguês conservador vê, no problema dos limites, a grande questão do nosso tempo: quais limites para o narcisismo, para a liberdade, para a exploração do planeta, para as intervenções genéticas? Contudo, não é só por isso, mas sim porque, inconsciente da própria clivagem, o reacionário conclui pela necessidade de reenraizar normas, valores e proibições em algo sólido, isto é, de um jeito ou de outro, na tradição, que representa a forma antiga de determinação das normas. Contra esse tipo de discurso, você acha que os modernos são perfeitamente capazes de, por si só, pela razão e pela vontade, traçar os limites que separam o permitido do proibido. Deve-se ver nisso sinal de grande confiança nas virtudes da deliberação democrática, com o que estaria, uma vez mais, se distinguindo da tendência "nostálgica" de direita, assim como dos argumentos de autoridade da extrema esquerda?

Se considerarmos que o indivíduo moderno progressivamente se emancipou da tutela das tradições, devemos admitir que apenas um processo de discussão entre partes preocupadas em encontrar um acordo mútuo pode condensar normas válidas para todos. É claro, os indivíduos sempre se inscrevem em determinada cultura e ninguém pode argumentar sem retomar, por conta própria, uma quantidade dos seus valores (como os direitos humanos, para um contemporâneo). Nesse sentido, a deliberação democrática não é, ao contrário do que às vezes Habermas nos faz achar, uma pura forma, um simples procedimento. Não é como se passa. Como observou Gambetta, a propósito da república, trata-se de "uma forma que implica o fundo", podendo, então, legitimar a fixação de limites. Argumentar ou dar início à discussão nada significa além disso, é verdade, além da busca de razões suscetíveis de convencer ou de justificar um olhar que seja igualmente válido para os outros e não apenas para si mesmo. Daí a virtude transformadora do debate democrático, nisso que ele obriga cada um a fazer abstração de suas preferências ou interesses para tentar inscrever seu argumento da esfera do universal – é a ideia que John Rawls, aliás, mobiliza em sua teoria, mais profunda do que em geral se imagina na França, do "véu da ignorância".

Nesse sentido, a democracia pressupõe, uma vez mais, a adesão ao humanismo abstrato, que está no cerne do ideal republicano, pois requer dos deliberantes que se extraiam dos seus preconceitos ou dos preconceitos das suas comunidades de origem. Acontece que, numa república laica, ninguém tem o direito de proibir o que quer que seja a quem quer que seja, sem ter que explicitar um bom motivo para isso, isto é, um motivo válido não somente para si, a título pessoal, mas podendo e devendo valer também para os outros. É um dos grandes problemas da bioética, por exemplo, convencer seus interlocutores com relação a essa lei fundamental da democracia. Temos em geral tendência a dizer: "Sou a favor disso, contra aquilo, pelo aborto, pela seleção de embriões, pelas barrigas de aluguel etc." Mas o problema não é o de saber se somos contra ou a favor dessa ou daquela prática: está em se perguntar em nome de que se pode e se deve proibir isso aos outros.

Mau rumo

Vemos então que essa concepção da deliberação democrática como "forma que implica o fundo" se junta ao ideal do "pensamento alargado", evocado quando se falou de espiritualidade leiga. Voltando à "boa consciência de esquerda", você se felicitou, numa conversa com Edgar Morin, publicada na versão on line do Le Monde, *dias antes da eleição presidencial de 2007, de que a direita havia conseguido, enfim, "se libertar do superego de esquerda que, até então, dominava a sociedade francesa". Você via nisso uma novidade positiva para a clareza do debate, ainda mais, acrescentava, "que ninguém mais acredita no mito Sarkô = fachô".[9] Três anos depois, mantém o mesmo diagnóstico?*

---

[9] O francês gosta de reduzir as palavras na linguagem popular, no caso, Sarkozy = fascista. (N.T.)

Mais do que nunca. Ninguém acha, exceto alguns delirantes graves, que Nicolas Sarkozy seja pétainista. Aliás, grande parte da direita se sente decepcionada com certa "herança do estilo Jacques Chirac" em seu líder, dando início a muito mais reformas do que o previsto. É evidente também que todos os grandes temas da campanha liberal e atlantista de 2007 foram atropelados pela crise. Nicolas Sarkozy havia mantido um discurso descomplexado, focado na ruptura com o imobilismo chiraquiano e sua sensibilidade radical-socialista. Era favorável à desculpabilização com relação ao dinheiro – seu "Trabalhem para ganhar mais" era uma versão moderna do célebre "Enriqueçam!" de Guizot. Estávamos em plena desregulação, com alguns discursos de campanha criticando os bancos por não emprestarem o suficiente aos pobres. Depois de eleito, Nicolas Sarkozy quis ser fotografado com o presidente americano, George Bush. Era "Sarkô, o americano", e ele gostava dessa imagem.

Depois veio a crise do *subprime*: os americanos titularizaram créditos podres que espalharam pelo mundo, dissimulados, com a cumplicidade das agências de notação, em produtos tão pouco identificáveis que nem os banqueiros enxergavam com clareza naquilo tudo. O que, então, aconteceu? Nicolas Sarkozy, sem deixar de ter razão e sempre pragmático, se tornou o maior crítico do sistema bancário do além-Atlântico, e a direita no poder compreendeu ser preciso regulamentar e intervir para salvar o sistema financeiro e as empresas que dele dependem. Nicolas Sarkozy, que até então encarnava o liberal descomplexado, se tornou um regulador apaixonado, artífice voluntarista da criação do G20, querendo taxar as distribuições de lucros. Quanto ao "Trabalhem mais para ganhar mais", parece totalmente defasado nesta época de boom do desemprego.

O ANTICONFORMISTA

As ideias iniciais não eram ruins: a realidade é que mudou e há mais de um ano não paro de dizer e escrever que essa mudança exige um *aggiornamento* claro e pontual. É preciso fazer um inventário. O poder atual se encontra mais ou menos na situação dos socialistas, em 1983, quando descobriram a existência da realidade. Foi a virada do rigor, com a política de François Mitterrand batendo de frente, sem nunca admitir, com as obrigações internacionais. Da mesma forma, o UMP precisa adiar as medidas que não estão mais no sentido das cinco prioridades que passaram a se impor: a preocupação com a equidade, a luta contra o desemprego, a redução dos déficits, o crescimento e a questão do sentido.

"Sempre me senti em defasagem"

Você é frequentemente convidado por universidades francesas e estrangeiras, e seus livros foram traduzidos em mais de 30 línguas. Qual é a receptividade do público às suas ideias quando faz conferências e conhece pessoas? Em comparação com os políticos e os intelectuais, acha-as mais sensíveis ao segundo humanismo e às consequências por ele implicadas, no plano político?

No exterior, no Brasil ou no Chile, por exemplo, onde meus livros são realmente lidos e apreciados, as pessoas que me convidam foram sempre adoráveis. Este ano mesmo, dei conferências na América Latina para públicos de 2.500 pessoas. É impressionante, pois falo em francês ou inglês e, mesmo assim, pode-se ouvir uma mosca voar. Na França também, quando me exprimo para "gente de verdade", o que acontece quase toda semana, de forma que encontro milhares delas por ano, também me chama a atenção a receptividade: nossa entrada paradoxal numa segunda era do humanismo não lhes parece absolutamente abstrata. O fato de as motivações para o sacrifício terem mudado, da desconstrução ter alcançado incrível dimensão, da arte contemporânea amplamente servir de superestrutura para uma globalização que desapropria os políticos e dá razão a Marx em sua análise do capitalismo, tudo isso parece compreensível. Sinto que percebem o nível de sinceridade do que digo. Quando falo da viagem de Ulisses, da história da família moderna ou da liquidação das figuras tradicionais do sagrado, também me acompanham. Como se eu apenas lembrasse o que já tinham no coração e no espírito. Frequentemente me dizem que minha explicação serviu para que organizassem, para que simplesmente juntassem noções e palavras à experiência que tinham. E isso vale para pessoas de toda orientação política, de todos os meios, empresários, professores, funcionários públicos, banqueiros, médicos, operários ou agricultores.

Esses retornos me deixam otimista. A maioria apreende também a ideia de política do sentido, necessária se não quisermos ver o "princípio esperança" se aniquilar na globalização. Compreendem que se não lutarmos contra a impotência política, não é de espantar que se veja prosperar o sentimento de vivermos num mundo cada vez mais injusto e insensato. Pois o que nos ameaça é a atomização do social, o endurecimento dos bolsões comunitários e o dramático crescimento da dívida pública, que só vai mesmo exacerbar os conflitos entre os grupos sociais que pedem o apoio do Estado. Uma vez mais, não se trata de desistir da alta política, mas de compreender que ela não pode mais deixar de lado o cuidado com os indivíduos e as gerações futuras, isto é, com uma finalidade que hoje deve ser mais afetiva e humana do que nacional ou imperial.

A Europa se enquadra perfeitamente na história do casamento por amor, na sagração do humano e na exigência de um pensamento alargado. Tais experiências passaram a ser amplamente compartilhadas, a começar pela primeira delas, que permanece a mais comum e, ao mesmo tempo, a mais perturbadora e a mais "agregativa" possível.

Agregativa, mas imagino que você às vezes se sinta bem só. Pois, afinal, o anticonformista eternamente em defasagem — em criança e depois como estudante, professor, intelectual, ministro, filósofo — é você mesmo! Por trás da aparência de homem do mundo bem-sucedido e do status de intelectual que encontrou perfeitamente seu lugar na sociedade, você quase pode dizer, como Hannah Arendt: I don't fit, "eu não me encaixo"...

Me imagina sozinho? Está sendo bem dura comigo: depois de me deixar mal com a esquerda, a direita e o centro, quer me fazer passar por excêntrico, só por me sentir meio deslocado no universo intelectual e sem a menor possibilidade de filiação política. Mas acho que, no fundo, somos muitos a estar nessa mesma situação. É verdade que sempre me senti em defasagem. Como disse, por muito tempo foi um combate pessoal conseguir ter uma aparência de certa normalidade. Mas isso nada quer dizer, nem num sentido nem no outro...

A última pergunta. Quando ainda era ministro, um jornalista da revista L'Express, Éric Conan, escreveu a seu respeito, em 2003: "Ele tem o dom de fazer passar a descontração e a franqueza por uma desenvoltura blasée. Inconveniente a que se habituou e passou a cultivar: o estilo até que deu certo, ocasionando ainda uma ponta de revanche social, com alguma elegância." Identifica-se com o retrato?

Você que o diga! Adoro falar de ideias, tanto das minhas quanto das alheias, e de explicar como vejo o mundo. Sem falsa nem verdadeira modéstia, porém, teria muita dificuldade para dizer com que acho que pareço...

Impresso no Brasil pelo
Sistema Cameron da Divisão Gráfica da
DISTRIBUIDORA RECORD DE SERVIÇOS DE IMPRENSA S.A.
Rua Argentina 171 – Rio de Janeiro, RJ – 20921-380 – Tel.: 2585-2000